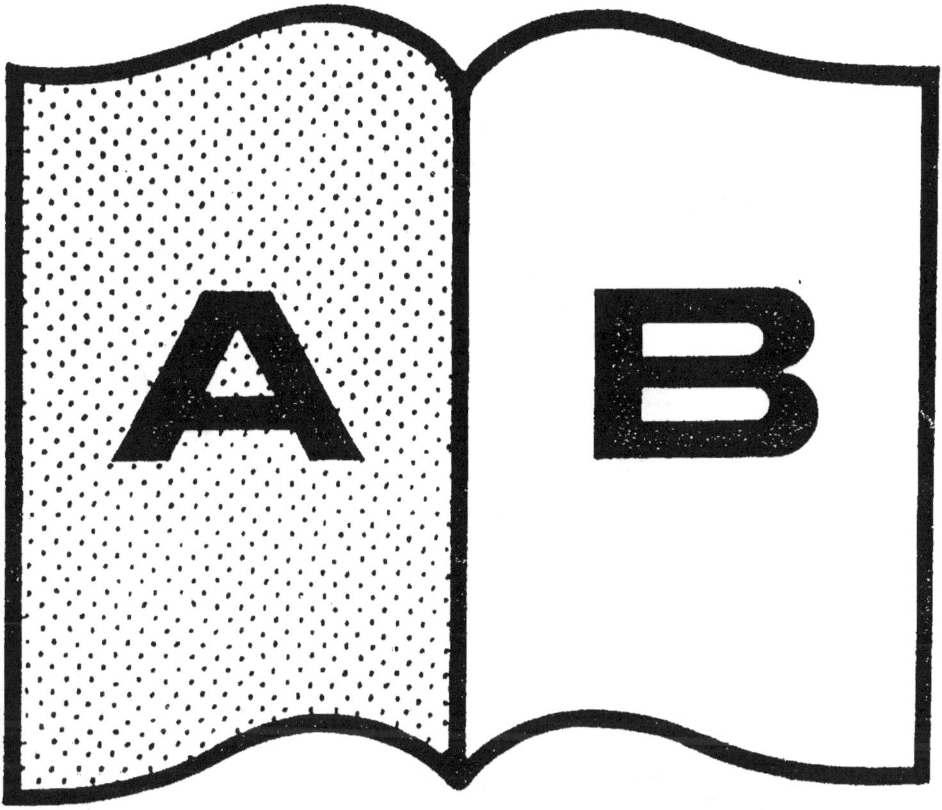

Contraste insuffisant

NF Z 43-120-14

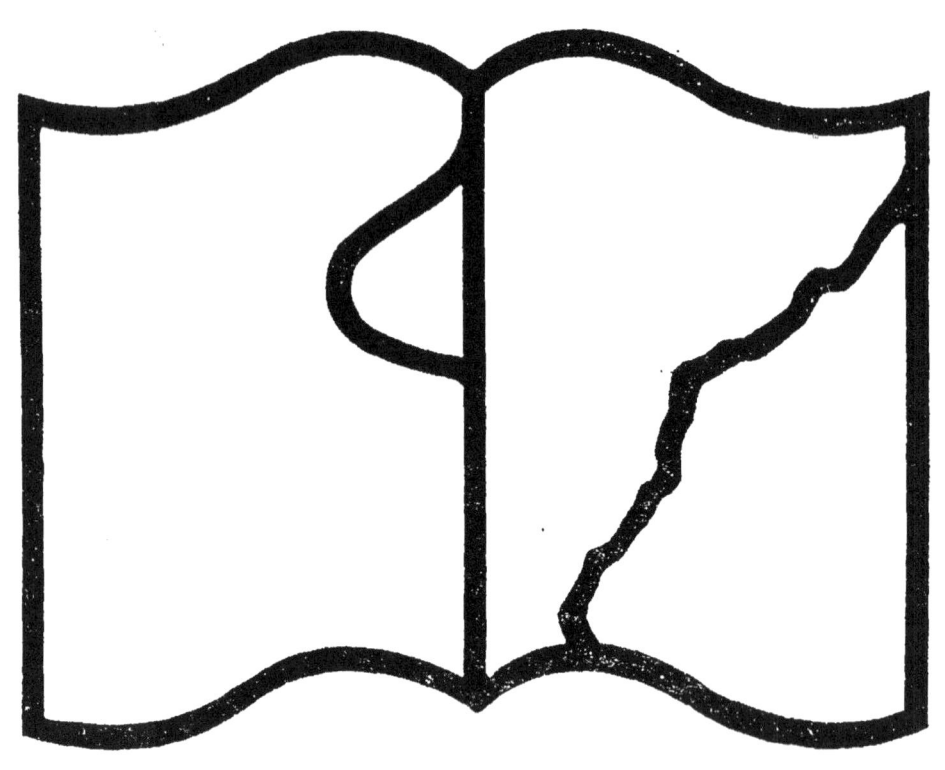

Texte détérioré — reliure défectueuse

NF Z 43-120-11

F. MÉNEVEAU

Histoire Moderne

Delalain Frères
Éditeurs

8º G
29.44

HISTOIRE ET CIVILISATION MODERNES

HISTOIRE MODERNE
1498-1715

AVEC

INTRODUCTION SUR L'EUROPE DU Xe AU XVe SIÈCLE

PAR

FÉLIX MÉNEVEAU

AGRÉGÉ D'HISTOIRE
PROFESSEUR AU LYCÉE DE NANCY.

PARIS
IMPRIMERIE ET LIBRAIRIE CLASSIQUES

DELALAIN FRÈRES

115, BOULEVARD SAINT-GERMAIN, 115

Les illustrations de ce volume sont dues à MM. MAITREJEAN et LOUBÈRE.

Les cartes ont été dessinées par M. BESSON.

Toute contrefaçon de cet ouvrage sera poursuivie conformément aux lois; tous les exemplaires sont revêtus de notre griffe.

1903.

PRÉFACE

Voici les quelques principes qui m'ont guidé dans la rédaction de ce livre, destiné à faciliter la tâche du professeur et de l'élève :

1º La préoccupation principale doit être : de **voir dans l'année tout le programme**; de ne pas étudier à fond les premières questions pour arriver à la fin de l'année scolaire sans parfois avoir une idée des dernières questions. Il en résulte pour l'élève un vide préjudiciable, qu'il lui est ensuite impossible de combler.

2º L'élève doit **garder de chaque question une idée** claire : de là le court *sommaire* qui précède chaque leçon.

3º L'**Histoire raconte et décrit**: de là la forme narrative et descriptive donnée à mes développements, *débarrassés du fatras des dates et des détails inutiles*.

4º L'histoire, pour opérer la **résurrection du passé**, doit employer les *moyens concrets :* de là les nombreuses **cartes** et **gravures** qui s'intercalent dans le texte, surtout pour tout ce qui concerne la civilisation. C'est au professeur qu'il appartient de trouver, d'expliquer ou d'indiquer les documents, écrits contemporains, gravures, qui rendront son cours vivant.

Comme *bibliographie*, je n'ai indiqué que les livres courants.

J'ai eu en vue surtout une **question de méthode**. Je me suis inspiré d'ailleurs de mes maîtres en Sorbonne : MM. Lavisse, Aulard, Vidal de La Blache, Seignobos, etc.

F. MÉNEVEAU.

HISTOIRE MODERNE

1498-1715

PRÉCÉDÉE D'UNE INTRODUCTION

SUR

L'EUROPE DU Xe AU XVe SIÈCLE

Ire PARTIE

LES ORIGINES

L'EUROPE DU Xe AU XVe SIÈCLE

CHAPITRE PREMIER.

FORMATION TERRITORIALE DES ÉTATS

France, Angleterre, Allemagne, Italie, Espagne.

SOMMAIRE

Le principal fait historique de cette période est la formation de grands États. Au morcellement féodal succède, presque partout, la centralisation du territoire et de la souveraineté. En *France*, les premiers Capétiens étaient réduits au petit domaine royal. Tous leurs successeurs ont lutté contre les grands vassaux, propriétaires des grands fiefs, et en particulier contre le roi d'Angleterre, qui fut un moment propriétaire de tout l'ouest du royaume. Sous les Valois, le royaume fut en partie démembré, mais l'héroïsme de Jeanne d'Arc et la naissance du patriotisme en France aboutirent à l'expulsion des Anglais. L'extinction des principales familles apanagées et d'heureux mariages assurèrent l'unification territoriale. En même temps, les rois dépassaient à l'est les limites traditionnelles du royaume de France; leur action se faisait sentir au delà de la Meuse, de la Saône et du Rhône. A la fin du XVe siècle, l'unification territoriale était très avancée.

Le duc de Normandie, Guillaume, conquit l'*Angleterre* en 1066. Ses successeurs s'emparèrent du pays de Galles et intervinrent en Écosse et en Irlande, mais ils perdirent leurs territoires sur le continent, sauf Calais.

En *Allemagne*, la dissolution de l'empire carolingien aboutit à la naissance de cinq grands duchés, puis à la formation d'un royaume allemand qui devint le noyau du Saint-Empire romain germanique et qui s'agrandit par la création de marches en pays slaves. Au XIIIe siècle, ce royaume entra dans une période de morcellement territorial; mais son extension vers l'est fut continuée par les chevaliers Teutoniques et la Hanse. Au sud, les cantons de la Confédération suisse se détachèrent de l'Allemagne.

En *Italie*, après la domination éphémère des empereurs germains, le morcellement territorial l'emporta au profit des villes libres, mais au XVe siècle une concentration s'est opérée autour de sept principaux États.

Dans la *Péninsule Ibérique*, de la lutte séculaire contre les Musulmans sont sortis quatre royaumes chrétiens : Castille, Navarre, Aragon, Portugal. L'unification a été préparée au XVe siècle par la réunion de la Castille et de l'Aragon à la suite d'un mariage, par la prise de Grenade et la conquête de la Navarre espagnole.

RÉCITS

France.

La connaissance de la géographie générale de la France est indispensable à l'étude de son histoire. Regardez sur
1.

une carte géologique les régions naturelles du territoire français :

1° Le *massif* ou *plateau Central*, région disloquée, entourée de tous côtés de parties sédimentaires ou bassins qui sont réunis entre eux par des seuils ou lieux de passage. Les cours d'eau qui en sortent vont vers la Seine, la Loire, le Rhône et la Garonne. Les principales régions qui y ont joué un rôle ont été le Bourbonnais, le Beaujolais, l'Auvergne, sans parler de nombreux évêchés. C'est par le massif central que se faisait l'union des pays de langue d'*oc* et des pays de langue d'*oïl*.

2° Le *bassin parisien*, formé d'auréoles concentriques rayonnant autour de Paris et s'appuyant sur les massifs plus anciens de l'Armorique, du plateau Central, des Vosges et de l'Ardenne. Les eaux, sauf celles de la Moselle, de la Meuse et de l'Escaut, convergent vers le centre de la cuvette parisienne. De grands fiefs s'y sont développés : le duché de Normandie, le comté de Flandre, le comté de Champagne. Dans la région de la Loire, l'Orléanais, la Touraine, l'Anjou, le Maine, le Berry ont eu pendant longtemps une vie particulière. Les Capétiens, établis dans le duché de France et à Paris, devaient rayonner autour de l'Ile-de-France en utilisant les voies de communication naturelles.

3° A l'ouest, le *massif armoricain* avec les schistes et les granits de ses landes et avec ses côtes découpées, apparaît comme un monde à part, mais intimement lié cependant au reste du territoire. Le duché et le peuple de Bretagne s'y sont développés. Au point de vue historique, le Cotentin a été rattaché à la Normandie, le reste de la partie orientale a été rattaché au Maine, à l'Anjou et au Poitou.

4° Le *bassin aquitain*, limité par les Pyrénées, la mer et le massif central, s'unit au bassin parisien par la région de la Charente et le seuil du Poitou, entre la Vendée et le

Limousin. Le duché d'Aquitaine ou de Guyenne, le duché de Gascogne longtemps rattaché au premier, le comté de Toulouse, rayonnent autour de Toulouse à l'est et à l'ouest du seuil du Lauraguais et même à l'extrémité des vallées pyrénéennes; tous ces pays ont eu longtemps une vie propre et une civilisation brillante avant leur réunion à la couronne de France.

5° Entre le massif central, d'une part, le Jura et les Alpes, d'autre part, s'étend la longue dépression de la Saône et du Rhône, continuée par les plaines maritimes du Bas-Languedoc. Elle s'unit au bassin parisien par les plateaux calcaires de l'ancien duché de Bourgogne, à cheval sur la Seine et sur la Saône; à la vallée du Rhin, par la trouée de Belfort ou porte de Bourgogne; au bassin aquitain, par le seuil du Lauraguais. Elle aboutit à la Méditerranée.

La région française, baignée par deux mers, est à la fois un pays maritime et continental, sans frontières naturelles du côté du nord-est, où se rencontrent les deux populations romane et tudesque.

Au x° siècle, il y a un royaume de France qui date du traité de Verdun (843). C'est la France de l'ouest, limitée à l'est par l'Escaut, la Meuse, la Saône et le Rhône. Il est morcelé en une foule de territoires, duchés, comtés, seigneuries, terres ecclésiastiques, dont chaque propriétaire est indépendant. Les principaux sont les grands fiefs (*fig.* 1). Il y a un roi, le roi capétien, qui n'est propriétaire que d'un tout petit domaine aux environs de Paris, le domaine royal. C'est une étroite bande de terre qui va d'Amiens à Bourges, en passant par Paris et Orléans. Mais il n'est pas d'un seul tenant, et, pour aller d'une ferme à l'autre, on est obligé de passer sur une enclave. Il a des vassaux plus puissants que lui. Le principal est le duc de Normandie, devenu roi d'Angleterre après la conquête faite en 1066 par le duc Guillaume. La dynastie des comtes d'Anjou ou Plantagenets, qui remplaça la dynastie de

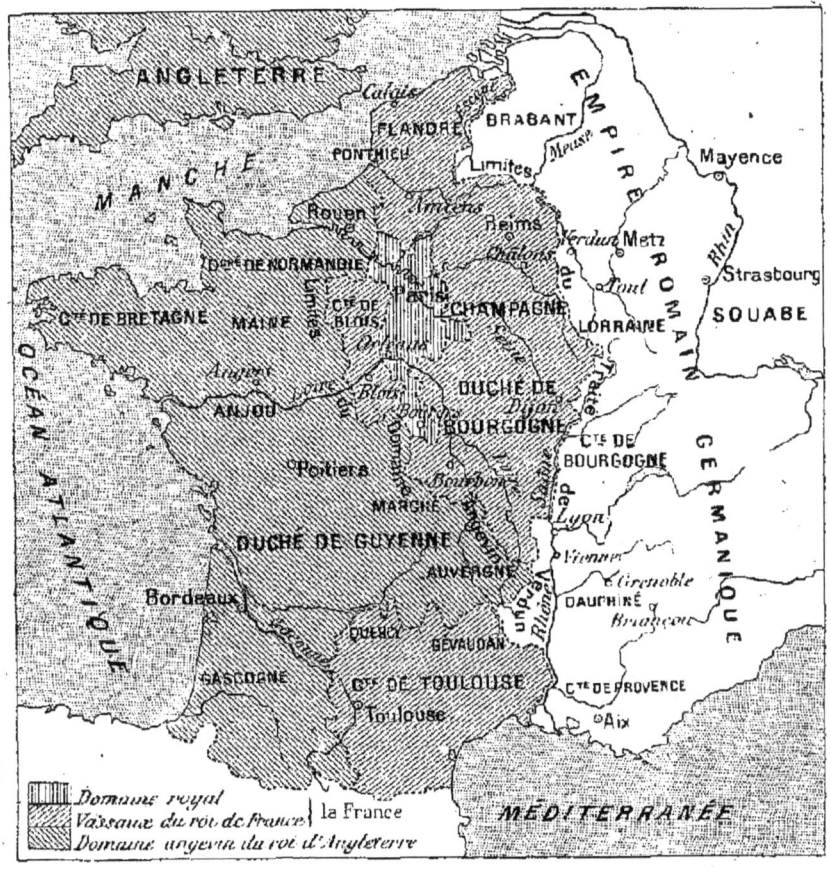

Fig. 1. — La France du XIe au XVIe siècle.

Guillaume, posséda à la fois l'Angleterre, le duché de Normandie, le Maine, le Poitou, l'Anjou, et, après le mariage d'Henri II et d'Aliénore d'Aquitaine, tout le duché de Guyenne. Le roi d'Angleterre était donc en France bien plus fort que le roi.

Tous les rois capétiens ont travaillé à agrandir le domaine royal par des conquêtes, des héritages et des mariages. Louis VI dit le Gros a débarrassé le domaine royal des seigneurs brigands qui l'infestaient, sires de Coucy, du Puiset, de Marle, etc.

Philippe Auguste a été un roi conquérant, aux dépens surtout du roi d'Angleterre. Il s'est emparé de la Normandie, du Maine, de l'Anjou et du Poitou. Saint Louis, après avoir battu les Anglais, fit la paix avec le roi d'Angleterre. Sous Philippe le Hardi et Philippe le Bel, le roi d'Angleterre ne conserva en France que la vallée de la Garonne.

Sous les Valois, la lutte continua; on l'appela la guerre de Cent ans. Après les défaites de Crécy, de Poitiers, la prise de Calais, le royaume subit le démembrement au traité de Brétigny (1360). La France se releva sous Charles V avec l'aide de Duguesclin, qui, en livrant des escarmouches continuelles, amena l'expulsion presque totale des Anglais. Sous Charles VI éclate, avec la folie du roi, la lutte entre les Bourguignons et les Armagnacs. Le roi d'Angleterre, Henri VI, est couronné roi de France; et il est maître de Paris. Le dauphin, le roi de Bourges, est rejeté au sud de la Loire. Orléans même va être pris. Alors apparaît Jeanne d'Arc; elle incarne le sentiment national. Le patriotisme, qui naît en France, aboutit à l'expulsion complète des Anglais; il ne leur reste plus que Calais (1453).

Pendant ce temps, les Capétiens avaient acquis d'autres territoires. En intervenant dans la guerre des Albigeois, au début du XIII⁰ siècle, ils étaient devenus propriétaires dans le Midi du royaume et y avaient établi leur influence en s'emparant des comtés de Béziers et Carcassonne.

A l'est et au nord de l'ancien domaine, ils avaient acquis le comté de Champagne, la Picardie, l'Artois; ils avaient même dépassé les limites traditionnelles du royaume de France. Ils étaient intervenus dans le duché de Lorraine;

partie démembrée de l'ancienne Lotharingie, créée au traité de Verdun. Philippe le Bel obligea le comte de Bar à se reconnaître son vassal pour le Barrois mouvant, c'est-à-dire la partie de son comté située à l'ouest de la Meuse. Un de ses fils acheta dans la vallée de la Meuse la seigneurie de Vaucouleurs. Les Valois firent sentir leur intervention au delà de la Meuse en signant des traités de partage avec les évêques de Metz, Toul et Verdun. Dans la vallée du Rhône, Philippe le Bel acquit Lyon. Les Valois achetèrent le Dauphiné : région de Vienne, Grenoble et Briançon. L'héritier présomptif du roi dut porter le nom de *Dauphin*.

L'habitude des apanages a retardé l'unification territoriale. Les rois, pour faire une position à leurs fils cadets, leur donnaient de grands domaines héréditaires. Si la descendance masculine venait à s'éteindre, les apanages devaient faire retour au domaine royal. C'est ainsi que saint Louis institua ses frères comte d'Artois, comte d'Anjou et comte de Poitou. Les rois furent bientôt obligés d'engager une nouvelle lutte contre cette nouvelle féodalité apanagée.

La plus dramatique est celle des Valois contre la maison de Bourgogne. Le duché de Bourgogne, après avoir fait retour au domaine royal, avait été constitué en apanage par Jean le Bon, fils de Philippe VI de Valois, au profit de son fils Philippe le Hardi. Les ducs de Bourgogne y ajoutèrent le comté de Bourgogne. Ils devinrent par héritage, au xve siècle, propriétaires de tous les Pays Bas, Hollande et Belgique actuelles, qui étaient alors les plus riches pays de l'Europe. Charles le Téméraire voulut se constituer un royaume dans l'ancienne Lotharingie et réunir ses États de Bourgogne à ses États des Pays Bas. Il fut combattu par Louis XI, vaincu par les Suisses et tué à Nancy en luttant contre le duc de Lorraine. Il ne laissait qu'une héritière, Marie de Bourgogne. Louis XI s'empara alors de tous les territoires de la maison de Bourgogne qui provenaient d'apanage : la

Picardie, l'Artois et le duché de Bourgogne. Les Pays Bas, la Franche-Comté lui échappèrent et allèrent à Maximilien d'Autriche. Sous le même Louis XI s'éteignit la maison apanagée d'Anjou. Ses possessions, la Provence et l'Anjou, revinrent au domaine royal. Depuis longtemps déjà, la descendance d'Alphonse de Poitiers s'était éteinte, et le Poitou était revenu au roi. En se mariant à Charles VIII, puis à Louis XII, Anne de Bretagne apporta en dot son duché : c'était la réunion de la Bretagne.

A la fin du XVe siècle, il ne reste plus d'autre famille apanagée que celle des Bourbons; elle sera dépouillée du Bourbonnais sous François Ier. Le Béarn, dernier reste des anciens apanages, sera réuni au domaine à l'avènement de Henri IV. Au début du XVIe siècle, la formation territoriale du royaume de France est donc presque achevée, et les rois ont des territoires au delà des limites du xe siècle.

Angleterre.

Le royaume d'Angleterre, dont s'empara Guillaume le Conquérant (1066), était très petit. C'était l'ancienne heptarchie anglo-saxonne, la Grande-Bretagne d'aujourd'hui, moins le Pays de Galles et l'Écosse, pays de culture à l'est, de pâturages à l'ouest (*fig. 2*). Les Plantagenets, successeurs de Guillaume, possédaient en France de grands territoires qu'ils perdirent du xie au xve siècle. En revanche, ils conquirent le pays montagneux de Galles, pays celtique qui fut vite anglicisé, et où se conserva longtemps le souvenir du roi Arthus, le héros du *Roman de la Table Ronde*. L'héritier présomptif est appelé *Prince de Galles*. Les rois d'Angleterre ont voulu conquérir l'Écosse. Ils ne purent s'en emparer, mais ils forcèrent les rois d'Écosse à se reconnaître leurs vassaux et à subir la langue et l'influence anglaises. L'Irlande, la verte Erin, était habitée par des tribus celtiques. Des bandes d'aventuriers anglais es-

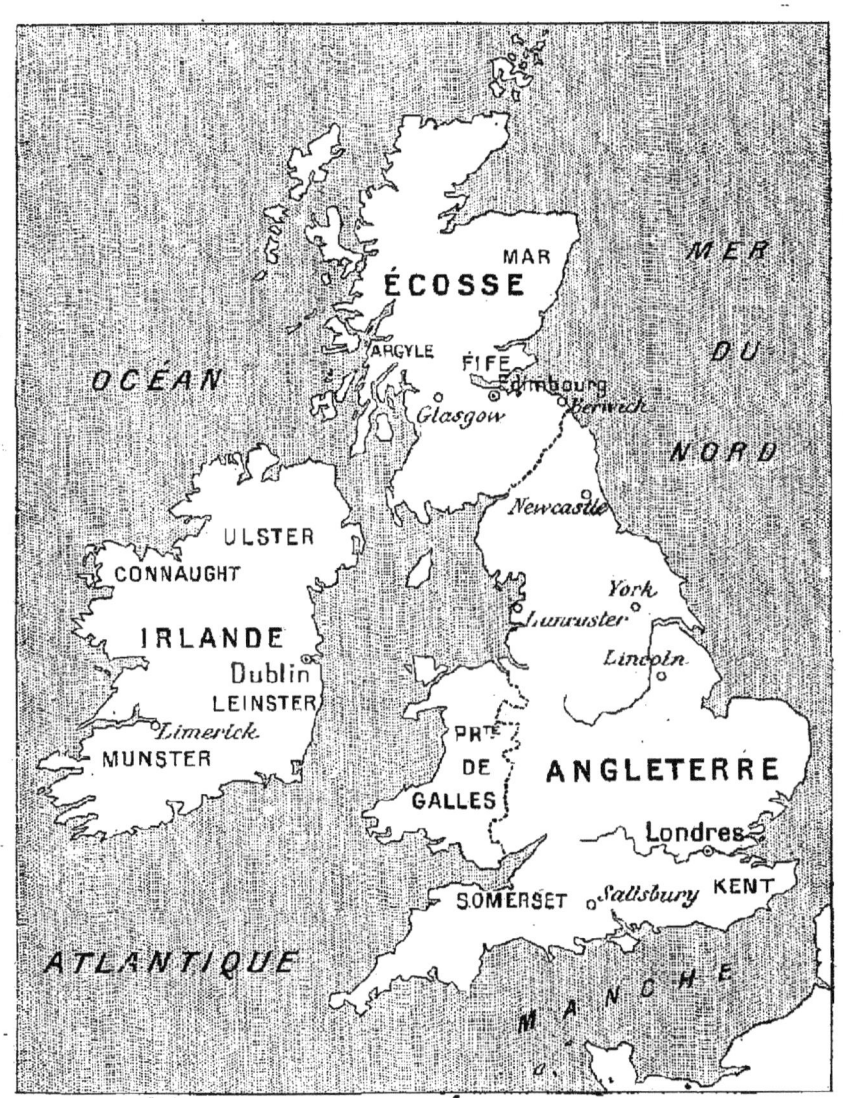

Fig. 2. — Les Iles Britanniques à la fin du XVᵉ siècle.

sayèrent de s'en emparer, mais la conquête réelle est à peine commencée au xv⁰ siècle; elle se borne même à la région de l'Ulster.

Allemagne.

Au x⁰ siècle, l'Allemagne ou Germanie était limitée à l'ouest par le Rhin, à l'est par l'Elbe, la Saale, le massif de Bohême, l'Inn, au sud par les Alpes. Plus à l'est habitaient les Slaves; à l'ouest, l'ancienne Lotharingie servait de trait d'union aux populations allemandes et romanes. Aux x⁰ et xii⁰ siècles, l'Allemagne s'étendit à l'ouest et surtout à l'est, sous les rois et empereurs des dynasties saxonne et franconienne. Un moment, toute l'ancienne Lotharingie, ainsi que la plus grande partie de l'Italie, firent partie du Saint-Empire romain germanique.

Un mouvement d'expansion fut aussi dirigé vers l'est (*Drang nach Osten*), en pays slaves, par la conquête et la colonisation allemandes. C'est ainsi qu'ont été créés la marche Danoise, le duché de Mecklembourg, les marches du Brandebourg (Altmarck, Mittelmarck, Neumarck), la marche d'Autriche (Osterreich) et les marches qui sont devenues les provinces de Styrie, Carinthie, Carniole (*fig.* 3).

Le mouvement de colonisation, un moment arrêté par les troubles de l'Interrègne, reprit au xiii⁰ siècle avec les chevaliers Teutoniques. Ils sont appelés par les rois de Pologne dans les provinces Baltiques pour lutter contre les populations slaves qu'on appelle Prussiens. Ces chevaliers établirent en pays slaves une nouvelle Allemagne. La Hanse, dont nous parlerons, contribua aussi à étendre la colonisation allemande. Aujourd'hui, Vienne et Berlin sont au milieu d'anciens pays slaves.

A la fin du xiii⁰ siècle, les pays qui devaient former la

Suisse se détachèrent de l'Allemagne. Dans le domaine primitif des Habsbourg, en Souabe, se trouvaient les trois

Fig. 3. — L'Allemagne au Xe siècle.

petits cantons forestiers de Schwitz, Uri et Unterwalden autour du lac de Lucerne. Chacun d'eux s'administrait par ses *landgemeinde* ou assemblées en plein air, où se réunissaient les chefs de familles. Les Habsbourg y avaient des droits d'avoués ou de protecteurs; ils voulurent y établir leur droit de justice, y lever des amendes et y envoyer des baillis. Les bûcherons se soulevèrent. Alors apparut Guillaume Tell, dont la légende, d'origine scandinave, a été poétisée par Schiller. Des chevaliers allemands envoyés par l'Autriche furent écrasés dans les défilés de Morgarten. Les trois cantons victorieux firent la ligue de Brünnen, et prirent le nom de *Eidgnossen*, confédérés. Chacun des cantons conservait son autonomie, mais tous devaient se soutenir mutuellement. La ligue s'étendit aux cantons de la montagne : Lucerne, Zug, Glaris, Appenzell, et surtout aux cantons du plateau suisse, plus riches et plus peuplés : Schaffouse, Bâle, Soleure, Zurich, Berne, Fribourg. Ce fut la confédération des 13 cantons. Nous la retrouverons au XVIe siècle, au moment de la Réforme. Son indépendance ne fut reconnue par les Habsbourg qu'aux traités de Westphalie (1648).

Italie.

Au Xe siècle, après la désorganisation de l'empire de Charlemagne, dont elle faisait partie, l'Italie se morcela en une foule de seigneuries laïques et ecclésiastiques. Des centres urbains nés du commerce et de l'industrie se rendirent indépendants. Venise, dans ses lagunes, brava tous les envahisseurs et conserva longtemps le monopole du commerce avec l'empire byzantin; elle se donna des institutions libres avec son Conseil et son Doge. Gênes marcha dans la même voie. En Toscane, Florence, la ville des drapiers, servit de modèle à de nombreuses villes libres : Pise, Lucques, Sienne, Pistoie, etc. Dans la Lombardie, les métiers s'organisèrent partout, à Milan, Pavie, Brescia, Crémone, Lodi, et obligèrent les évêques à leur donner des chartes d'affranchissement, un conseil et des consuls. La ruine de l'autorité des empereurs allemands en Italie fut l'ère de la plus grande prospérité des villes libres.

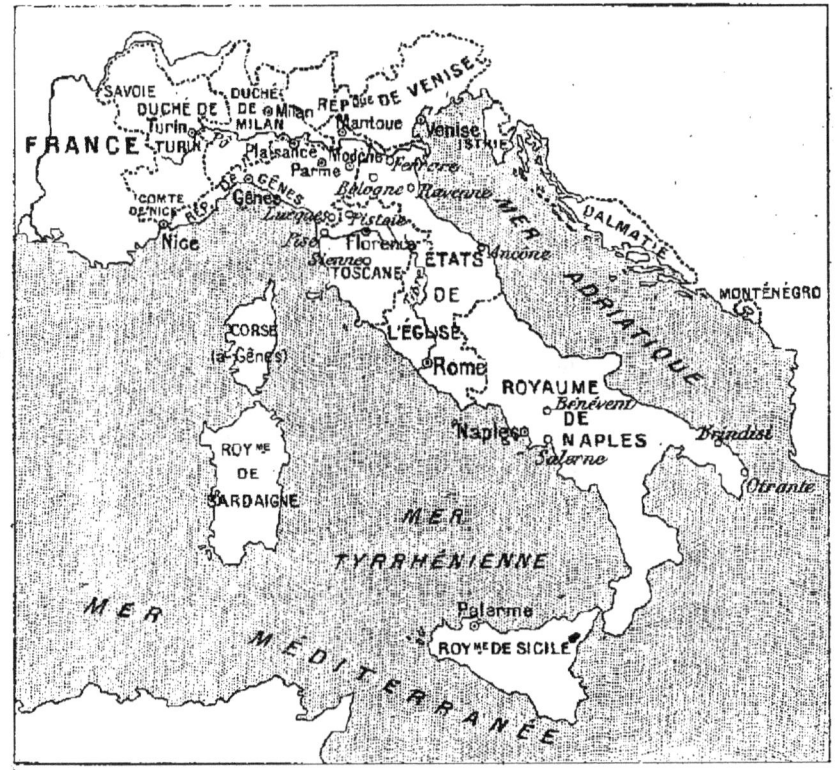

Fig. 4. — L'Italie à la fin du XVe siècle.

Mais les luttes intestines entre les grands et les petits métiers et la rivalité des villes entre elles amenèrent la ruine de la liberté. Dans la plupart des villes libres qui subsistèrent, l'aristocratie triompha. A Venise, le Livre d'or où étaient inscrites les familles qui pouvaient faire partie du Grand Conseil fut fermé, et le Conseil des Dix fut chargé de surveiller le doge et les adversaires de l'aristocratie. Ailleurs s'établit la tyrannie de ceux que Taine a appelés « des loups intelligents » et qui dominaient par la terreur avec des *condottieri* ou chefs de bandes mercenaires.

Au xve siècle, une centralisation s'est opérée après des luttes très mouvementées (*fig.* 4). Il y a en Italie sept principaux États : 1° le royaume des Deux-Siciles, qui comprend la Sicile et le royaume de Naples; 2° les États Pontificaux, qui s'étendent des deux côtés de l'Apennin, de la mer Tyrrhénienne à l'Adriatique; 3° les territoires de Florence, qui a soumis la plus grande partie du plateau toscan; 4° le territoire de Gênes, qui comprend la Ligurie, entre la mer et l'Apennin; 5° la Vénétie, qui comprend la région située à l'est du Mincio, entre l'Adriatique et les Alpes; 6° le Milanais, qui comprend la plus grande partie de la Lombardie, soumise aux tyrans de Milan; 7° le duché de Savoie, qui comprend le Piémont et la plupart des vallées du versant occidental des Alpes. Nous retrouverons tous ces États en étudiant la politique européenne de 1498 à 1559.

Espagne.

L'Espagne avait été envahie, au vııı^e siècle, par les Arabes, qui y avaient fondé le *khalifat* de Cordoue, siège d'une brillante civilisation. Les guerriers chrétiens avaient été repoussés dans les montagnes des Asturies et y avaient fondé le petit royaume d'Oviédo. Mais le khalifat se démembra vite, et il se forma plusieurs *émirats* indépendants et en guerre les uns contre les autres. Le royaume chrétien en profita et s'étendit par la conquête sur le plateau de Castille. Sa capitale se déplaça successivement d'Oviédo à Léon, Valladolid, Tolède. Le royaume de Castille, par la conquête de Valence et de Murcie, s'étendit sur la Mé-

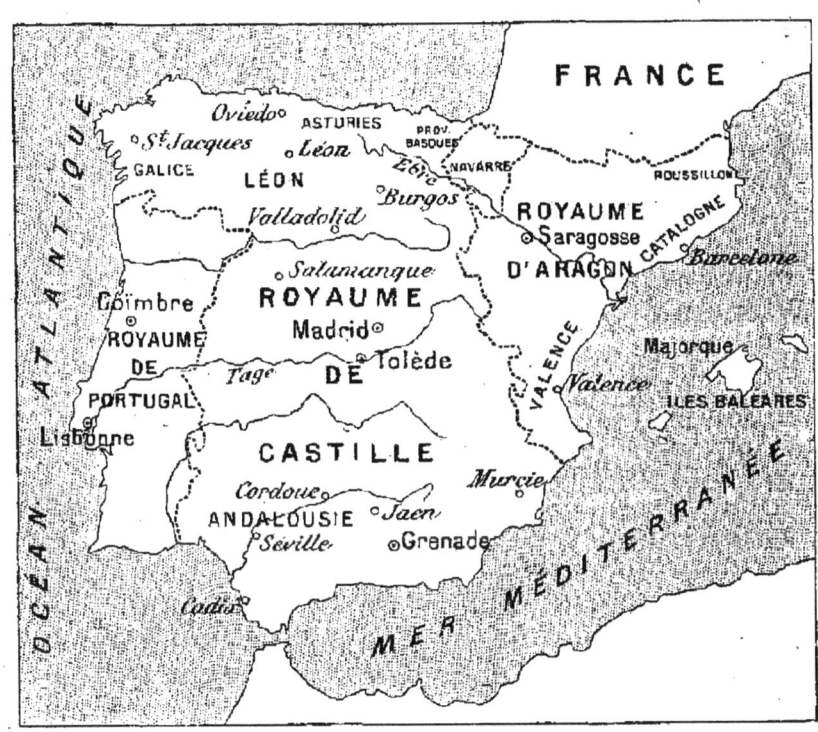

Fig. 5. — L'Espagne à la fin du XVe siècle.

diterranée, et pénétra au delà de la Sierra Morena, en Andalousie, jusqu'à l'Atlantique.

Dans la vallée de l'Èbre, entre le plateau de Castille et les Pyrénées, le royaume d'Aragon se constitua par la conquête de l'ancienne marche de Gothie fondée par

Charlemagne, et s'étendit à travers la Catalogne et le Roussillon jusqu'à la Méditerranée.

Des deux côtés des Pyrénées occidentales, percées de nombreux cols et habitées par les Basques, se constitua le royaume de Navarre.

A l'ouest de la péninsule ibérique, le royaume de Portugal fut formé par des chevaliers français dans la plaine située entre le plateau de Castille et l'Océan Atlantique.

Au XVe siècle, le mariage d'Isabelle de Castille et de Ferdinand d'Aragon, la conquête de la Navarre espagnole au sud des Pyrénées et la destruction du petit royaume musulman de Grenade préparèrent l'unification de la péninsule ibérique (*fig.* 5). La famille d'Aragon s'étendit même en Italie où elle remplaça dans le royaume des Deux-Siciles la famille française d'Anjou après les Vêpres Siciliennes (1285).

A lire :

1° LAVISSE, *Histoire de France*, Introduction par VIDAL DE LA BLACHE.
3° GREEN, *Histoire du Peuple anglais*, traduction.
4° BRYCE, *Le Saint-Empire Romain Germanique*, Introduction LAVISSE.

CHAPITRE II.

ORGANISATION DES ÉTATS.

France : la Royauté, la Justice, les Impôts, l'Armée. — Angleterre : la Royauté, le Parlement. — Allemagne : l'Empereur, les Princes, les Villes.

SOMMAIRE

En même temps qu'ils se sont formés, les États de l'Europe se sont organisés du Xe au XVe siècle.

En France, les rois ont organisé le pouvoir royal : 1° en établissant au-dessus des prévôtés les bailliages ou sénéchaussées ; 2° en détachant de la Cour du roi le Parlement ou Cour de justice, la Cour des Comptes, les États provinciaux ou généraux ; 3° en organisant des ressources financières : tailles, aides et gabelles ; 4° en créant une armée permanente, compagnies d'ordonnance et francs archers. Les rois qui ont le plus fait pour les progrès du pouvoir royal ont été Philippe le Bel, Charles VII et Louis XI.

En Angleterre, après la conquête normande, les rois organisèrent un pouvoir très fort qui alla jusqu'au despotisme : l'aristocratie anglaise, agissant au nom de toutes les classes de la société, imposa aux rois des conditions : Grande Charte, Provisions d'Oxford. A la fin du XIIIe siècle, le Parlement anglais est définitivement constitué. Les Anglais jouissent de la liberté individuelle et des franchises politiques.

En Allemagne, le pouvoir royal et impérial, à la fois temporel et spirituel, est d'abord très fort ; mais il est complètement désorganisé au XIIIe siècle. Commence alors une longue période d'anarchie politique, malgré les nombreuses tentatives d'organisation : c'est par excellence la période des villes libres. Elles forment parfois des ligues entre elles, comme la ligue du Rhin, la ligue Souabe, la Hanse teutonique.

Mén, *Histoire moderne.*

RÉCITS

France. La Royauté, la Justice, les Impôts, l'Armée.

Les premiers Capétiens étaient très faibles; ils vivaient très simplement, allant de ferme en ferme pour en consommer les produits. Leur autorité était plutôt morale que réelle; mais ils étaient rois, ils avaient reçu l'onction du sacre, ils avaient un caractère sacré. Le roi avait sa cour : *curia regis*. Elle comprenait les membres de sa famille, les grands officiers qui portaient des noms de domestiques : le chancelier (*camerarius*), le connétable (*comes stabuli*), l'échanson, le panetier; et parfois des vassaux qui venaient assister le roi de leurs conseils. Les rois avaient dans leurs fermes des intendants ou prévôts qui recueillaient les revenus du roi. Quand le domaine royal eut grandi, Philippe Auguste créa les bailliages ou sénéchaussées, réunion de plusieurs prévôtés. Les baillis ou sénéchaux centralisaient les revenus et réformaient les jugements des prévôts.

On pouvait en appeler de tout jugement à la Cour du roi, et les Capétiens tenaient beaucoup à maintenir et à étendre leur juridiction supérieure à cause du revenu que leur procuraient les amendes. Quand le domaine du roi se fut accru, la Cour du roi eut beaucoup de besogne. Saint Louis détacha de sa Cour une section qu'on appela *Parlement*. Il décida qu'à certains jours de la semaine, certains des membres de sa Cour, qu'il désigna, se réuniraient dans son *palais* pour s'occuper spécialement des affaires de justice. Déjà du temps de saint Louis la préoccupation de la royauté fut de faire entrer dans ce Parlement des hommes qui avaient étudié le droit romain, et qu'on appelait les *légistes*. Ceux-ci eurent la tendance d'appliquer à la royauté capétienne les prétentions absolutistes des anciens empereurs romains.

Les ressources des premiers Capétiens étaient peu considérables : ils n'avaient que les revenus de leurs fermes et les aides aux quatre cas de leurs vassaux directs. Ils ont cherché à augmenter leurs revenus. Un roi surtout, Philippe le Bel, a développé la fiscalité. Il a établi des impôts nouveaux, des tailles (*impôt direct*), des aides (*impôts indirects, octrois*), des gabelles (*impôt sur le sel*), des décimes sur le clergé. Il a altéré les monnaies, fait des emprunts forcés sur les villes ; il a persécuté les Juifs pour les exploiter ; il a fait condamner les Templiers pour les dépouiller.

Il eut tant de revenus, qu'il fut obligé de détacher de la Cour du roi la *Cour des comptes*, qui fut pour les finances ce qu'était le Parlement pour la justice.

Tous ces impôts étaient illégaux, étaient contraires à la coutume. Philippe le Bel fut obligé de les faire accepter par ceux qui les payaient. Il décida que les représentants des bourgeois se réuniraient, à la Cour du roi, aux vassaux laïques et ecclésiastiques. C'est l'origine des *États généraux* ou réunion des trois ordres du royaume, clergé, noblesse, tiers état ou troisième état. Il y eut alors des états provinciaux pour chaque province, des états de langue d'oc et de langue d'oïl pour chacune des parties sud et nord du royaume, et des États généraux pour l'ensemble du royaume.

Les États généraux, une fois constitués, voulurent vérifier l'emploi de l'argent consenti. A la première crise, comme la guerre de Cent ans, ils intervinrent dans la politique royale. Les plus célèbres des États généraux sont ceux de Poitiers (1356), réunis après la captivité du roi

Jean. Dirigés par Étienne Marcel, prévôt des marchands, les États généraux voulurent vérifier les dépenses faites et nommer eux-mêmes des collecteurs d'impôts qu'on appelle les élus. L'administration financière, trouvée, inventée par les États, fut en partie adoptée plus tard par Charles VII. Il y eut désormais les pays d'États, provinces où les impôts étaient répartis et perçus par les États provinciaux ; les pays d'élection, dans lesquels les impôts étaient répartis et perçus par les élus. Mais ces fonctionnaires, désignés sous le nom d'*élus*, n'étaient plus élus ; ils étaient nommés par le roi. A partir de Charles VII, les tailles, aides et gabelles ne sont plus consenties par les États ; elles sont devenues permanentes et levées au gré du roi.

Comme armée, les Capétiens n'avaient d'abord que leurs vassaux, chevaliers et milices urbaines, qui ne devaient combattre que dans des conditions fixées par la coutume. Quand les rois devinrent plus puissants, il leur fallut une armée permanente. C'est le danger national, la guerre de Cent ans, qui la créa. Les rois employèrent d'abord des compagnies de routiers, mercenaires qu'ils achetaient pour une guerre, et qui, pendant la paix, vivaient licencieusement sur le pays. Charles VII créa les *compagnies d'ordonnance*. Citons un contemporain : « Alors il fut ordonné qu'il y aurait 15 capitaines, lesquels auraient chacun sous eux 100 lances, et que chacune lance serait comptée à gage pour six personnes, dont les trois seraient archers et le quatrième coutillier, avec l'homme d'arme et son page ; lequel homme d'arme accompagné, lui sixième, aurait de gage, pour chacun mois, quarante francs, monnaie royale, et seraient mis par provinces et diocèses en divers lieux du royaume par les bonnes villes. Les officiers royaux et les justiciers ordinaires avaient un singulier regard sur eux et leurs emportements.... Le roi a quand il veut bon nombre de combattants, et bien en point assez soudainement. »

Fig. 6. — Archer et cavalier du XVe siècle.
(d'après une gravure du temps.)

Charles VII créa aussi les francs archers (*fig.* 6). Chaque paroisse dut fournir un homme par cent feux; cet homme était dispensé de la taille; d'où son nom de *franc archer*. Il devait s'exercer le dimanche et se rendre à toute convocation du roi. Le poète Villon, dans la satire de l'archer de Bagnolet, ridiculisa l'institution des francs archers. Louis XI préféra faire payer les paroisses, et avec

Fig. 7. — Bombarde avec son affût.

l'argent acheter des mercenaires. C'est encore à Charles VII et aux frères Bureau que l'on doit la création du premier parc d'artillerie (*fig.* 7). Le roi seul fut assez riche pour avoir des canons; il put détruire les châteaux forts des nobles rebelles.

Le pouvoir royal en Angleterre. La Royauté, le Parlement.

Les rois Normands étaient très puissants; ils avaient gardé pour eux la plus grande partie des terres et n'avaient donné à leurs vassaux que des manoirs disséminés sur toute l'Angleterre. Dans chaque comté, ils avaient leur shérif. Le roi abusa de son pouvoir; les barons se révoltèrent et imposèrent aux rois des garanties contre le despotisme en faveur des classes de toute la société. Or, en Angleterre, il n'y avait pas d'antagonisme entre les nobles et les libres non nobles. Une même famille, par suite du droit d'aînesse, pouvait avoir parmi ses membres un baron, un chevalier, un simple homme libre. Les bourgs d'Angleterre n'étaient pas des villes fermées, comme les communes de France, mais des bourgs ruraux, dont les habitants vivaient comme des campagnards. La principale garantie fut la *Grande Charte* imposée au roi Jean sans Terre, en 1214, par les barons révoltés. En voici la teneur : « Le roi ne lèvera pas d'impôt sans le consentement du commun conseil du royaume; le roi ne pourra arrêter personne arbitrairement. Chacun aura la liberté de son corps (*habeas corpus*) tant qu'il n'aura pas été jugé par le jury de ses pairs. »

Ce commun conseil du royaume dont il est question dans la Grande Charte est le *Parlement*. Comme en France, n'étaient convoqués primitivement à la Cour du roi que les grands vassaux ou barons. En 1295, lors de la révolte de Simon de Montfort, on décida que viendraient au Parlement non seulement les barons, mais encore : 1° deux chevaliers élus par tous les hommes libres de chaque comté ; 2° des représentants de certains bourgs nommés par tous les hommes libres de chaque bourg. Au XIV° siècle, les barons constituèrent la Chambre des lords. Les élus des comtés et des bourgs formèrent la Chambre des communes. Au XV° siècle, après la guerre des Deux Roses, qui suivit la guerre de Cent ans et dans laquelle l'aristocratie anglaise s'extermina, la dynastie des Tudors, qui commença avec Henri VII, put facilement établir son despotisme. Les rois firent tout ce qu'ils voulurent ; ils ont des instruments de gouvernement, des shérifs dans les comtés ; la Cour de l'Échiquier, qui équivaut à notre Cour des Comptes ; la Cour du Banc du roi et des Plaids communs, qui équivaut à notre Parlement. Cependant, il restait des précédents, des coutumes, des institutions dont les Anglais pourront se servir dans un moment de crise : l'*habeas corpus*, la Grande Charte, le Parlement ; il y a un terrain préparé pour une future vie libre.

Le pouvoir royal en Allemagne.

Au X° siècle, les rois et empereurs vinrent à bout de la résistance des ducs et établirent par la force leur autorité en Allemagne. Mais au XIII° siècle, après les luttes du Sacerdoce et de l'Empire, commença avec l'Interrègne une période d'anarchie politique. L'Allemagne est divisée en un grand nombre de souverainetés : duchés, margraviats, évêchés, abbayes, villes. Chaque souverain est maître sur sa terre. Le pouvoir royal et impérial est complètement désorganisé. On a essayé, à différentes reprises, de le reconstituer; par exemple, au xiv⁰ siècle, l'empereur Charles IV fait la *Bulle d'Or*. C'est un décret par lequel on décide que le roi et empereur sera élu par sept électeurs : trois ecclésiastiques (Cologne, Mayence, Trèves), quatre laïques (Saxe, Brandebourg, Bohême, Palatinat). A la fin du xv⁰ siècle, l'empereur Maximilien essaya d'organiser des circonscriptions qu'on appela des *Cercles*, d'établir un impôt et une armée d'empire.

Toutes ces réformes ne réussirent pas à faire cesser l'anarchie. C'est par excellence l'époque des villes libres. Elles peuvent se développer librement le long des voies de communication naturelles, où passent les voies commerciales. Citons Augsbourg, Nuremberg, Hambourg, Bâle, Strasbourg, Mayence, Brême, Lubeck. Parfois ces villes s'unissent et forment des ligues : telles sont, au xiii⁰ siècle, la ligue des villes souabes, la ligue du Rhin et surtout la Hanse teutonique. Cette dernière ligue comprit la plus grande partie des villes de la mer du Nord et de la Baltique. Elle organisa des comptoirs fortifiés dans les pays slaves et scandinaves. Elle y exploita l'ambre, les fourrures, la vente du poisson, et y répandit la langue et la civilisation allemandes.

A lire :

1º Les mêmes ouvrages qu'au chapitre précédent.
2º LUCHAIRE, *Manuel des Institutions françaises; Philippe Auguste.*
3º LANGLOIS, *Saint Louis, Philippe le Hardi.*
4º MICHELET, *Histoire de France.*

CHAPITRE III.

LA SOCIÉTÉ DU Xe AU XVe SIÈCLE.

Formation des classes sociales : nobles, bourgeois, paysans, particulièrement en France.

SOMMAIRE

Au xe siècle, la société de toute l'Europe occidentale comprend trois classes distinctes, chevaliers, clercs, villains.

Seuls les chevaliers comptent dans la société laïque ; ils forment une caste héréditaire où les conditions de personnes et de biens sont réglées par les relations féodales (*fief, vassalité, suzeraineté*). Ils passent leur temps à se battre entre eux et vivent dans les châteaux ou manoirs fortifiés. Dans cette société guerrière sont nées les mœurs particulières de la chevalerie. Il n'y a pas d'État ni de gouvernement central. Chaque propriétaire est souverain sur sa terre. Du xe au xve siècle, les nobles ont été dépouillés d'une partie de leurs privilèges au profit de la royauté.

Les paysans ou villains vivent sur le domaine ou *villa* d'un seigneur. On les distingue en villains francs et villains serfs; ils supportent des charges nombreuses, sont complètement soumis à leur seigneur. La condition du paysan s'est améliorée du xie au xve siècle par l'affranchissement ou l'adoucissement du servage.

Du xie au xve siècle, une révolution économique et sociale se produit ; à la vie purement agricole s'ajoutent l'industrie et le commerce. A côté d'une population rurale de paysans grandit une population de fabricants et de marchands vivant dans des centres urbains et constituant la classe nouvelle des bourgeois.

L'industrie locale et familiale est concentrée dans les métiers, groupés en corporations qui ont chacune leur monopole, leur privilège, leur organisation, leurs règlements.

Au xie siècle, il se fait une renaissance du commerce. Les marchands échangent leurs produits dans des foires périodiques; ils sont groupés en corporations et sont au premier rang de la société bourgeoise. C'est aux gens de métier et aux marchands qu'est due la révolution communale qui a donné naissance aux villes libres, villes consulaires, communes, villes franches. La commune est une véritable seigneurie féodale.

Les communes ont lutté contre la féodalité et surtout contre l'Église; elles ont été réduites au XIIIe siècle par les Capétiens au rang de simples villes franches, ne conservant que les libertés civiles. Au contraire, c'est à partir du XIIIe siècle que s'épanouit le mouvement communal en Italie et en Allemagne, où il n'y a plus de pouvoir central fortement organisé.

RÉCITS

Classes sociales.

Pendant les troubles qui marquèrent la fin de l'empire carolingien, les faibles recherchèrent la protection des puissants. Ils firent don de leurs personnes et de leurs biens par le système de la recommandation; ils devinrent les vassaux de suzerains et dépendirent de quelqu'un. Le nombre des hommes libres diminua. Or Charlemagne avait obligé tout homme libre à porter les armes. Les seuls libres qui restent sont les riches. Ils s'équipent en cavaliers : on les appelle *chevaliers*; ils passent leur temps à se battre. Ils font cultiver leurs propriétés ou *villas* par les vilains, qui travaillent pour nourrir les chevaliers et les clercs. La maison du seigneur est triple : ceux qui combattent, ceux qui prient, ceux qui travaillent.

Les nobles ou chevaliers.

Le noble ou chevalier est monté sur un fort cheval, le destrier. Ses armes défensives comprennent : la *broigne* ou le *haubert*, pièce de toile recouverte de mailles ou de plaques de fer. Sur la tête il a le *heaume* en métal dont le devant est protégé par le nasal ; un grand bouclier ou *écu* le protège de la tête aux pieds. Comme armes offensives, il a une longue pique surmontée souvent d'une bannière ou *gonfanon* et une lourde épée. Il a un aide ou écuyer pour lui mettre ses armes, lui porter son écu et l'aider à monter à cheval (*fig.* 8).

Les chevaliers se battent entre eux, mais ils cherchent plutôt à se prendre qu'à se tuer. Ils pillent la terre de l'ennemi. Les villains en subissent les conséquences. Pour se défendre, ils ont des manoirs et châteaux fortifiés (*fig.* 9). Ce n'est d'abord qu'une butte au dessus de laquelle s'élève une tour en bois, recouverte de peaux de bêtes, qu'on appelle *donjon* (*domi-*

Fig. 8. — Chevaliers revêtus de la broigne et du haubert et coiffés du heaume.

nium, demeure du maître), et entourée d'un fossé plein d'eau et d'une palissade. Un pont-levis met en communica-

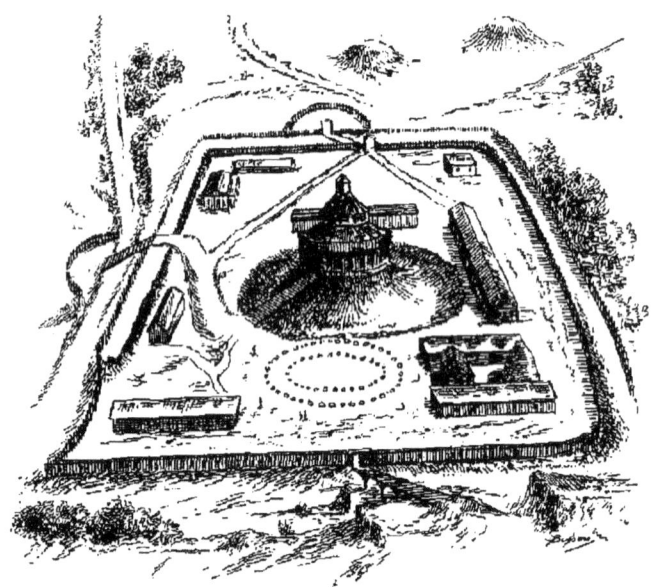

Fig. 9. — Château primitif, d'après Viollet-le-Duc.

tion la tour et l'extérieur par-dessus le fossé. Au XIIe siècle, on se met à construire des forteresses, enceinte et donjon, en maçonnerie (*fig.* 10).

Voici comment se présente un château féodal : 1° un fossé plein d'eau, en avant et en arrière duquel se trouve souvent une palissade (*plessis*); 2° une muraille très épaisse surmontée du chemin de ronde, et surplombant par des avancées en bois ou en pierre qu'on appelle *hourds* ou *mâchicoulis*. On ne pénètre dans le mur d'enceinte que par le pont-levis. Au milieu se trouve le donjon, tour en pierre à plusieurs étages; on s'y introduit par un escalier très étroit, où ne passe qu'un seul homme à la fois. Au bas, il y a la chartre ou prison; on y descend par une trappe; au milieu la grande salle et au sommet la guette, où veille le guetteur. Dans l'enceinte, autour du donjon, sont les écuries, les habitations des valets, parfois la chapelle et la salle de réception ou palais.

Les chevaliers s'ennuient dans leurs châteaux à ne rien faire ; aussi ils cherchent des aventures, ils organisent des joûtes et des tournois qui se terminent souvent par des morts d'hommes. Leurs contestations sont rarement jugées par des tribunaux. Quand il s'en produit, les adversaires se battent en duel ou ils se soumettent au *jugement de Dieu*, épreuve par l'eau, le feu ou la mie de pain. On donne raison au plus fort ou à celui qui sort indemne de l'épreuve.

Fig. 10. — Château en maçonnerie.

Mais pour être chevalier, il faut être fils de chevalier et avoir fait son apprentissage. Tout jeune, le futur chevalier sert comme page, domestique ou écuyer. A dix-huit ans seulement, il est armé chevalier après une cérémonie, d'abord très simple : un coup de poing sur la nuque ou *colée*, l'*élai* ou temps de galop. Bientôt l'Église ajouta la veillée d'armes, la bénédiction des armes, les sermons, etc. Une fois chevalier, il doit avoir à un haut degré la loyauté, la fierté, la bravoure et le sentiment de l'honneur. Les chevaliers ne sont pas égaux entre eux; beaucoup servent toute leur vie comme écuyers chez les plus riches. Les personnes, comme les propriétés, dépendent les unes des autres suivant l'adage féodal : « Nulle terre sans seigneur, nul seigneur sans terre ». Toutes les terres sont tenues en fief; chaque chevalier est le vassal d'un suzerain. Chaque vassal doit à son suzerain fidélité, aide et conseil; il lui prête l'hommage (*fig.* 11). Mais, en fait, chacun est maître sur sa terre, a le droit de guerre privée, le droit de justice, sa potence, ses archives, ses intendants, une administration complète.

Fig. 11. — Le vassal prête serment de fidélité à son seigneur.

Cependant les chevaliers ont perdu peu à peu leurs privilèges. L'Église les a obligés à la trêve de Dieu, les rois à la paix du roi ou *landfrieden*. Les rois ont aussi diminué le droit de justice des chevaliers en revendiquant les *cas royaux* sans les préciser et en les étendant à leur fantaisie. Au XV⁰ siècle, les nobles, dépouillés d'une grande partie de leur autorité, conservent encore de grands privilèges honorifiques, politiques et économiques; les principaux emplois leur sont réservés; ils ne paient pas d'impôts.

Les paysans ou villains.

Les paysans (*fig.* 12) ou villains vivent sur les villas ou propriétés des seigneurs laïques ou ecclésiastiques. On les distingue en *villains serfs* et *villains francs*. Tous sont soumis aux mêmes charges, cens ou fermage, tailles, corvées, banalités. Ils doivent cultiver non seulement leurs terres, mais

Fig. 12. — Paysans au travail, d'après un manuscrit de la Bibliothèque Nationale.

encore celles du seigneur, faire moudre leur blé dans le moulin banal, faire cuire leur pain dans le four banal, faire presser leur raisin dans le pressoir banal, et payer chaque fois une redevance. Les villains sont encore jugés par les seigneurs et doivent payer les amendes. Tous sont attachés à la glèbe et ne peuvent quitter la villa. Les villains francs sont les descendants des anciens colons, les serfs les descendants des anciens esclaves. Les serfs sont soumis à certains droits spéciaux, droits de mainmorte, droits de suite et droits de formariage, c'est-à-dire qu'ils ne peuvent ni transmettre leur héritage, ni se marier, ni s'établir en dehors de la villa.

Les villains arrivaient à l'affranchissement en obtenant du seigneur, la plupart du temps à prix d'argent et quelquefois par la force, un parchemin ou charte, où le seigneur fixait les droits ou coutumes à payer. Souvent les seigneurs étaient à court d'argent et trouvaient dans l'affranchissement un moyen d'augmenter leurs revenus. Au début du xiv° siècle, Philippe le Bel ordonna l'affranchissement de tous les villains du domaine contre argent comptant. Il ne resta de villains en France que sur les terres ecclésiastiques ; car l'Église considérait l'affranchissement et la limitation des coutumes à payer comme attentatoire à sa juridiction.

Les bourgeois.

Au x° siècle, dans l'Europe occidentale et en France particulièrement, il n'y a plus de centres urbains, plus de villes ; la vie est uniquement rurale, la population uniquement agricole. Dans sa villa, chaque seigneur a son charron, son cordonnier, son drapier ; il peut en avoir plusieurs. La réunion des villains qui ont la même occupation s'appelle un *ministerium* ou métier. Chacun de ces métiers forme une corporation qui comprend des apprentis, des ouvriers et un patron pour chaque métier. Le nombre des patrons et les conditions pour devenir patron sont fixés. Il faut faire un chef-d'œuvre, payer une redevance au seigneur. Chaque métier a son administration, sa jurande. Ce sont les jurés qui font les règlements et visitent les ateliers. Chaque métier a son saint patron, sa fête, sa bannière, son lieu de réunion. On distingue les grands métiers (*artes majores*) : orfèvres, drapiers (*fig.* 14), changeurs ; et les petits métiers (*artes minores*) : fripiers, savetiers. Ainsi à Paris, au temps de saint Louis, il y avait, d'après Étienne

Boileau, cent vingt corps de métiers. Chacun avait son monopole.

Au Xe siècle, chaque village devait se suffire à lui-même; il n'y avait pas de commerce. Dès le XIIe siècle, on voit des relations s'établir entre des groupes urbains ou bourgs. Le commerce est né.

Fig. 13. — Maréchal-ferrant (Cathédrale de Chartres).

Le mouvement est parti des villes maritimes italiennes : Venise, Gênes, Pise, et s'est propagé, en France, à Marseille, à Maguelone. Les marchands vont chercher les produits de l'Orient, qu'ils transportent

Fig. 14. — Marchands drapiers (Cathédrale de Reims).

Mén. *Histoire moderne.* 3

ensuite dans toute l'Europe, en utilisant le col du Brenner, le col du Saint-Gothard, la vallée du Rhône et de la Saône; ils atteignent la mer du Nord et la Baltique.

Pour faire ces voyages, il n'y a ni routes, ni ponts. Il faut payer des péages à chaque terre seigneuriale qu'on rencontre. Aussi les marchands s'unirent en confrérie pour construire des ponts, pour se défendre contre les exigences des seigneurs.

Ils s'organisèrent en corporations : frères pontifes ou bâtisseurs de ponts à Avignon; marchands de l'eau, à Paris, ayant le monopole de la navigation sur la Seine. Pour se réunir, ils créèrent des foires périodiques, foires du Lendit dans la plaine Saint-Denis, foires de Champagne et de Brie, comme il y en a encore aujourd'hui à Nijni-Novgorod, en Russie. Ils se réunirent pour former des associations commerciales ou *hanses*, comme la Hanse teutonique.

Ce sont ces industriels et ces marchands qui ont constitué la classe nouvelle des bourgeois. On leur doit la fondation des villes libres. En effet, ni les uns ni les autres ne pouvaient s'accommoder des redevances arbitraires imposées par les seigneurs. Ils voulurent la liberté et obligèrent de gré ou de force les seigneurs à leur accorder des chartes pour fixer les coutumes. C'est ainsi que furent créées les villes consulaires dans le midi de la France, les communes dans le nord de la France. C'étaient de véritables seigneuries collectives, qui avaient chacune leurs murailles,

Fig. 15 — Le sceau de Soissons.

leur hôtel de ville, leur beffroi, leurs milices, leur sceau (*fig.* 15), leur conseil, leurs consuls ou échevins, leur maire.

D'autres villes n'avaient pas tous les droits politiques, mais jouissaient de toutes les libertés civiles. On les appelait *villes franches* ou villes neuves.

L'Église considéra la fondation des villes libres ou villes franches comme un attentat à sa juridiction et s'y opposa autant qu'elle put. De nombreux seigneurs laïques vendirent des chartes d'affranchissement. Les Capétiens favorisèrent en général leur développement, en dehors de leurs domaines; mais quand, à la fin du XIII° siècle, ils furent devenus forts, ils leur enlevèrent les droits politiques et les transformèrent en simples villes franches ou bonnes villes du roi. C'est dans ces villes que s'est formé le Tiers État; il a grandi en même temps que le pouvoir royal.

A lire :

1° Léon Gautier, *La Chevalerie.*
2° Luchaire, *Manuel des Institutions françaises.*
3° Seignobos, *Histoire de la Civilisation.*
4° Levasseur, *Histoire des Classes ouvrières.*

CHAPITRE IV.

L'ÉGLISE DU XIe AU XVe SIÈCLE.

Les couvents et le clergé. — La papauté et l'Empire. La théorie des pouvoirs pontifical et impérial. Grégoire VII. Innocent III. Boniface VIII. Les papes à Avignon. Les Conciles du XVe siècle. — L'opposition à l'Eglise : opposition religieuse : les hérésies; opposition politique : les concordats.

SOMMAIRE

L'Église est la grande force morale du moyen âge en Occident. Elle administre les sacrements, dispose des indulgences; elle est armée de l'excommunication et de l'interdit.

Elle est organisée en évêchés, dont chacun a son domaine, sur lequel s'étend l'immunité. Outre le clergé séculier, évêques et prêtres, des paroisses, il y a un clergé régulier, moines soumis à une règle et vivant dans des couvents (Cluny, Cîteaux, Prémontré, Clairvaux), moines prêcheurs ou mendiants (Dominicains, Franciscains).

Le pape, d'abord simple évêque de Rome, a établi son autorité sur tout l'Occident : 1° parce qu'il réside à Rome, ancienne capitale des empereurs romains; il peut se considérer comme leur successeur; 2° parce qu'il est considéré comme le successeur de Pierre, chef des Apôtres; 3° parce qu'il a pris l'initiative de la conversion des peuples barbares, Anglo-Saxons, Germains, Francs de l'époque carolingienne. Il devient ensuite simple fonctionnaire de l'empereur carolingien ou de l'empereur allemand.

Après la réforme du XIe siècle, les papes ont affermi leur indépendance et organisé la Curie romaine.

Ils veulent ajouter à leur domaine spirituel le pouvoir temporel et faire la loi aux empereurs et rois de leur temps : tels Grégoire VII, Innocent III, Boniface VIII.

Les abus nés de la lutte entre le pouvoir temporel et le pouvoir spirituel amenèrent le séjour des papes à Avignon, le grand schisme, les hérésies (Vaudois, Albigeois), des besoins de réforme chez les partisans de l'Église. De là l'inquisition, les grands conciles réformateurs du xv° siècle. Ces conciles n'ont abouti qu'à des théories hostiles à la papauté, sans aucun résultat pratique; car les princes et les papes ont mis fin momentanément à la lutte en signant des concordats.

La lutte reprendra au xvi° siècle et aboutira à la Réforme.

RÉCITS

Le clergé et les moines.

Fig. 16. — Un évêque.

Au iv° siècle, dans chaque cité romaine, on a établi un évêché qui a été richement doté et qui jouit au x° siècle de l'*immunité*. Le roi n'a pas le droit d'y lever les impôts, d'y rendre la justice ni d'y recruter des soldats. L'évêque administre son diocèse avec les prêtres de son église cathédrale (*fig.* 16), vivant en commun, qu'on appelle *chanoines*. En dehors des villes, il y a les prêtres des paroisses des campagnes dont la cure a été dotée par un fondateur particulier. Tout le pays a été divisé en paroisses. C'est l'origine de la plupart de nos communes.

En dehors de ce clergé séculier, qui vit dans le siècle ou monde des laïques, il y a un clergé régulier, vivant dans des couvents ou monastères et soumis à la règle bénédictine fondée par saint Benoît au vi^e siècle (*fig.* 17). Les moines ont un chef : l'abbé, qui gouverne l'abbaye avec l'aide de son chapitre comprenant le chancelier, le chantre, le cellerier, etc. Ils doivent travailler en silence soit à des travaux manuels, soit à des manuscrits.

Fig. 17.   Fig. 18.   Fig. 19.
Un moine bénédictin.   Un moine franciscain.   Un moine dominicain.

Au xe siècle, presque tous les monastères s'étaient relâchés de la règle bénédictine et étaient tombés dans le désordre. Les moines étaient devenus brutaux, paresseux, épris des richesses et de l'esprit du siècle. Comme tout le clergé d'ailleurs, ils pratiquaient la simonie ou trafic des choses saintes. Des gens pieux en furent scandalisés et voulurent réformer les monastères. Saint Bruno fonda l'ordre des Chartreux, qui durent vivre dans une vallée sauvage du Dauphiné. D'autres voulurent remettre en vigueur la règle étroite de saint Benoît. C'est ainsi que furent réformés les monastères de Cluny, Cîteaux, Clairvaux, Prémontré, qui devinrent chefs d'ordre, réformèrent les autres monastères et en créèrent beaucoup d'autres, qui dépendaient de la maison mère.

Au commencement du XIIIe siècle, ces moines réformés étaient eux-mêmes tombés dans le désordre provenant de la richesse. Aussi les Albigeois furent scandalisés du luxe étalé par les moines de Cluny. C'était le moment des hérésies.

Pour combattre le mal, des âmes pieuses cherchèrent un remède. Il fut trouvé par l'Italien François d'Assise et l'Espagnol Dominique. Saint François d'Assise était le fils d'un riche négociant. A l'âge d'homme, il se sentit touché par la grâce. Il vendit tous ses biens, se mit, pour faire pénitence, à se donner la discipline, à vivre d'aumônes, à prêcher aux bêtes et aux hommes l'amour du Créateur, et aux hommes la pénitence. Il eut de nombreux disciples ; à chacun d'eux il donna une robe de bure, un capuchon et une corde. Il fonda ainsi l'ordre des frères mineurs, qu'on appelle franciscains et capucins (*fig.* 18). Saint Dominique était un prédicateur. Pour protester contre le luxe des moines de Cluny, il résolut de vivre d'aumônes et de se donner la discipline. Il eut des disciples et fonda l'ordre des frères prêcheurs ou dominicains (*fig.* 19). Ces deux ordres nouveaux ne ressemblaient pas aux ordres de saint Benoît. Ils étaient comme eux soumis à une règle ; mais, au lieu de vivre dans des couvents, ils vivaient dans le monde ou siècle, d'aumônes sans doute, mais en prêchant. Les franciscains étaient des mendiants devenus prédicateurs, les dominicains des prédicateurs devenus mendiants. Ils avaient d'ailleurs la même organisation. Ils ne dépendaient pas des évêques, mais d'un général qui n'avait d'autre supérieur que le pape. Ils formaient une milice du pape. Ils eurent un grand succès et accaparèrent bientôt une grande partie de la clientèle du clergé séculier.

La Papauté et l'Empire.

Fig. 20. — Costume du Pape au XIe siècle.

Les Carolingiens avaient ajouté à la puissance spirituelle du pape la puissance temporelle en créant le patrimoine de Saint Pierre. En échange, le pape avait reconstitué en l'an 800, au profit des rois francs, l'ancien Empire d'Occident. La chrétienté avait deux chefs : un chef spirituel, le pape (*fig.* 20); un chef temporel, l'empereur (*fig.* 21). En principe, les deux pouvoirs, spirituel et temporel, devaient s'entendre pour le bien de la chrétienté. En fait, l'accord n'existe jamais. Déjà, sous le faible Louis le Pieux, le pape prétend qu'il dispose de la couronne impériale et que les empereurs francs doivent obéir au pape et aux évêques, ses représentants. Ce fut bien pis, au Xe siècle, après la dissolution de l'empire carolingien. Il y a un empire qu'on a reconstitué au profit des rois d'Allemagne : le Saint-Empire romain germanique. C'est le pape qui, à Rome, consacre et couronne empereur le roi germain élu par ses vassaux. La papauté avait été au IXe siècle la proie des nobles violents et grossiers de Rome; on avait vu un pape âgé de douze ans intronisé par sa mère Marosia. A leur tour, les empereurs germains disposèrent à leur gré de la tiare pontificale, firent et défirent les papes. Ces prétentions scandalisèrent les moines réformateurs du XIe siècle, et l'un d'eux, ancien moine de Cluny, avant de devenir pape sous le nom de Grégoire VII, fit prendre, comme conseiller du pape, par le concile de Latran (1056) une importante décision. Il fit décider que désormais le pape serait élu par les cardinaux réunis en conclave. On appelait *cardinaux* les curés des principales églises de Rome et des églises de la campagne romaine. La papauté devenait indépendante.

Fig. 21. — Un empereur.

Théorie des pouvoirs pontifical et impérial.

Au xie siècle règne la confusion du spirituel et du temporel. Prenons un évêque : dans son unique personne, il y a à la fois : 1° un chef religieux dans son diocèse; il a été investi de la crosse et de l'anneau, symbole de ses fonctions épiscopales; 2° un propriétaire d'une terre et par suite un vassal; il a prêté hommage; il a reçu la lance ou l'épée, symbole de sa vassalité. Le pape lui-même est à la fois chef de l'Église et prince italien vassal de l'empereur.

Qui l'emportera, du pape ou de l'empereur, du pouvoir spirituel ou du pouvoir temporel? C'est moi, dira le pape, car je représente Dieu sur la terre; c'est moi, dira l'empereur, car j'ai la force. De là la lutte entre le sacerdoce et l'empire.

Grégoire VII (1073-1085).

Grégoire VII engagea avec les rois de son époque et surtout avec l'empereur germain, Henri IV, la querelle des investitures. Il était le fils d'un paysan; il ne se rendait donc pas compte des nécessités féodales; il avait été à Cluny et avait des idées intransigeantes, qu'il a exposées dans ses *dictatus pape*. « Le pape est le seul homme dont les peuples doivent baiser les pieds, il est le maître de déposer les empereurs »; ou encore : « L'Église romaine n'a jamais erré ». Il veut établir le régime de la théocratie. En 1074, il fait décider par le concile de Latran que, sous peine d'excommunication et d'interdit, il est défendu aux laïques de donner l'investiture ecclésiastique et aux clercs de la recevoir. C'était forcer les évêques et les abbés à renoncer à toutes leurs propriétés et détacher des empereurs et des rois tous leurs vassaux ecclésiastiques. De là les résistances des évêques lombards et allemands, la colère de Henri IV, la déposition de Grégoire VII par la réunion de la diète de Worms en 1075. Grégoire VII ne pouvait résister avec ses faibles forces. Il usa de ses armes spirituelles, excommunia l'empereur, délia ses vassaux de leurs serments de fidélité, lui suscita un compétiteur à la royauté et à l'empire : ce fut la guerre civile en Italie et en Allemagne. Henri IV vint en pénitent au château de Canossa demander l'absolution du pape. L'excommunication fut levée. Henri retourna en Allemagne, tua son compétiteur, continua à donner l'investiture ecclésiastique et résolut d'aller à Rome, avec ses soldats allemands, s'emparer de la personne du pape. Rome fut pillée. Grégoire VII fut sauvé par les Normands du sud de l'Italie, ses vassaux, qui l'emmenèrent à Salerne, où il mourut de désespoir.

Innocent III (1198-1216).

Innocent III professe aussi les principes de la théocratie. « De même que l'âme est supérieure au corps, de même les clercs doivent commander aux laïques », ou encore : « Le corps est à l'âme ce que la lune est au soleil ; de même que la lune reçoit sa lumière du soleil, de même les laïques doivent recevoir la direction des clercs. » Il a pris la direction de l'Europe chrétienne.

Il a imposé à l'Allemagne l'empereur de son choix, Otton de Brunswick. Il est intervenu dans les querelles de Jean sans Terre et de ses barons révoltés, les a excommuniés, a prêché la croisade contre les Albigeois et établi l'Inquisition (*inquisitio hereticæ pravitatis*). C'était un tribunal composé de moines, qui devaient aller de ville en ville pour rechercher et faire comparaître les gens soupçonnés d'hérésie. Ils étaient libres pour cela d'employer tous les moyens, entre autres la *question* préalable, renouvelée de l'ancienne procédure romaine : question par l'eau, les brodequins ou l'estrapade. Ils condamnaient les coupables à être emmurés ou à être brûlés. Dans ce cas, les condamnés étaient livrés au bras séculier ou pouvoir laïque. Enfin, c'est à Innocent III surtout que l'on doit l'organisation de la curie romaine, établissement des légats ou représentants envoyés dans toutes les parties du monde chrétien, des appels en cour de Rome, où l'on dut s'adresser en dernier ressort pour les dispenses et les affaires religieuses. Sous Innocent III s'acheva la création du droit canon (*corpus juris canonici*), recueil des canons des conciles et de décrétales pontificales qui acquirent force de loi dans toute la chrétienté.

Boniface VIII (1294-1303).

Après le jubilé de l'an 1300, qui amena à Rome une foule de pèlerins chargés de présents et remplis d'enthousiasme pour le pape, Boniface VIII crut pouvoir commander à tous les rois. « Il y a, disait-il, deux glaives : le glaive temporel et le glaive spirituel. Dieu a confié les deux glaives au pape. Le pape a gardé le glaive spirituel, et il a confié aux rois le glaive temporel, *sed ad nutum sacerdotis*, pour que les rois en usent au gré du pape. » Il engagea la lutte contre Philippe le Bel à propos des décimes ou impôts que le roi levait sur le clergé de France, lança contre lui la bulle *Ausculta fili*. Philippe le Bel fit brûler la bulle du pape, en fit publier une autre injurieuse envers le roi de France et une prétendue réponse ainsi conçue : « Sache ta très grande sottise que nous ne sommes soumis à personne, ni au temporel ni au spirituel. » Boniface VIII lança alors la bulle *Unam sanctam* et excommunia le roi. Philippe réunit à Paris les États généraux, demanda et obtint leur appui, et envoya en Italie, pour s'emparer du pape, son ennemi Nogaret. A Anagni, Boniface fut souffleté par Nogaret. Il mourut de chagrin.

Les papes à Avignon.

A la mort de Boniface VIII, les cardinaux élurent pape un évêque français, Clément V. Il s'établit à Avignon. Les papes y restèrent 70 ans et y firent construire le château des papes, à la fois forteresse et palais (*fig.* 22). Leur long séjour à Avignon s'ex-

Fig. 22. — Le château des Papes à Avignon.

plique par la situation de Rome à cette époque. La ville sainte était déchirée par les factions, nobles retranchés dans des châteaux forts construits avec les débris des monuments antiques, et gens du peuple organisés en milices. C'est à cette époque que se place l'aventure du fameux Rienzi, qui, hanté par les souvenirs de l'ancienne Rome, essaya de reconstituer la République romaine, se fit nommer tribun du peuple et décerner le triomphe au Capitole. Pendant ce temps, les Romains gémissaient, parce qu'à Rome il n'y avait plus de pèlerinages, et que les affaires ne marchaient plus. En outre, les âmes pieuses déclaraient que la place du chef de l'Église était à Rome. A la fin, le pape Grégoire XI envoya des troupes mercenaires pour mater les nobles et le peuple, et retourna à Rome. A sa mort, la papauté tomba d'un mal dans un autre : le grand schisme. On lui donna comme successeur un pape italien ; mais les cardinaux français, mécontents de leur séjour à Rome, lui nommèrent de son vivant un successeur. Il y eut deux papes, un italien et un français. Chacun d'eux excommunia l'autre et les partisans de son adversaire. La chrétienté fut fort troublée et divisée en deux camps.

L'opposition politique et religieuse à l'Église.

Dès le xiie siècle, des gens pieux se plaignent des abus qui règnent dans l'Église. On accuse les clercs, les prêtres, les évêques, les moines, le pape lui-même, de vivre dans le luxe, de se faire construire de magnifiques demeures, d'entretenir une suite coûteuse avec des chevaux, des chiens, des faucons. On critique même le luxe des cérémonies religieuses, des édifices et des ornements de l'église. Saint Bernard demandait déjà qu'on se contentât d'une simple croix de bois et d'encensoirs en cuivre. D'autres, comme saint Louis, trouvaient que les papes s'occupaient trop de questions temporelles. De là les tentatives de réforme faites aux XIV⁰ et XV⁰ siècles. On veut réformer l'Église *in capite et in membris*, dans sa tête et dans ses membres, dans la personne du pape, des prêtres et des moines.

Les hérésies.

L'opposition au clergé alla jusqu'aux hérésies, c'est-à-dire aux opinions condamnées par l'Église. Il y a eu de tous temps des hérésies. Au XII⁰ siècle, un riche marchand de Lyon, Waldus, distribua tous ses biens aux pauvres, se mit à lire la Bible, déclara que les prêtres étaient inutiles, qu'aucun intermédiaire n'était nécessaire entre Dieu et l'homme, que la foi seule suffisait. C'était l'hérésie des Vaudois.

Au début du XIII⁰ siècle, des idées semblables se répandirent dans le midi de la France en se mêlant aux doctrines du Mazdéisme, du bon et du mauvais principe. C'est l'hérésie des Albigeois.

En Angleterre, au XIV⁰ siècle, Jean Wiclef et la secte des Lollards prêchèrent les mêmes doctrines, en y mêlant des idées de révolution sociale : « Quand Adam bêchait, disait-il, et qu'Ève filait, qui donc était gentilhomme ? »

En Bohême, Jean Huss (*fig.* 23) et les Hussites voulaient aussi revenir à l'Église primitive et en même temps chasser les prêtres et les seigneurs allemands que la maison de Luxembourg avait amenés dans le royaume tchèque.

Fig. 23. — Supplice de Jean Huss, d'après un manuscrit de Constance.

Les Conciles du XVe siècle.

Les gens pieux voulurent faire cesser les abus de l'Église, le schisme et les hérésies. Pour faire cesser le schisme, les docteurs de l'Université de Paris, Gerson, Pierre d'Ailly, Nicolas de Clémengis, proposèrent trois moyens : 1° la *via cessionis*, ou abdication des deux papes ; 2° la *via compromissionis*, ou entente entre les deux papes ; 3° la *via concilii*, ou réunion d'un concile. Les deux premiers moyens ne purent réussir; aucun des papes ne voulut abdiquer, ni faire un compromis. On essaya alors de la réunion d'un concile. Il y eut successivement trois conciles. Dans ces conciles, on vota, non par tête pour ne pas favoriser les Italiens plus nombreux, mais par nation. On essaya, suivant les avis des docteurs de l'Université de Paris, de faire cesser le schisme et les hérésies, d'opérer la réforme sans le pape et même contre le pape, et d'établir dans l'Église ce qu'on appellerait aujourd'hui le régime parlementaire.

Le premier concile réuni à Pise (1409) déposa les deux papes. Il y en eut désormais trois au lieu de deux. Le concile de Constance (1415) cita à comparaître l'hérétique Jean Huss. Malgré un sauf-conduit donné par l'empereur, Huss fut saisi à son arrivée à Constance, condamné et brûlé. Le concile déclara ensuite qu'il représentait l'Église universelle sans le pape, et déposa les trois papes rivaux. Il en nomma un autre, Martin V, en lui faisant promettre auparavant d'opérer la réforme. Le concile de Bâle (1431) entra en lutte avec le pape. Alléguant la peste qui régnait à Bâle, le pape ordonna aux membres du concile de se transporter à Florence, en Italie. Quelques-uns obéirent; mais la plupart restèrent à Bâle, entrèrent en révolte contre le pape et firent la réforme malgré lui, abolissant tous les abus, annates, réserves, grâces, expectatives, appels en cour de Rome, nomination des évêques par le pape. Le roi de France, Charles VII, adopta pour la France toutes les décisions du concile de Bâle par une ordonnance royale qu'on appelle la *Pragmatique sanction de Bourges* (1439).

Les Concordats.

Mais les papes ne voulurent pas faire la réforme. Ils préférèrent s'entendre avec les princes et partager avec eux les revenus que procuraient les abus de l'Église; ils signèrent avec eux des *concordats*. Ainsi en France le pape signa avec Louis XI un traité par lequel le roi abolissait la Pragmatique sanction. Le pape continuerait à tirer les revenus habituels de l'Église de France, mais il ne nommerait que des évêques et abbés agréés par le roi. En outre, le roi devait toucher la régale ou les revenus des bénéfices, tant que le bénéficiaire n'aurait pas de successeur. Le clergé de France fut très mécontent de cette atteinte portée au clergé de l'Église gallicane.

La réforme que n'ont pu faire ni les docteurs ni les conciles, et que n'ont voulue ni les princes ni les papes, se fera au XVIe siècle, par les docteurs et par les princes, contre le pape. Elle aboutira au protestantisme.

A lire :

1° Seignobos, *Histoire de la Civilisation.*
2° Alzog, *Histoire de l'Église.*
3° Rocquain, *La Papauté au Moyen Age.*
4° Edgar Quinet, *Les Révolutions d'Italie.*
5° Hefele, *Histoire des Conciles.*

CHAPITRE V.

LA CIVILISATION.

Les Universités. — *L'art roman et l'art gothique.* — *La Renaissance au XIVe et au XVe siècle.* — *Les Inventions.*

SOMMAIRE

Une renaissance intellectuelle et artistique s'est produite à la fin du XIe siècle, en même temps que la révolution économique et sociale.

Cette renaissance se manifeste par l'importance que prennent les écoles épiscopales et monastiques, par la création de corporations d'enseignement. L'Université de Paris a été la plus importante et a servi de modèle. Elle est définitivement constituée, au début du XIIIe siècle, par de nombreux privilèges qui lui ont été octroyés par les rois et les papes.

A la fin du XIe siècle, la langue romane est formée, et une littérature populaire commence à se développer. En même temps se produit une renaissance artistique, surtout dans l'architecture religieuse. Elle a donné naissance à deux types d'église, celles dites de style roman, et celles dites de style gothique. Le style gothique s'est développé en France d'abord, puis dans tous les pays d'Europe, soit dans l'architecture religieuse, soit dans l'architecture civile (hôtels de ville, châteaux). Au XVIe siècle, il fut généralement remplacé par une architecture imitée de l'antiquité, l'architecture dite de la Renaissance.

La sculpture, la peinture et l'orfèvrerie sont intimement liées à l'architecture et ont un développement parallèle.

De grandes inventions, poudre à canon, boussole, papier, imprimerie, ont été faites à la fin du moyen âge et ont eu une grande influence sur le développement de la civilisation.

Vers la fin du XIIIe siècle, un mouvement se produit dans la littérature et dans l'art, qui continue le mouvement des siècles précédents. On s'éprend de la nature et de l'imitation de l'antiquité grecque et surtout romaine. Ce mouvement, qu'on appelle la Renaissance, se manifeste d'abord dans l'Italie, qui est dans des conditions particulières au point de vue politique, économique et social. Ce mouvement a pour centre principal Florence. Il a fait naître de nombreux écrivains et artistes qu'on a appelés les Précurseurs. Ces artistes ont préparé la grande période de la Renaissance, qui comprend, pour l'Italie, la fin du xve et le xvie siècle. De l'Italie la Renaissance gagne les autres pays d'Europe.

RÉCITS

L'Université de Paris.

Il y avait déjà, depuis Charlemagne, des écoles épiscopales et monastiques où l'on apprenait aux seuls clercs à lire, à écrire, à copier et enluminer des manuscrits. Au xiie siècle, quand l'industrie et le commerce eurent amené le bien-être, un grand nombre de personnes purent se livrer à la vie intellectuelle. On vit naître des universités. Une université, c'est l'ensemble de tous les gens qui participent à la vie d'études : professeurs, étudiants, bedeaux, huissiers, marchands de parchemin, et, comme tous les gens d'un même métier, ils forment une corporation. La plus célèbre des universités a été l'Université de Paris. Elle a servi de modèle à toutes les autres. Au début du xiiie siècle, les maîtres parisiens, après avoir reçu de l'évêque de Paris la licence ou autorisation d'enseigner, réunissaient les écoliers dans les jardins, sur les places publiques, dans leurs maisons particulières. C'est ainsi que le fameux Abélard enseigna sur la montagne Sainte-Geneviève. Au xiiie siècle, maîtres, étudiants, serviteurs furent organisés en corporations à la suite de privilèges conférés par le roi et le pape. Une charte de Philippe Auguste décida que les membres de l'Université seraient jugés non par les officiers du roi, mais par un tribunal universitaire. Le pape Innocent III donna une bulle par laquelle l'autorisation d'enseigner, *licentia docendi*, et les grades seraient conférés non plus par l'évêque de Paris, mais par l'Université elle-même. L'Université eut son organisation, son recteur, son chancelier, ses huissiers, ses bedeaux. Elle était très jalouse de ses privilèges; les étudiants avaient qualité de clercs; généralement pauvres, ils vivaient comme ils pouvaient, se faisant les serviteurs des plus riches, maltraitant les bourgeois, volant même quelquefois et méritant la corde, comme le poète Villon. La plupart des étudiants habitaient sur la montagne Sainte-Geneviève. Chaque nation avait son quartier; il y avait un

Fig. 24. — Une école normande au XIe siècle (d'après un manuscrit).

quartier français, un quartier normand (*fig.* 24), un quartier picard, un quartier anglais, etc. Parfois, des gens riches faisaient des fondations picuses pour loger et entretenir les étudiants pauvres. Ainsi le docteur Sorbon fonda la Sorbonne pour les étudiants en théologie. Les collèges de l'Université actuelle d'Oxford en Angleterre ont la même origine et le même but.

Au point de vue de l'enseignement, l'Université de Paris était divisée en 4 facultés : Arts, Théologie, Droit, Médecine. En général, chaque Université avait sa spécialité : Orléans était renommé pour le droit, Montpellier pour la médecine, Bologne pour le droit canonique et romain, Paris pour la théologie. Les étudiants commençaient généralement par étudier les arts, pour se spécialiser ensuite en théologie, en droit ou en médecine. Ils devenaient chevaliers ès arts ou bacheliers, licenciés et docteurs. L'enseignement des arts comprenait le *trivium* et le *quadrivium*. Le

Géométrie.   Arithmétique.   Médecine.   Astronomie.

Fig. 25. — Les Sciences (Cathédrale de Laon).

trivium comprenait les trois sciences : grammaire, dialectique, rhétorique. Le *quadrivium* comprenait les quatre sciences : arithmétique, géométrie, astronomie, musique (*fig.* 25). L'enseignement le plus en faveur était la dialectique. Elle apprenait à discuter sous différentes formes de raisonnements, non sur des faits scientifiquement démontrés, mais sur des textes très mal connus des anciens, dénués de toute authenticité. Appliquée à la théologie, la dialectique est devenue la scholastique ou science de l'école. Le principal ouvrage est un manuel de théologie fait par saint Thomas d'Aquin, la *Somme théologique*, encore en usage aujourd'hui dans les séminaires.

Une église romane.

Les premiers chrétiens n'avaient pas d'église. Quand les persécutions cessèrent, au ive siècle, les chrétiens célé-

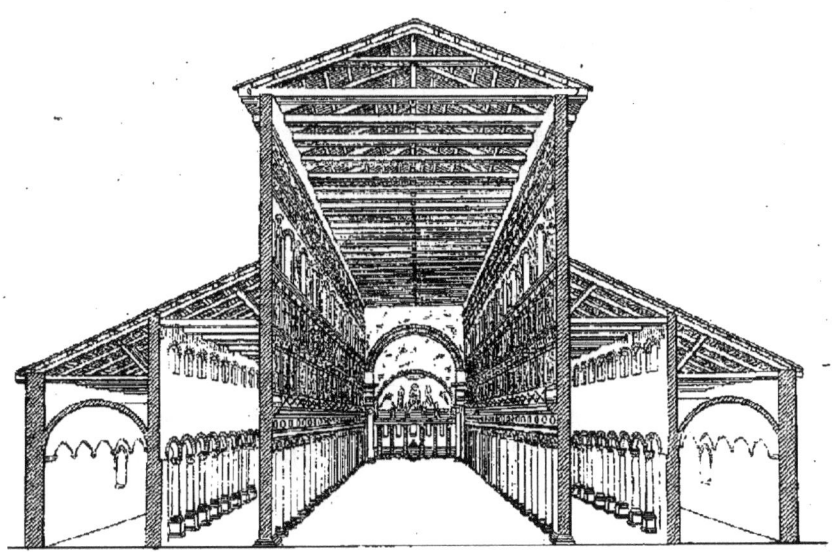

Fig. 26. — Une basilique romaine.

HISTOIRE MODERNE. — 56 —

brèrent le culte dans les basiliques romaines (*fig.* 26). C'était une grande salle rectangulaire divisée par des colonnes en trois nefs et précédée d'un portique. Dans la partie supérieure de l'édifice, l'*abside,* en forme circulaire, où siégeait le juge romain, servit d'emplacement à l'autel. En avant de l'abside, le jubé, autrefois résidence des juges, était séparé par une grille du reste de l'édifice, occupé par les

Fig. 27. — Une église romane (Notre-Dame du Port, à Clermont).

fidèles. Telle fut l'église de Saint-Pierre-hors-les-Murs. L'abside est devenue le chœur, le portique est devenu le porche. Bientôt on étendit le jubé à droite et à gauche des nefs pour donner à l'édifice la forme de la croix.

Les premières églises n'étaient pas voûtées, et la toiture en bois reposait directement sur les trois nefs. Pendant les invasions, la plupart des églises furent incendiées. Au xie siècle, on voulut faire des églises à l'abri du feu. On conserva le modèle de la basilique romaine, mais en y ajoutant la voûte. On savait la construire. La voûte est d'origine romaine, et de nombreux restes de monuments romains en donnaient le modèle. On surmonta parfois l'édifice d'une coupole construite sur le modèle byzantin. Pour soutenir la voûte, il fallut des murs solides, épais, avec des contreforts appliqués à la maçonnerie, avec des ouvertures petites et peu nombreuses. L'édifice fut couronné d'une tour pour les cloches ou clocher. La ligne généralement employée fut le *plein cintre*, demi-cercle reposant par ses deux extrémités sur deux murs ou deux piliers. Les colonnes employées furent les colonnes antiques, mais on ne conserva plus les proportions réglementaires entre le fût, la base et le chapiteau. Dans le chapiteau, les feuilles d'acanthe furent déformées. On eut l'église *romane*, petite, massive, faiblement éclairée. Citons comme modèles les églises de Vézelay, d'Angoulême, de Périgueux, de Saint-Trophime d'Arles, de Notre-Dame de Clermont (*fig.* 27). Ces églises furent imitées à l'étranger, à Spire, à Trèves et en Angleterre.

Une église gothique.

Le mot *gothique* est un terme impropre, inventé plus tard par les admirateurs de l'art antique, détracteurs de l'art du moyen âge. L'art gothique est essentiellement français. Il a été trouvé et répandu par les francs maçons, ou maçons de l'Ile-de-France, où se trouvaient réunis tous les éléments de la construction : chaux, ciment, pierre fine et pierre grossière. Il fut provoqué par l'augmentation de la population. Les bourgeois voulurent de grands édifices qui pussent servir non seulement au culte, mais encore aux réunions et au marché, des églises plus élancées, plus vastes et mieux éclairées (*fig.* 28). Pour soutenir les voûtes plus hautes, les maçons inventèrent d'abord l'*arête de voûte*, puis l'arc doubleau formé de deux arêtes de voûtes qui se croisent. On accola même six arêtes de voûtes se fermant au sommet par la clef de voûte. On a appelé improprement cette construction *ogive*. Au lieu de la ligne du plein cintre, on emploie l'arc brisé, c'est-à-dire deux arcs qui se coupent sous un angle plus ou moins aigu, l'extrémité inférieure des deux arcs reposant sur un mur ou une colonne. On élargit les ouvertures, on les multiplie ; les colonnades sont très minces et très élancées ; la base disparaît presque complètement. A l'extérieur, les arcs-boutants remplacent les contreforts accolés au mur ; ils se succèdent de plus en plus petits à partir de la muraille, en se soutenant réciproquement par leurs extrémités.

Il y a plusieurs types d'église gothique : le lancéolé, le rayonnant, le flamboyant. Le *lancéolé* est caractérisé par des ouvertures longues et étroites en forme de lance ; le *rayonnant*, par des ouvertures circulaires dont les nervures partent du centre vers la circonférence. Dans le style *flamboyant*, les colonnes prennent les formes les plus fantaisistes ; elles sont ornées de toutes sortes de plantes et d'animaux fantastiques. Tous les autres arts concourent à un but architectural. Les sculptures des portails ou tympans, d'abord très primitives, représentent, dans des attitudes calmes et majestueuses, les personnages de l'Ancien et du Nouveau Testament, ou des scènes bibliques, comme le Jugement dernier ; les gargouilles (*fig.* 29) représentent le diable dans toutes ses attitudes grotesques. La

Fig. 28.
Le style gothique
(Cathédrale d'Amiens).

Fig. 29. — Les gargouilles de Notre-Dame, à Paris.

plupart des chaires sont sculptées. La peinture se développe sous forme d'émaux et de vitraux, laissant passer à travers les ouvertures les feux variés de l'arc-en-ciel. L'orfèvrerie donne des ostensoirs, des reliquaires, des ciboires, des candélabres, etc. Une église gothique est un monument d'art complet. Citons les principales : Chartres, Amiens, Paris (fig. 30), Reims, Beauvais, etc.

Dans l'architecture civile, le style gothique, comme le style roman, a produit des châteaux forts; nous les avons vus dans un chapitre précédent. Aux xive et xve siècles, les rois, les seigneurs et les bourgeois, devenus riches, voulurent habiter, non pas seulement des forteresses, mais des demeures confortables et luxueuses. Les architectes transportèrent dans les constructions civiles les procédés de l'art gothique. On voit paraître en France les

Fig. 30. — Église Notre-Dame, à Paris.

architectes franco-flamands, qui construisent l'église de Saint-Ouen, l'église de Saint-Maclou, l'hôtel de ville de Saint-Quentin, le palais de justice de Rouen et l'hôtel de Jacques Cœur à Bourges (*fig.* 31). A la même époque, des

Fig. 31. — Hôtel de Jacques Cœur, à Bourges (reconstitué par Viollet-le-Duc).

sculpteurs franco-flamands, comme Claus Sluter et Claus de Werne, sculptent le fameux Puits de Moïse de la Chartreuse de Dijon (*fig.* 32), d'autres le tombeau de Philippe Pot, seigneur de la Roche. Sans parler des miniatures qui

Fig. 32. — Puits de Moïse.

enluminent des manuscrits comme le *Roman de la Rose* et le *Roman du Renard*, il y a des peintres français célèbres : Jean Fouquet, l'auteur du *Buisson Ardent*, Nicolas Froment, qui fait le portrait de Jean le Bon. On fait des statues en ivoire, des reliquaires, des tapisseries, des vitraux, des bahuts. La France a servi de modèle, et l'art gothique s'est répandu dans tous les autres pays. On l'imite dans les cathédrales de Cologne, de Strasbourg, en Allemagne; dans l'église de Valladolid, en Espagne; à York, à Canterbury, en Angleterre. L'église de Milan, en Italie, procède de l'art gothique. L'école flamande du xve siècle, les constructeurs d'églises et d'hôtels de ville, les

Fig. 33. — Portrait de vieillard [*L'homme à l'œillet*] (par Van Eyck).

auteurs de chaires sculptées, les grands peintres, Jean de Bruges, Jean van Eyck (*fig.* 33), Hans Memling, Roger van der Weyden, Tierry Bouts, Quentin Metsis, tous s'inspirent de l'art gothique, art original et essentiellement français.

La Renaissance aux XIV° et XV° siècles.

Aux xiv° et xv° siècles, l'Italie est dans des conditions particulières. Les tyrans des villes italiennes, les princes des grands États, les papes, en même temps qu'ils établissent leur tyrannie, se font les protecteurs des arts. Taine les a appelés des *loups intelligents*. Tels sont les Gonzague à Mantoue, les Visconti et les Sforza à Milan, les Médicis à Florence, le pape Alexandre VI et son fils César Borgia ; l'aristocratie des cités maritimes, comme Gênes, Venise, protège aussi les arts. Il y a des artistes très nombreux, même parmi les nobles ; on voit apparaître des familles d'artistes où les fils succèdent au père en perfectionnant les procédés. Souvent l'apprentissage se fait chez un orfèvre, car une pièce d'orfèvrerie demande la pratique de tous les arts. Aussi les artistes possèdent l'art universel : ils sont à la fois architectes, sculpteurs, peintres, imagiers, émailleurs, orfèvres, et souvent écrivains.

Une nouvelle source d'inspiration apparaît à la fin du xiii° siècle. C'est un sentiment à la fois national et religieux ; il procède de deux hommes principaux : Dante et saint François d'Assise. Dante, dans son œuvre, la *Divine Comédie*, abandonne le latin pour le dialecte toscan. Après lui, on s'éprend de l'art antique et surtout romain, dont de nombreux débris jonchent le sol de l'Italie. On l'admire et on cherche à l'imiter. François d'Assise prêche l'amour et la fraternité universels. Le grand artiste Giotto s'inspire de Dante; il peint la vie de saint François. Le principal centre artistique est la Toscane, avec la ville de Florence, ville de drapiers et de banquiers, placée au carrefour de nombreuses routes. Il faut y ajouter les villes de Pise et de Sienne.

En architecture, on avait jusqu'alors imité l'art roman ou l'art gothique. Les Vénitiens avaient mêlé à l'art gothique l'art byzantin avec ses clochetons et ses coupoles, et avaient construit la basilique de Saint-Marc et le palais ducal. On peut citer comme modèle d'architecture de la Renaissance la cathédrale de Florence (*fig*. 34). Elle fut commencée en 1296 par Arnolfo del Cambio; le campanile est l'œuvre de *Giotto;* la nef a été construite par différents artistes du XIVe siècle; la façade est de date récente; la coupole date de 1425; elle est l'œuvre de *Brunelleschi*.

Brunelleschi était un fougueux disciple de Dante; il était à la fois mathématicien, ingénieur, sculpteur, archi-

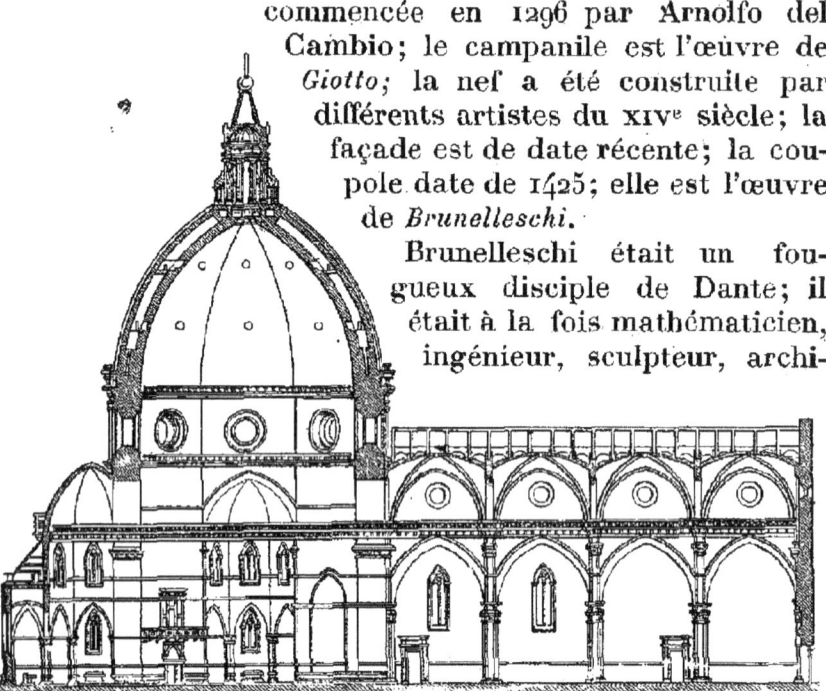

Fig. 34. — Dôme de la cathédrale de Florence.

5.

tecte, peintre; mais l'architecture lui apparaît comme l'art suprême, but et terme de tous les autres. Il est allé visiter la Rome antique, les débris de ses temples, de ses égouts, son Colisée; il a étudié les matériaux, le mortier, tous les

Fig. 35. — La Grammaire, bas-relief du Campanile de Florence (par Giotto).

procédés des Romains. Il voudrait unir la solidité romaine à l'élégance byzantine. Il fut appelé par les bourgeois de Florence pour achever l'église sur le plan dressé par Giotto. Il s'agissait surtout d'élever sur une base octogonale une immense coupole. Il demanda qu'on fît comparaître les architectes en art gothique, et leur demanda comment ils pourraient soutenir l'édifice. Les uns proposèrent un immense pilier central, les autres de grands arcs-boutants extérieurs. « Il faut, dit-il, que l'édifice se tienne debout sans aucun support. » On le crut fou. Mais, les artistes gothiques ne faisant rien, on revint à lui ; et alors sans support, sans charpente, sans appui extérieur, se dressa la grande coupole dominée par sa blanche lanterne de marbre. L'art et la science unis : voilà la Renaissance.

A côté de cette église, il y a le palais Vecchio. C'est à la fois un palais et une forteresse où se réunissait la seigneurie ou sénat de Florence, à l'abri des soulèvements populaires très fréquents dans la ville.

Regardez aussi à Pise la cathédrale, la tour penchée, et voyez la différence avec une église gothique.

Fig. 36. — Saint Georges (par Donatello).

En sculpture, regardez les bas reliefs du campanile de Florence, œuvre de Giotto (*fig.* 35); les portes du baptistère de Pise, œuvre des Pisani; les chanteurs de Lucca della Robia; les portes du baptistère de Florence, œuvre de Ghiberti; le Saint Georges de Donatello (c'est un centurion romain) (*fig.* 36).

En peinture, Giotto est le principal artiste, il a fait école. Il procède de Cimabué (*fig.* 37), qui imitait encore les byzantins et leurs types conventionnels; mais il s'inspire de Dante et de saint François. Sans parler du Jugement dernier, fresque anonyme du Campo Santo de Pise et de beaucoup d'autres artistes, Philippo Lippi, Masaccio, Verrochio, regardez le Printemps de Botticelli (*fig.* 38), vous aurez une idée de la peinture des précurseurs.

Fig. 37. — La Vierge (par Cimabué).

Inventions.

Les Chinois connaissaient la poudre, mélange de charbon, de salpêtre et de soufre, et s'en servaient pour les feux d'artifice. Les Arabes l'employèrent aussi; on l'appela feu grégeois. Au xive siècle, Florence construit des canons pour lancer des boulets de pierre; on les appelle bombardes ou coulevrines. On inventa aussi des coulevrines à main, difficiles à manier. C'est l'origine de l'arquebuse et du fusil.

Les Arabes connaissaient déjà l'aiguille aimantée, qu'ils

Fig. 38. — Le Printemps (par Botticelli).

plaçaient sur un fétu de paille. On la fixa sur un pivot, on la renferma dans une boîte : on eut la boussole.

Le papier fait avec des chiffons était connu des Chinois; il fut importé par les Arabes et se répandit en Europe quand, vers le XIIIe siècle, on porta du linge de corps. Il a favorisé l'invention de l'imprimerie. Auparavant, on écrivait sur du parchemin fait de peau d'animaux qui coûtait très cher. Les manuscrits du moyen âge sont écrits en écriture mérovingienne, très difficile à lire; puis, à partir des Carolingiens, en écriture caroline ou gothique, beaucoup plus facile à lire. La plupart sont enluminés de miniatures. Pour ne pas renouveler chaque fois la copie d'un texte ou d'une image, on se mit à graver en relief sur une planche de bois. On mettait de l'encre sur la planche et l'on apposait le papier : on eut la xylographie. Puis on fit des caractères qu'on assemblait à volonté, d'abord en bois, puis en plomb : ils s'aplatissaient; en fer, ils coupaient le papier. C'est à ces essais que nous devons la *Bible des pauvres*, imprimée à Harlem. L'invention de Gutenberg de Mayence (*fig.* 39) fut de trouver avec ses associés Fust et Scheffer un alliage convenable : plomb et antimoine. Les premiers imprimeurs ne cherchèrent d'abord qu'à contrefaire les manuscrits et à vendre comme tels les volumes qu'ils produisaient. Après Gutenberg un Français dessina et grava les caractères romains. L'invention de l'imprimerie se répandit vite, en Italie surtout. En 1476 furent édités à Venise des livres avec la date et le nom de l'éditeur, puis des livres avec gravures. Toutes les villes d'Italie eurent bientôt leur imprimerie. En France on eut, à la fin du XVe siècle, les publications des imprimeurs Géring, Vostre, Philippe Pigouchet. Par suite de la modicité du prix des livres, les laïques pouvaient étudier la littérature et la théologie en dehors des universités. L'imprimerie a facilité la Renaissance et la Réforme.

Fig. 39. — Gutenberg.

A lire :

1° SEIGNOBOS, Ouvrage cité.
2° GUIZOT, *Histoire de la Civilisation*.

HISTOIRE MODERNE. — 72 —

3º VIOLLET-LE-DUC, *Dictionnaire d'Architecture.*
4º BURCKHARD, *La Civilisation de la Renaissance.*
5º TAINE, *Philosophie de l'Art en Italie; Philosophie de l'Art aux Pays-Bas.*
6º VAUTERS, *L'Art flamand.*

IIᵉ PARTIE

L'EUROPE AU XVIᵉ SIECLE

(1498-1610)

CHAPITRE VI.

LA FRANCE DE 1498 A 1559.

Transformation du gouvernement et de la société; la Cour; le clergé, les villes, les métiers, les paysans. — La vénalité des offices.

SOMMAIRE

Sous Louis XII, François Iᵉʳ et Henri II, la centralisation et le despotisme se sont développés en France, comme dans la plupart des États européens, et sont devenus excessifs. Ces développements ont coïncidé avec ceux de la *cour*, réunion des personnes qui participent à la vie luxueuse et aux divertissements du roi. Le gouvernement est entre les mains des favoris. L'administration est centralisée dans le Conseil royal. La noblesse a subi une grande transformation. Elle ne conserve plus d'indépendance politique. Le clergé, depuis le Concordat de 1516, est dans les mains du roi. Les bourgeois et les paysans s'enrichissent, mais n'ont aucun pouvoir politique. Il n'y a plus d'États généraux.

Le gouvernement royal dispose des biens des sujets. La fiscalité s'étend de plus en plus. La vénalité des charges devient pour la royauté une source régulière de revenus nouveaux. Ces transformations ont pour résultat la création de la noblesse de robe, qui cherche à accroître à la fois son influence et celle du roi. Mais le Parlement ne réussit pas à se constituer en corps politique. La royauté devient si forte que déjà se font entendre les protestations contre le despotisme.

RÉCITS

La personnalité des rois.

Louis XII était un membre de la famille apanagée d'Orléans : c'était un brillant chevalier, « le meilleur sauteur, joueur de paumes, lutteur, archer, chevaucheur, homme d'arme ». Il avait porté les armes contre Louis XI, et celui-ci l'avait forcé d'épouser sa fille, Jeanne la Boiteuse. Quand il fut devenu roi, il fut doux et modéré. « Le roi de France ne venge pas les injures faites au duc d'Orléans. » La grande affaire de son règne fut la guerre d'Italie. Pour empêcher la Bretagne de se détacher du domaine, il obtint du pape Alexandre Borgia l'annulation de son mariage avec Jeanne la Boiteuse; il épousa la veuve de Charles VIII, Anne de Bretagne. De ce mariage naquit une fille, Claude de France, qui épousa François Ier. La Bretagne était désormais réunie à la France.

Il diminua les impôts, renonça au droit de joyeux avènement, mit ses troupes dans des garnisons. « Église était unie, noblesse paisible, marchandise plantureuse, labeur fructifiant. » On l'a appelé le *Père du Peuple*.

François Ier, de la famille apanagée de Valois-Angoulême, était un brillant chevalier, aimant les arts et les lettres, mais manquant de caractère. Il fut le jouet de ses favoris, hommes ou femmes.

Henri II (*fig.* 40), fils de François Ier, avait le même caractère que son père; il était, de plus, entêté.

Fig. 40. — Henri II (par F. Clouet).

Transformation du gouvernement.

Comme les autres princes de leur temps, les rois de France ont opéré la centralisation du territoire et de la souveraineté. Tous les fiefs apanagés et autres ont été réunis au domaine royal, sauf le Bourbonnais et le Béarn, qui appartiennent aux Bourbons, descendants de saint Louis. Sous François Ier, le duc de Bourbon est connétable ; il se brouille avec la mère du roi pour une question d'héritage. Il est convaincu de faux devant le Parlement de Paris ; traître à son prince, il s'enfuit dans l'armée de Charles-Quint. Le Bourbonnais fut confisqué, et le connétable mourut au sac de Rome (1527). Il ne reste plus que le

Fig. 41. — Anne de Montmorency
(d'après un émail de Limoges au Musée du Louvre).

Béarn, d'où sortira Henri IV. La royauté française dépasse les limites traditionnelles du royaume en Lorraine. Sous Henri II, a lieu la conquête des trois évêchés, Metz, Toul et Verdun.

Le gouvernement est entre les mains du roi et de ses favoris. Ce sont, de 1515 à 1540, ses compagnons d'armes : Chabot, Bonivet, Montmorency (*fig.* 41). Après 1540, Montmorency, longtemps en faveur, tombe en disgrâce ; il est remplacé dans la faveur du roi par la famille des Guise. Ce sont de petits seigneurs lorrains entrés au service du roi de France. François de Guise se distingua au siège de Metz contre Charles-Quint et reprit Calais aux Anglais. Plus tard, par rivalité, les Montmorency se feront protestants ; les Guise formeront la Ligue.

L'administration est centralisée dans le Conseil royal, ancienne Cour du roi. Il est composé surtout de légistes. Il devient si important qu'on est obligé de le diviser en sections. Il a donné ainsi le Conseil d'État, le Conseil des Finances, le Conseil des Parties, suivant qu'il s'occupe de questions politiques, financières ou judiciaires. Ce Conseil est toujours présidé par le chancelier et rarement par le roi. Les décisions sont prises sous cette forme : *Le roi en son Conseil décide*, etc....; si le roi est présent, on ajoute : *Sa Majesté y étant*....

Transformation de la société.

La caste militaire des chevaliers subsistait ; mais on s'aperçut que, devant les armes à feu, les anciennes armes défensives étaient insuffisantes, et on transforma l'armement. La cotte de mailles fut remplacée par les cuirasses et les jambières, le casque fut en métal, le cheval lui-même fut caparaçonné de fer (*fig.* 42). Les chevaliers habitent encore un château; mais c'est moins une forteresse qu'un lieu de plaisance. Ils continuent à chasser; mais la chasse devient un art compliqué qui comprend la grande vénerie, la petite vénerie et la fauconnerie. Ils se battent dans des tournois, mais avec des armes courtoises : lances en bois. Le *tournoi* est devenu une cérémonie avec des tribunes, des arcs de triomphe, des distributions solennelles de récompenses de la main des dames. Ils donnent des festins fantastiques; dans un dîner donné par un duc de Bourgogne, on vit un immense pâté dans lequel étaient renfermés des musiciens et une femme. La femme en sortit : c'était sainte mère l'Église qui venait inviter les gens du festin à la croisade.

Fig. 42. — Chevalier bardé de fer (à l'époque des guerres d'Italie).

Les chevaliers au service du roi forment une mauvaise armée, car ils combattent comme dans les tournois. Ils ne peuvent rien contre l'arbalète, les piques, les armes à feu; ils ne forment plus l'unique armée du roi. Ils sont surveillés dans les provinces par les gouverneurs ou lieutenants généraux que François Ier y a établis. La plupart se font courtisans.

La Cour.

Louis XI se complaisait dans la compagnie des petites gens. Sous Louis XII, et surtout après lui, on vit apparaître une foule de gens constituant le cadre brillant dans lequel vécut désormais la royauté. C'est la Cour. Elle comprend les gentilshommes qui deviennent les hôtes du roi, ont comme lui de beaux habits, reçoivent de lui des pensions, deviennent ses domestiques; des évêques, des cardinaux, des femmes, les unes respectables comme la mère de François Ier, Louise de Savoie, sa sœur, Marguerite d'Angoulême; d'autres, comme la duchesse d'Étampes, Diane de Poitiers; des nains, des bouffons, comme le fameux Triboulet. Tous ces gens passent leur temps à s'amuser dans des chasses, des tournois, des voyages. A Lyon, Diane de Poitiers donne à Henri II, sur un lac, une naumachie ou combat naval à l'antique. La cour va d'un château à un autre, à Tours, à Compiègne, à Chantilly, à Fontainebleau. Il faut 18 000 chevaux pour la transporter. On se pique d'aimer les arts et les lettres. François Ier appelle les artistes italiens et fonde la bibliothèque de Fontainebleau. Déjà apparaît l'étiquette : il y a un petit lever et un grand lever, les petites et grandes entrées. La cour ne prend aucune part au gouvernement.

Le clergé.

Le clergé est très libéral, très instruit, très indépendant vis-à-vis du pape. Il tient à ses libertés gallicanes et voudrait remettre en vigueur la Pragmatique sanction de Bourges abolie par Louis XI. Or François Ier a préféré conclure avec le pape Léon X le Concordat de 1516, qui a régi les rapports de l'Église et de l'État en France jusqu'en 1790. On décida que tout évêque serait désigné par le roi et recevrait du pape l'investiture ecclésiastique. Le pape devait toucher les *annates* ou revenus annuels de chaque évêché taxé en cour de Rome. D'autre part, le roi eut le droit de *régale* : tant que durera la vacance d'un évêché, les revenus du bénéfice iront au roi. Le roi eut dans les mêmes conditions la désignation de tous les abbés des monastères. Après le concordat, le roi put distribuer les évêchés et les abbayes à ses favoris, à ses courtisans. On vit, malgré les décisions des conciles, se pratiquer le cumul des bénéfices.

Le concordat ne satisfit pas le clergé de France. Un canoniste du xvie siècle, Pierre Pithou, se fit l'écho des plaintes générales en publiant « *Les Libertés de l'Église gallicane* ». Le Parlement ne voulut pas reconnaître le concordat et préféra juger les affaires ecclésiastiques d'après le livre de Pithou.

Le clergé conserva ses tribunaux ou officialités pour juger les causes purement religieuses. Mais l'ordonnance de Villers-Cotterets (1539) défendit aux tribunaux d'église de s'occuper de causes purement laïques; elle obligea aussi les curés à tenir les registres de l'état civil : baptême, mariage, enterrement. Le clergé est dans les mains du roi; cependant ses représentants peuvent se réunir tous les cinq ans en assemblée générale pour voter au roi le don gratuit. Il constitue encore un corps politique.

Les villes, les métiers, les paysans.

Les habitants des villes et des campagnes forment le Tiers État. Les villes ont perdu tous droits politiques; elles ne sont plus libres, mais administrées par un prévôt royal, qui annihile ce qui reste des institutions municipales. Les villes continuent, d'ailleurs, à s'enrichir par l'industrie et le commerce. Les métiers sont groupés en corporations (*fig.* 43), leur organisation n'a pas changé; mais le système corporatif n'est pas imposé aux industries nouvelles, aux manufactures royales d'Étaples, de Fontainebleau, d'armes de Saint-Étienne, ou à l'industrie de la soie, qui prend une grande extension, à Lyon surtout, à Nîmes, à Tours. On peut être ouvrier à façon.

Fig. 43. — Défilé de corporations.

Les paysans ou villains ne sont plus serfs, sauf sur les terres d'église. Une partie de la terre reste la réserve du seigneur, une partie a été vendue par les nobles ruinés aux bourgeois riches des villes, la plus grande partie appartient aux paysans, mais grevée de droits féodaux. Bourgeois et paysans s'enrichissent, ils ont des maisons confortables, portent du linge de corps et aiment à s'amuser.

Les classes de la population sont impuissantes contre la royauté ; il n'y a plus d'États généraux, les derniers ont été ceux de 1484, réunis pendant la période troublée de la minorité de Charles VIII. Nous les connaissons très bien par la relation du député Jean Masselin ; pour la première fois, des délégués des paysans des paroisses y prirent part. Ils n'aboutirent à aucun résultat. Après eux, les rois ne les réunissent plus. Ils ne réapparaîtront qu'aux temps troublés des guerres de religion. Les rois font tout ce qu'ils veulent.

La vénalité des offices.

La fiscalité ou levée d'impôts devient excessive : à la taille on ajoute le *taillon* sous Henri II ; on établit sur les bourgeois des emprunts forcés ; on vend les maîtrises de corporations ; on institue des loteries royales. On vend surtout les fonctions et les charges ou offices ; on accroît le nombre des fonctionnaires pour vendre les fonctions. Les ressources de la vente des offices deviennent si importantes qu'elles forment une branche spéciale de l'administration financière, *la partie casuelle*.

Ainsi on multiplie les magistrats. Entre le bailliage et le parlement, il n'y avait pas de juridiction intermédiaire. Il y avait déjà, outre le bailli d'épée, un lieutenant au civil, un lieutenant au criminel. Le lieutenant du bailli jugeait avec l'aide de ses assesseurs, qui étaient pris parmi les notables du bailliage et qui n'étaient pas payés (*fig.* 44). Henri II décida que, dans certains bailliages, les plus importants, les assesseurs achèteraient leurs charges, seraient payés et deviendraient des fonctionnaires ou officiers. Ces tribunaux renforcés prirent le nom de *présidiaux*. Ils servent d'intermédiaires entre les bailliages et le Parlement.

Fig. 44. — Une séance de justice (d'après une ancienne gravure).

Au point de vue financier, on divise la France en 14 généralités ou intendances. Chaque receveur général centralise les impôts pour les envoyer au trésorier général. Il a une foule d'agents dont chacun a acheté sa charge; il est le propriétaire de la sienne et la transmet à ses enfants; il peut la vendre. Il se forme ainsi une noblesse nouvelle, la noblesse de robe, qui constitue une nouvelle catégorie, au sein du Tiers État. Les plus importants de ces fonctionnaires sont les officiers de justice qui constituent le Parlement. Celui-ci est divisé en plusieurs chambres : grand'chambre, chambre civile, chambre criminelle, etc. Le Parlement a voulu jouer un rôle politique en vertu de son droit d'enregistrement et de remontrance. Le Parlement, en effet, juge non seulement d'après les coutumes, mais d'après les ordonnances royales. Louis XII et François Ier ont ordonné la rédaction des principales coutumes de France, et les légistes chargés de l'opération ont retranché des coutumes tout ce qui était contraire au pouvoir royal. Quand le roi a fait une ordonnance, il l'envoie au Parlement pour être enregistrée et avoir un caractère officiel. Mais quand l'ordonnance lui semble contraire à la tradition, le Parlement fait des remontrances au roi. Il dit même parfois : «Nous ne pouvons ni ne devons.» Ainsi le Parlement refusa d'enregistrer le concordat de 1516 et envoya au roi une députation à Blois pour lui faire part de sa décision. François Ier entra dans une violente colère et menaça de faire emprisonner immédiatement les membres du Parlement. L'édit fut enregistré, mais avec la formule : *par exprès commandement du roi*. Parfois le roi se rendait lui-même au Parlement et donnait lui-même ses ordres dans un *lit de justice* (*fig.* 45). C'était une séance royale.

L'autorité royale devint si forte que déjà s'élevèrent des plaintes contre le despotisme. Dans un ouvrage intitulé le *Contre Un*, on trouve ces lignes : « Pourquoi tous sont-ils soumis à la volonté d'un seul homme? Les bêtes, si les hommes ne font sourde oreille, ne leur crient-elles pas :

Vive liberté ? Nul oiseau ne se prend mieux à la pipée que le peuple. »

Fig. 45. — Un lit de justice au moyen âge.
Louis XI assemblé avec les seigneurs de la Ligue du Bien public
(d'après une miniature du temps).

A lire :

1º DE CRUZ, *La Cour de France et la Société au XVIᵉ siècle.*
2º —   *Anne, duc de Montmorency.*
3º PAUL PARIS, *Études sur le règne de François Iᵉʳ.*

CHAPITRE VII.

LA POLITIQUE EUROPÉENNE DE 1498 A 1559.

L'Empire de Charles-Quint. Lutte entre les maisons de France et d'Autriche.

SOMMAIRE

A la fin du xve siècle, la famille des Habsbourg devint, par sa politique matrimoniale, la maison la plus puissante d'Europe. Elle aspira à la domination universelle et menaça l'extension et même l'existence du royaume de France. De là les guerres d'Italie, auxquelles ont pris part les souverains d'Espagne et d'Allemagne, les rois de France Charles VIII, Louis XII, François Ier. De là la rivalité de François Ier et de Charles-Quint. François Ier ne put résister avec ses seules forces et fut vaincu à Pavie (1525). Il rétablit l'équilibre en s'alliant avec le sultan des Turcs et les princes protestants d'Allemagne. Le successeur de François Ier, Henri II, put même s'emparer des trois évêchés : Metz, Toul et Verdun.

A la mort de Charles-Quint, les États de la Maison d'Autriche se divisèrent en deux groupes : Allemagne et Espagne. La branche d'Allemagne était impuissante à cause des Turcs et des princes protestants. Mais la branche d'Espagne restait menaçante. La guerre continua entre Henri II et Philippe II, roi d'Espagne. Le roi de France fut vaincu à Saint-Quentin. Les deux rois firent la paix au Cateau-Cambrésis, pour engager la lutte contre les protestants. La rivalité, interrompue pendant les guerres de religion, reprit à la fin du XVIe siècle, pour se continuer dans les deux siècles suivants.

RÉCITS

L'Empire de Charles-Quint.

Au XVIe siècle, ce ne sont pas les peuples qui comptent, mais les maisons ou familles princières. Toutes pratiquent une politique de famille. La maison des Habsbourg, originaire d'un petit château de Souabe, prend une grande importance. Au XIIIe siècle, Rodolphe de Habsbourg, devenu roi d'Allemagne et empereur, s'est emparé pour son propre compte des anciennes marches de Haute-Autriche (Linz), Basse-Autriche (Vienne), Styrie (Glatz), Carinthie (Klagenfurt), Carniole (Laybach), Tyrol (Inspruck), Vorarlberg (Bregenz). Ce sont les États héréditaires de la maison d'Autriche.

Cette maison se fortifie par des mariages, en épousant des héritières. Après Rodolphe, elle perdit pour un moment la royauté et l'empire, qui étaient conférés par l'élection. Au XVe siècle, l'empereur Sigismond de Luxembourg maria sa fille au duc d'Autriche, Albert II, qui hérita ainsi du royaume de Bohême et qui fut élu roi et empereur. Le fils d'Albert, Frédéric III, maria son fils Maximilien à l'héritière de la maison de Bourgogne, qui lui apporta les Pays-Bas et la Franche-Comté. Le fils de Maximilien, Philippe le Beau, épousa Jeanne la Folle, héritière d'Isabelle de Castille et de Ferdinand d'Aragon. Elle lui apporta la Péninsule Ibérique, moins le Portugal et le royaume de Sicile. De ce dernier mariage est né Charles-Quint, qui posséda à son avènement l'Espagne, moins le Portugal, les colonies du Nouveau Monde, le royaume de Sicile, la Franche-Comté, les riches Pays-Bas, les États héréditaires d'Autriche, le royaume de Bohême, le royaume de Hongrie. Il deviendra bientôt roi d'Allemagne et empereur. La maison des Habsbourg aspire à la domination universelle; sa devise est : A E I O U, *Austriæ est imperare orbi universo*, « à l'Autriche il appartient de commander à l'univers entier ». Elle veut englober les petits États.

Lutte des maisons de France et d'Autriche.

Cette lutte comprend trois principales périodes : 1° les guerres d'Italie; 2° — la rivalité de François Ier et de Charles-Quint; 3° — les luttes de Henri II contre Charles-Quint et Philippe II.

Guerres d'Italie.

Nous avons vu la situation territoriale et politique de l'Italie dans les chapitres précédents. Au morcellement des villes libres a succédé la centralisation des sept principaux États. Sauf dans les cités maritimes ou commerçantes, Venise, Gênes, Florence, où dominent un Sénat et des conseils aristocratiques, partout s'est établie la tyrannie des princes, dont César Borgia a été le type, et dont l'écrivain Machiavel nous a laissé le portrait dans son livre *le Prince*.

Ces États sont jaloux les uns des autres; ils cherchent à maintenir entre eux l'équilibre. Les princes entretiennent dans les cours de leurs rivaux des ambassadeurs, pour les surveiller et deviner leurs projets. Les *Relazione* des ambassadeurs vénitiens sont parmi les documents les plus originaux de cette époque. La diplomatie est née en Italie ; elle s'est répandue dans tous les États d'Europe.

Les États italiens manquent de force matérielle. Comme soldats ils n'ont que des mercenaires sous la conduite de condottieri (*fig.* 46), qui en font un métier, et cherchent à se faire le moins de mal possible. Les Italiens n'ont point d'artillerie. Ils devaient devenir la proie de leurs puissants voisins, le roi d'Espagne et le roi de France.

Le roi d'Espagne possède la Sicile, un de ses parents le royaume de Naples. Le roi de France n'a que des prétentions aux droits sur certains territoires italiens. Au XIIIe siècle, le pape, vainqueur de l'empereur Frédéric II, avait donné le royaume des Deux-Siciles à un frère de saint Louis, Charles d'Anjou. La famille d'Anjou avait été bientôt chassée par les habitants du pays, au profit de la famille d'Aragon. Au XVe siècle, la famille d'Anjou s'éteignit ; tous ses droits passèrent au roi de France. Louis XII descendait, par les femmes, des Visconti de Milan, anciens tyrans, qui avaient été dépossédés par la famille des Sforza. Les rois de France ont donc aussi des prétentions sur le Milanais. Charles VIII fit la première expédition en Italie,

Fig. 46. — Un condottiere
(Le Colleone, par Verrochio).

appelé par le duc de Milan, Ludovic le More, contre le roi de Naples. La campagne de 1494 peut nous donner une idée de toutes ces guerres. Charles VIII franchit les Alpes avec 6000 archers, 7000 arquebusiers, 190 canons traînés par des chevaux, 8000 lansquenets suisses, 14000 chevaliers français ou reîtres allemands bardés de fer. Il est accueilli partout comme un libérateur ; les Français délivrent Pise, soumise à Florence, et mettent à sac Florence. Le pape les laisse passer à Rome ; le roi de Naples s'enfuit en Sicile ; le royaume de Naples est conquis.

Mais les autres États italiens redoutent la domination française. Une ligue se forme entre Ludovic le More, duc de Milan, Venise, le pape, le roi de Naples dépossédé, le roi d'Aragon, Maximilien d'Autriche. Les Napolitains se soulèvent ; l'armée de Charles VIII est obligée d'opérer sa retraite. En sortant des Apennins, pour déboucher dans la plaine du Pô, elle rencontre à Fornoue les armées de la ligue. La *furia francese* en a vite raison. L'armée rentre en France ; l'Italie est perdue.

Louis XII recommence l'expédition ; il est l'allié du pape contre Ludovic le More, qu'il veut dépouiller du Milanais. Le Milanais est envahi, Ludovic le More est livré par ses propres sujets et est enfermé au château de Loches. Pour s'emparer de Naples, Louis XII s'allie avec Ferdinand d'Aragon, qui possède déjà la Sicile et qui est apparenté au roi de Naples. Le roi de Naples fut facilement dépouillé. Après la conquête, la brouille se mit entre les deux alliés. Les Français furent facilement chassés.

Louis XII voulut se venger sur les Vénitiens et s'emparer de leurs territoires avec l'aide de Maximilien d'Autriche. Ils écrasèrent les mercenaires de Venise à la bataille d'Agnadel. Mais Venise, au milieu de ses lagunes, restait inattaquable. Le pape Jules II voulut détruire la domination française en Italie, et chasser les Français et prit cette devise : *Fuori li barbari*, « dehors les barbares ».

Il fit contre le roi de France la *Sainte Ligue* avec l'aide de Florence, Venise, Ferdinand d'Aragon, la Confédération suisse et le roi d'Angleterre. L'armée française, commandée par le jeune Gaston de Foix, remporta, malgré la mort de son chef, la brillante victoire de Ravenne. Mais Louis XII dut évacuer le pays.

Rivalité de François Ier et de Charles-Quint.

François Ier voulut reconquérir le Milanais. En 1515, il remporta contre les Suisses la victoire de Marignan. Le gouvernement de la Confédération suisse fit avec le roi de France l'alliance perpétuelle, et s'engagea à lui fournir à prix d'argent les mercenaires dont il aurait besoin. Le pape Léon X signa le concordat de 1516. Le Milanais était occupé par le roi de France.

La lutte se compliqua. A ce moment arriva au trône Charles-Quint (*fig.* 47). François Ier et Charles-Quint entrent en rivalité sur tous les points. Ils veulent l'un et l'autre être élus roi d'Allemagne et empereur, et gagner l'alliance du roi d'Angleterre, Henri VIII. François Ier fit distribuer aux électeurs allemands de fortes sommes d'argent. Charles-Quint en fit autant, mais après avoir été élu roi d'Allemagne et empereur. François Ier convoqua Henri VIII à l'entrevue du camp du Drap d'Or; il y eut des fêtes brillantes, des tournois. Henri VIII fut blessé du luxe étalé par le roi de France et s'allia avec Charles-Quint.

La guerre éclata sur trois points différents, au nord, en Navarre, en Italie. Au nord, les Impériaux pénétrèrent en France et vinrent mettre le siège devant Mézières. Ils furent repoussés par Bayard, le chevalier sans peur et

HISTOIRE MODERNE.   — 92 —

sans reproche. Les Anglais débarquèrent, mais furent repoussés par Claude de Guise. Dans le Milanais, deux

Fig. 47. — Charles-Quint (d'après une peinture sur bois de l'époque).

batailles furent perdues, à la Bicoque et à Biagrasso; Bayard fut tué. La Provence fut envahie et les Impériaux vinrent mettre le siège devant Marseille. François Ier réunit ses troupes, chassa les ennemis de la Provence et pénétra en Italie. Il fut battu et fait prisonnier à Pavie (1525). Les chevaliers, par leur folle imprudence, avaient empêché l'infanterie et l'artillerie de prendre part à la bataille. François Ier fut emmené en Espagne et soumis à une dure captivité. Il y fut soigné et consolé par sa sœur Marguerite, mais dut signer le désastreux traité de Madrid, par lequel il devait céder, avec une forte rançon, l'Artois et la Bourgogne. Revenu en France, il fit casser le traité de Madrid par les États de Bourgogne.

Le pape voulut chasser les Espagnols d'Italie et forma une ligue avec Venise, les Suisses, Florence, François Ier. L'empereur envoya le connétable de Bourbon en Italie avec des lansquenets et reitres allemands luthériens, qui firent le sac de Rome. Le connétable de Bourbon y fut tué, mais le pape fut obligé de devenir l'allié de Charles-Quint. Les Médicis devinrent ducs de Toscane et vassaux de Charles-Quint. Le Milanais fut occupé.

Charles-Quint voulut alors rétablir son autorité dans l'Allemagne, où les princes luthériens ne voulaient pas accepter le joug de l'empereur. Après avoir longtemps hésité, il voulut faire cesser le luthéranisme et força le pape à réunir le concile de Trente. Or François Ier avait intérêt à ce que l'Allemagne restât divisée. Il s'allia avec Henri VIII, qui venait de répudier sa femme Catherine, tante de Charles-Quint, avec le sultan des Turcs, Soliman, et avec les princes protestants d'Allemagne (1535). Le fils aîné de l'Église s'alliait avec tous les ennemis de l'Église. La guerre dura de 1536 à 1546, avec l'interruption de la trêve de Nice (1538), dont Charles-Quint profita pour traverser la France et châtier les Gantois révoltés. On vit une flotte turque, alliée à la flotte française, bombarder le port de Nice. Les princes luthériens d'Allemagne furent vaincus, et l'électeur de Saxe, leur chef, fut dépouillé de ses États.

Lutte de Henri II contre Charles-Quint et Philippe II.

Sous Henri II, successeur de François Ier, la lutte continua. Le principal lieutenant de Charles-Quint, Maurice de Saxe, passa du côté des protestants et fut sur le point de s'emparer de Charles-Quint à Inspruck. Le concile de Trente, qui avait repris ses séances, fut dispersé. Henri II renouvela l'alliance avec les princes protestants et se posa en défenseur des libertés de l'Allemagne. Il occupa les évêchés de Metz, Toul et Verdun, où l'influence française se faisait sentir depuis Philippe le Bel. Charles-Quint fit avec les protestants la paix d'Augsbourg (1555), qui reconnaissait leurs libertés politiques et religieuses. Charles-Quint vint assiéger Metz avec une grande armée; mais la place, défendue par François de Guise, résista, et l'empereur perdit la moitié de ses troupes. Charles-Quint signa la trêve de Vaucelles et abdiqua pour se retirer au monastère de Yuste, où il mourut en 1558.

Les États de Charles-Quint furent divisés entre deux branches de la famille des Habsbourg. Le fils de Charles-Quint, Philippe II, eut l'Espagne, le Nouveau Monde, le royaume des Deux-Siciles, la Franche-Comté, les Pays-Bas. Le frère de Charles-Quint, Ferdinand, eut les États héréditaires d'Autriche, le royaume de Bohême et de Moravie, le royaume de Hongrie, en partie occupé par les Turcs. Il fut élu roi d'Allemagne et empereur. La branche d'Autriche, ayant à lutter contre les Turcs, les Hongrois et les princes allemands, n'était plus à craindre pour le roi de France; mais la branche d'Espagne restait menaçante, surtout pour le pape et le roi de France.

Le pape Paul IV s'allia à Henri II et donna le royaume de Naples au duc de Guise. Philippe II venait d'épouser

Marie Tudor, reine d'Angleterre, et de faire une alliance avec le duc de Savoie. Son général, le duc d'Albe, laissa les troupes du duc de Guise s'épuiser par la malaria en Italie, et marcha sur Rome. Le pape fut obligé de céder.

Au nord, Philippe II fait envahir la France par 50 000 hommes venus des Pays-Bas et assiéger Saint-Quentin, ville du Vermandois qui commande le passage de la Flandre, dans la vallée de l'Oise. Henri II veut faire lever le siège, mais son armée est écrasée à Saint-Quentin. Les deux rois ont une entrevue, et comme tous deux veulent la lutte contre les protestants dans leurs États, ils font la paix de Cateau-Cambrésis (1559).

L'Italie reste au roi d'Espagne, qui y possède le royaume des Deux-Siciles et le Milanais, et est allié au duc de Toscane et au pape. Le roi de France renonce à toute tentative en Italie. Les efforts de la royauté française vont se diriger désormais vers le nord et vers l'est, pour éloigner la ligne frontière de Paris, la capitale. En 1559, la rivalité des maisons de France et d'Autriche est momentanément arrêtée par les guerres de religion.

A lire :

1° MIGNET, *Rivalité de François Ier et de Charles-Quint.*
2° MICHELET, *Histoire de France.*

CHAPITRE VIII.

LES DÉCOUVERTES MARITIMES ET LES ÉTABLISSEMENTS COLONIAUX

Les voies de commerce; les épices et les métaux précieux.

SOMMAIRE [1]

Au monde connu des Anciens de Ptolémée et de Strabon, le Moyen Age avait peu ajouté. Les Normands avaient exploré, du IXe au XIIe siècle, l'Islande, le Groënland. Au XIIIe siècle, le Vénitien Marco Polo avait traversé l'Asie, était allé à Cambaluc (Pékin), était resté vingt ans en Chine et était revenu par l'Inde. Enfin les Génois avaient visité les Açores, les Canaries, et les Dieppois avaient établi des comptoirs sur les côtes de Guinée. Mais ces découvertes furent vite oubliées.

Avec le XVe siècle commencent les grandes découvertes, œuvre surtout des Portugais et des Espagnols. Ils sont animés par le prosélytisme religieux et par le désir d'atteindre le pays des épices. L'Infant Don Henri de Portugal pousse de plus en plus loin ses marins sur la côte d'Afrique (1415-1460). Après lui Barthélemy Diaz dépasse, en 1486, le Cap de Bonne-Espérance, qu'il ne voit qu'à son retour.

Enfin Vasco de Gama atteint les Indes en 1498.

Dans l'intervalle, Christophe Colomb a découvert un nouveau monde. Colomb a été guidé par une idée scientifique : si la terre est ronde, on peut aller aux Indes par l'ouest. Il aborde, le 12 octobre 1492, à l'île de San-Salvador, puis à Cuba et à Haïti. En 1493-1494, il aborde aux petites Antilles, à la Jamaïque; en 1498, à la Trinité et à la côte nord de l'Amérique du Sud. Enfin, cherchant toujours un passage vers l'Inde, il explore sans résultat le fond de la mer des Antilles (1503-1505). Il meurt sans se douter qu'il a trouvé un nouveau continent. Améric Vespuce, le premier, parle d'un nouveau monde, et des savants alsaciens et lorrains donnent son nom à l'Amérique (1505). Nuñez

---

1. Ce chapitre est inspiré de l'Atlas général Vidal-Lablache.

Balboa découvre l'Océan Pacifique, Fernand Cortez conquiert le Mexique, Pizarre et Almagro conquièrent le Pérou et le Chili. Magellan, en 1520, a trouvé enfin la route de l'Inde par l'ouest.

Les Portugais, pendant ce temps, ont étendu leurs découvertes. Avec Albuquerque ils se sont rendus maîtres d'Ormuz, de Malacca et ont atteint les Moluques. En 1500, par hasard, Alvarès Cabral a touché à la côte du Brésil, dont il a pris possession au nom du Portugal.

Les Anglais cherchent ensuite la route de l'Inde, d'abord par le nord-ouest, où Jean Cabot atteint le continent américain en 1498; puis par le nord-est avec Willoughby, Burrough, Chancellor; puis de nouveau par le nord-ouest avec Davis, Hudson et Baffin. Les Français se proposent le même but avec Jacques Cartier, qui découvre et explore le Saint-Laurent (1539). Vers la fin du XVIe siècle, cette première période est terminée. Les Espagnols ont trouvé le pays de l'or, les Portugais celui des épices. Ils ne songent qu'à exploiter leurs domaines.

RÉCITS

Les voies de commerce avant le XVe siècle.

Chez les Anciens, la connaissance du monde n'avait guère dépassé les bornes de la Méditerranée. Les Phéniciens (*Périple de Hannon*) avaient franchi les colonnes d'Hercule (*Gibraltar*); au Ve siècle avant notre ère, ils avaient fait connaître la côte occidentale de l'Afrique du Nord. Ils étaient allés chercher l'étain des îles Cassitérides (Îles Britanniques). On n'a rien de précis sur le prétendu voyage des Phéniciens envoyés par Néchao pour faire le tour de l'Afrique. Les expéditions d'Alexandre avaient fait connaître aux Grecs l'Asie occidentale. Les Romains étaient arrivés jusqu'au lac Flévo (Zuyderzée). Une ambassade de l'empereur Marc-Aurèle alla jusqu'en Chine. Regardez la carte de Ptolémée du IIe siècle après Jésus-

Mén. *Histoire moderne.*  7

Christ; elle indique à cette époque l'état des connaissances géographiques.

Les Arabes, au moyen âge, avaient donné des relations de voyages en Chine, dans l'Inde, dans le nord de l'Afrique. Les pirates danois étaient allés sans boussole jusqu'en Islande et au Groënland. Des Dieppois étaient venus sur les côtes de Guinée, des Génois avaient passé le détroit de Gibraltar et avaient vu les Açores, l'île Madère, les Canaries. La Méditerranée restait encore la grande voie commerciale, et au delà, par des lignes de caravanes, par la mer Rouge et par le golfe Persique, les Arabes allaient dans l'Inde et les pays d'Extrême-Orient chercher la soie et les épices. Ces produits, concentrés dans les grands ports d'Alexandrie, Antioche, Constantinople, étaient transportés dans les cités maritimes, Venise, Gênes, Marseille. De là on utilisait les voies de communications naturelles : de Venise, par le col du Brenner, le plateau bavarois, la vallée du Mein, la Hesse, le Weser, on arrivait à la mer du Nord. La mer du Nord et la Baltique étaient réunies par les villes hanséatiques. Au XIIIe siècle, des marchands italiens étaient allés par l'ancienne voie de la Sérique ou de la soie jusque dans l'Asie orientale. Le plus célèbre de ces voyageurs fut le Vénitien Marco Polo. Il accompagna à son retour l'ambassade que le grand Khan avait envoyée à Venise. Après avoir traversé l'Asie d'ouest en est, il arriva à *Cambaluc* (Pékin); il resta vingt ans en Chine et servit comme mandarin. Il entendit parler d'une terre à l'est, *Zipangu* (Japon). Il revint par l'Océan Indien, après avoir recueilli des renseignements sur les îles de la Sonde. A son retour en Italie, il fut fait prisonnier dans une guerre de Venise, et, pendant sa captivité, il écrivit une relation de son séjour en Chine et des merveilles qu'il avait vues. Son livre fit sensation.

Au XVe siècle, après la fondation de l'empire turc, les cités maritimes hostiles aux Turcs ne peuvent plus faire le commerce des produits orientaux avec les Échelles du Levant. Tous les ports sont fermés. Il fallut chercher une nouvelle route pour aller les prendre dans les pays d'origine. Ce fut principalement l'œuvre des Portugais et des Espagnols.

Les épices. — Les Portugais.

Les Portugais, établis sur les côtes du Maroc, continuaient la croisade contre les musulmans. Un prince portugais, Henri le Navigateur, poussa ses marins le long des côtes d'Afrique. Il occupa les Açores, l'île Madère, les îles du Cap Vert, l'embouchure du Sénégal (1445). En 1472, les Portugais étaient arrivés sous l'équateur. Ils sont étonnés de voir des étoiles inconnues, et, terrifiés, ils n'osent aller plus loin. A ce moment, un savant allemand, *Martin Béhaim*, invente l'astrolabe, instrument qui permet de fixer la latitude sans l'aide de l'étoile polaire, avec des mesures prises sur le soleil. En 1485, les Portugais sont à l'embouchure du Congo. Enfin Barthélemy Diaz dépasse la pointe d'Afrique, qu'il ne voit qu'à son retour (1487). Il lui donne le nom de cap des Tempêtes, que le roi de Portugal change en celui de cap de Bonne-Espérance. En 1498, Vasco de Gama arrive à Mozambique, où il est tout étonné de retrouver des Arabes musulmans; ceux-ci lui apprennent que, comme eux, il peut aller dans l'Inde, en utilisant à l'aller et au retour les moussons de l'Océan Indien. Gama atteint Calicut, dans l'Inde, en 1498. Les Portugais continuèrent d'établir des comptoirs fortifiés sur toutes les côtes de l'Océan Indien et dans l'archipel de la Sonde. Leur vice-roi, Albuquerque, acheva la conquête de l'empire portugais. En 1500, le Portugais Cabral, en longeant les côtes d'Afrique, fut jeté par le courant sud-équatorial sur les côtes du Brésil, dont il prit possession au nom du

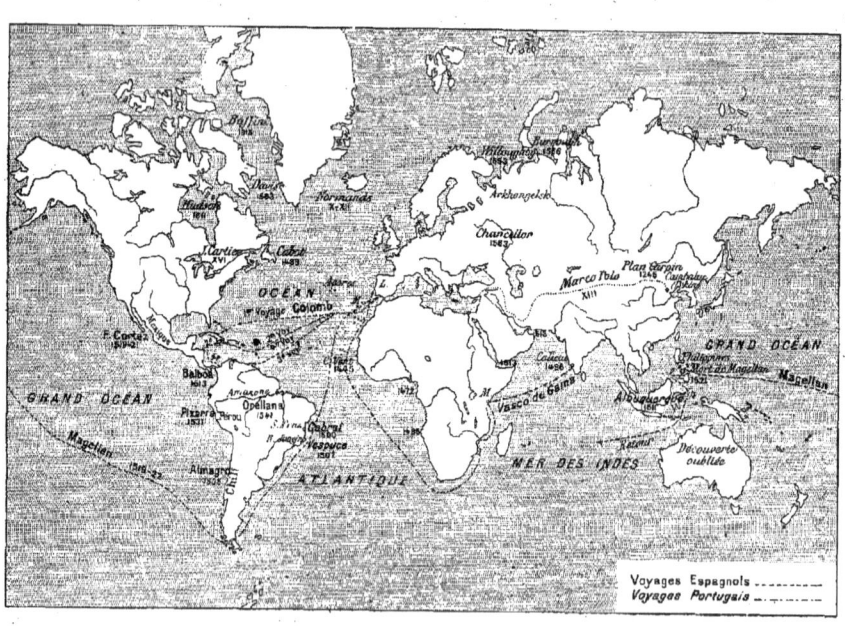

Fig. 48. — Les découvertes maritimes.

roi de Portugal. Les Portugais établirent le monopole du commerce des Indes; ils massacraient impitoyablement les équipages des navires étrangers. Les caraques ou navires portugais apportèrent à Lisbonne les épices ou aromates. Lisbonne devint le grand entrepôt des épices et remplaça les villes italiennes. De Lisbonne, les épices étaient transportées dans toute l'Europe par l'intermédiaire des Hollandais, qui étaient les rouliers des mers. Le roi de Portugal fut très riche. Le poète Camoëns a chanté la conquête des Indes dans son poème *la Lusiade*.

Les métaux précieux. — Les Espagnols.

La vérité scientifique de la rotondité de la terre n'avait pas encore été démontrée par Galilée (1633), mais un savant italien du xve siècle, Toscanelli, avait émis cette hypothèse et la possibilité d'aller par l'ouest au pays des aromates. Christophe Colomb était un marin génois; il connaissait les portulans ou cartes dressées à la boussole, à l'usage des marins. C'était un mystique et un aventurier; il voulut, disait-il, gagner une grande fortune pour convertir les païens et délivrer le Saint-Sépulcre. Il voulut réaliser l'idée de Toscanelli; il ne se doutait pas de la distance, par l'ouest, de l'Europe à l'Inde. Il s'adresse, sans succès, d'abord au pape et au roi de Portugal, pour avoir de l'argent. La reine de Castille, Isabelle, accepta ses offres, heureuse de continuer la croisade contre les infidèles, et un traité fut signé par-devant notaire. Colomb se réservait la dignité d'amiral de l'Atlantique, le titre de vice-roi héréditaire du pays qu'il découvrirait, le dixième des revenus et le huitième des produits du commerce. On lui confia, avec quelques milliers de ducats, 90 marins et trois petits navires ou caravelles, vraies coquilles de noix (*fig.* 49). Il partit du port de Las Palmas. Il se dirigea d'abord vers les Canaries, occupées par l'Espagne, fut pris par les vents alizés et le courant nord-équatorial, qui le poussèrent vers l'ouest. Un moment il fut arrêté par les calmes, au milieu de la mer des Sargasses ; ses marins voulurent l'assassiner; mais une tempête le rejeta dans la direction des vents et du courant. Bientôt les marins aperçurent des troncs de bois flottant sur la mer et annonçant l'approche de la terre. Il aborda le 12 octobre 1492 dans l'île de Guanahani, aujourd'hui île San Salvador, dans les îles Bahama. On planta la croix, et un notaire rédigea l'acte de prise de possession. Les interprètes arabes furent étonnés de ne pouvoir comprendre les populations de couleur cuivrée, surprises d'ailleurs de l'arrivée des visages pâles. Les indigènes n'avaient pas d'épices semblables aux échantillons que Colomb apportait, mais ils avaient des anneaux d'or aux bras, aux jambes, au nez et aux oreilles. Colomb était au pays de l'or, l'Eldorado. Il se crut à Zipangu. Il fit trois autres voyages que nous avons indiqués. Il mourut dans la disgrâce, car il s'était fait de nombreux ennemis, même parmi ses officiers. En effet, Colomb travaillait pour lui surtout. Il a avoué dans

Fig. 49. — Une caravelle.

ses Mémoires que pendant la traversée il indiquait à ses marins la route plus longue qu'elle n'était, pour les tromper et les empêcher d'aller sans lui dans les Indes. Il allait être condamné par l'Inquisition quand il mourut, sans se douter qu'il avait découvert un nouveau monde. Le nom de Colombie n'a été donné qu'à une partie de l'Amérique du Sud; le nom d'Améric Vespuce a supplanté celui de Colomb.

Après Colomb, les Espagnols poursuivirent leurs découvertes et leurs conquêtes dans le Nouveau Monde. Le premier tour du monde, d'ouest en est, fut fait par Magellan. Il franchit le détroit qui porte son nom entre l'Amérique du Sud et la Terre-de-Feu, traversa le Pacifique, atteignit les Moluques, où il fut étonné de retrouver les Portugais. Il y fut assassiné, et l'expédition revint par le cap de Bonne-Espérance.

La conquête du Nouveau Monde a été faite par les *conquistadores* ou conquérants, chefs de bandes espagnoles. La plus remarquable a été la conquête du Mexique, avec ses trois étages de régions naturelles : terres chaudes, terres tempérées, terres froides. Elle fut faite par Fernand Cortez. Une brillante civilisation indigène y régnait, sous la domination d'une tribu d'Indiens, les Aztèques, qui, sous l'autorité d'un chef ou empereur, à la fois prêtre et roi, Montézuma, tyrannisaient les autres tribus. Des routes, des travaux d'irrigation, de grands monuments, temples et palais (*fig.* 5o), couvraient la surface du plateau. Mexico, dans ses lagunes, apparut aux Espagnols comme une nouvelle Venise. Les blancs, annoncés par des prophéties indigènes, montés sur des animaux fantastiques, les chevaux, lançant la foudre avec leurs arquebuses, apparurent comme les fils du Soleil Levant. Ils furent accueillis comme des dieux. Mais, pour s'emparer de ses trésors, ils firent brûler Montézuma et s'imposèrent à Mexico par la terreur. Le pays fut partagé entre les *conquistadores* et le roi d'Espagne.

Les hauts plateaux du Pérou et du Chili furent occupés par deux bandes principales, celles de Pizarre et d'Alma-

Fig. 50. — Ruines d'un temple mexicain.

gro. Les deux bandes faillirent s'exterminer. Une autre bande, sous Orellana, franchit les Andes, se laissa aller à la dérive d'un grand fleuve, et, après des souffrances atroces, arriva à l'embouchure de l'Amazone. Sur les hauts plateaux brillait une civilisation aussi développée, mais moins sanguinaire qu'au Mexique, celle des Incas.

L'Amérique ne produisait pas, comme l'Inde, des épices; mais elle possédait des mines d'or et d'argent, à Potosi, à la Paz. Tout fut confisqué, et les indigènes furent obligés ou de travailler dans les mines, ou de cultiver les plantations de canne à sucre, de coton et autres produits importés d'Europe par les Espagnols, qui les tenaient des Arabes. Les Peaux-Rouges ne purent supporter cette vie; le plus grand nombre périt dans les supplices ou les maladies. Les Antilles, par exemple, furent dépeuplées. Pour remplacer les indigènes, les Espagnols achetèrent aux

Portugais des noirs d'Afrique. Ce fut la *traite des nègres* ; elle a été pratiquée par tous les peuples d'Europe, et a duré jusqu'au XIXᵉ siècle. Les noirs du Nouveau Monde, aujourd'hui libres, en proviennent tous.

Le roi d'Espagne, propriétaire des mines du Nouveau Monde, fut le plus riche monarque d'Europe et le plus puissant. Des navires armés en guerre, ou galions, allaient chaque année chercher les produits des mines, et les rapportaient à Séville. Mais cet argent ne profita pas aux Espagnols ; ils abandonnèrent toute culture, l'industrie et le commerce, pour la recherche du métal précieux ; il passait dans leurs mains pour enrichir les étrangers.

Voici les résultats généraux de ces découvertes et voyages. L'Europe eut en abondance les produits de l'Extrême-Orient. L'or et l'argent étaient depuis longtemps drainés vers l'Orient. Les mines d'Amérique firent affluer les métaux précieux. L'argent baissa du quart de sa valeur. On disposa donc de quatre fois plus de capitaux. Un autre résultat fut de changer les voies de commerce. Les villes d'Italie s'endormirent dans la décadence ; elles n'ont] repris de l'importance qu'avec le percement de l'isthme de Suez (1869). La grande voie commerciale fut désormais celle de l'Atlantique vers l'Inde par le cap de Bonne-Espérance, et vers le Nouveau Monde. Les grandes villes maritimes furent désormais celles de l'Europe occidentale. L'Amérique renfermait des produits inconnus, le tabac, le topinambour, le maïs, etc. Des plantes nouvelles furent aussi introduites en Amérique, le cotonnier, le caféier, la canne à sucre. L'intelligence humaine fut éclairée de nouvelles connaissances.

A lire :

1º *Atlas général Vidal-Lablache.*
2º Vivien de Saint-Martin, *Histoire de la Géographie.*

CHAPITRE IX.

LA RENAISSANCE.

Les artistes, les humanistes, les écrivains en Italie, en France, en Allemagne, aux Pays-Bas, en Espagne, en Angleterre.

SOMMAIRE

La fin du XVe siècle et le début du XVIe sont considérés comme la plus brillante période de la Renaissance italienne. Les Italiens ont réalisé la perfection de l'art sous toutes ses formes. Cette période a vu s'accentuer le milieu, les sources d'inspiration, les procédés de la méthode des Précurseurs.

La littérature italienne a produit de grands érudits et humanistes, de grands écrivains.

Les artistes possèdent l'art universel. Ils sont à la fois ingénieurs, architectes, sculpteurs, peintres, écrivains.

On peut prendre pour type de l'architecture de la Renaissance italienne l'église de Saint-Pierre de Rome, œuvre de Bramante et de Michel-Ange.

Les sculpteurs représentent surtout le corps humain sous ses formes idéales.

Les peintres italiens peignent en fresques ou en tableaux des scènes religieuses, mythologiques ou familiales, recherchant surtout la vérité et la beauté des figures.

Il y a eu en Italie cinq grandes écoles : l'école florentine, l'école romaine, l'école lombarde, l'école vénitienne ou coloriste, l'école napolitaine.

En France, dans un milieu d'ailleurs bien préparé, les procédés de l'art nouveau remplacèrent peu à peu, après les guerres d'Italie, les procédés gothiques. Les architectes construisirent surtout des châteaux pour le roi et les seigneurs. Les sculpteurs firent surtout des tombeaux et des statues. La peinture et les arts mineurs produisent des œuvres remarquables.

Dans les villes libres de l'Allemagne, et surtout à Nuremberg, on imite les Italiens, mais en restant original.

Aux Pays-Bas, l'imitation italienne fit perdre aux artistes leur originalité. Il faut attendre le XVIIe siècle pour trouver des œuvres supérieures. La Renaissance, cependant, y produit le célèbre humaniste Erasme.

Les artistes espagnols s'inspirent à la fois des Flamands et des Italiens.

En Angleterre, la Renaissance ne s'est fait sentir qu'à la fin du XVIe siècle ; elle est contemporaine de la Réforme.

La Renaissance a étendu son influence jusque sur l'Europe orientale.

RÉCITS

La Renaissance en Italie. — Les humanistes, les écrivains.

A la fin du XVe siècle, le changement des routes commerciales, provoqué par les découvertes maritimes, n'a pas encore appauvri l'Italie. L'aristocratie des villes commerçantes, les princes italiens, Laurent de Médicis, les ducs d'Urbin et de Ferrare, les rois d'Espagne, les empereurs, les rois de France, les papes Alexandre Borgia, Jules II, Léon X, Paul III, continuent à protéger les écrivains et les artistes. L'âpre dominicain florentin Savonarole paye de sa vie ses anathèmes lancés contre la papauté et la Renaissance. La prise de Constantinople par les Turcs, en

1453, a fait affluer en Italie de nombreux fugitifs byzantins, avec des trésors de manuscrits et d'objets d'art. Le mouvement commencé par les Précurseurs s'accentue avec les mêmes sources d'inspiration : la nature, la science et l'antiquité.

Les érudits recherchent partout, dans les bibliothèques des couvents d'Italie et d'Allemagne, les manuscrits dont les moines ignorants employaient souvent le parchemin pour faire des livres de piété. C'est ainsi qu'on retrouve les lettres de Cicéron et les œuvres de Tacite. Un Florentin, Nicoli, un cardinal, Bessarion, consacrent leurs fortunes à acheter des manuscrits. L'invention de l'imprimerie se répand en Italie, et les livres se multiplient. On voit naître une littérature laïque. Les humanistes étudient les humanités, c'est-à-dire les langues latine et grecque, font la critique des manuscrits anciens et écrivent des histoires et des poésies en latin, aux dépens de la langue maternelle. Parmi les principaux humanistes, on peut citer Pic de la Mirandole, gentilhomme italien, qui eut la réputation d'une érudition universelle ; Pogge, qui regrettait que Dante eût écrit son poème en italien ; Bembo, surnommé le Cicéronien, qui imita si bien Cicéron, que l'on pouvait attribuer à l'orateur romain des pages de son imitateur. On alla si loin que, pour mieux parler à la manière antique, on appela les saints du catholicisme des dieux, et les religieuses des vestales.

A la fin du xve siècle et au xvie, l'Italie eut de grands écrivains. Le poète épique le Tasse fit la *Jérusalem délivrée*, l'Arioste, poète à demi comique, donna le *Roland furieux*. Après Pétrarque, à la fois humaniste et écrivain, qui commenta saint Augustin et Cicéron et se fit couronner de lauriers au Capitole, après Boccace, auteur des contes du *Décaméron* que La Fontaine a imités, qui tous deux avaient vécu au xive siècle, Machiavel donna son écrit politique, *le Prince*. Mais, à la fin du xvie siècle,

Fig. 51. — Intérieur de Saint-Pierre de Rome (coupe longitudinale).

la littérature italienne tomba dans le genre burlesque que Scarron, en France, devait imiter, dans la fadeur des Pastorales et dans la sonorité des rapprochements de mots ou *concetti* dont Boileau s'est moqué.

Les artistes.

L'église de Saint-Pierre de Rome peut nous donner une idée de l'architecture italienne (*fig.* 51). Elle fut commencée par Bramante (1506) et achevée par Michel-Ange (1546). C'est une grande nef voûtée, supportée par des piliers

Fig. 52. — Palais à Rome (par Raphaël).

massifs et coupée par une nef plus courte, de manière à former une croix; au-dessus du croisement s'élève une coupole gigantesque. Les voûtes, les ouvertures, les colonnes et les frontons sont imités de l'antiquité.

Comme types de maisons particulières, regardez (*fig.* 52) la maison construite à Rome par Raphaël.

Le plus grand sculpteur a été Michel-Ange. Il a étudié l'anatomie du corps humain dans toutes les positions et a rendu avec une grande puissance le modelé des formes idéales. Regardez (*fig.* 53) le *Moïse* qui devait faire partie du tombeau de Jules II; ou encore (*fig.* 54) le *tombeau de Laurent de Médicis*.

Fig. 53. — Le « Moïse » de Michel-Ange.

Les peintres peignent à l'eau, sous forme de fresques, sur des murs, ou à l'huile, sur des tableaux de bois et de toile. Ils donnent les plus belles formes à leurs personnages empruntés à la mythologie et à la vie religieuse. La plupart des scènes qu'ils représentent sont des scènes de la vie italienne, où la tête des personnages est nimbée d'une simple auréole; les peintres sont idéalistes.

HISTOIRE MODERNE. — 112 —

Les peintres italiens, très nombreux, peuvent être rangés en cinq écoles principales.

L'*école de Florence* a été surtout représentée par Michel-Ange. C'était un génie universel, à la fois sculpteur,

Fig. 54. — Le Penseur (par Michel-Ange), groupe faisant partie du Tombeau de Laurent de Médicis.

peintre, architecte, humaniste, philosophe, poète. Voyez (*fig.* 55 *et* 56) deux groupes des fresques qu'il peignit aux

Fig. 55. — Fresque de la Chapelle Sixtine (par Michel-Ange).

voûtes de la chapelle Sixtine; il y représente les sibylles, les prophètes et le jugement dernier.

Raphaël est le chef de l'*école Romaine*; il dessinait sou-

Fig. 56. — Le Jugement dernier,
fresque de la Chapelle Sixtine (par Michel-Ange).

vent ses personnages nus, et, après de longues études, les habillait. Regardez le portrait de son protecteur Jules II, une madone (*fig.* 57), et le groupe de l'École d'Athènes des fresques du Vatican (*fig.* 58).

Fig. 57. — La Vierge à la Chaise (par Raphaël).

Léonard de Vinci, chef de *l'école Lombarde*, était universel. On lui doit une partie des canaux de la Lombardie; il a été mathématicien, ingénieur, architecte, sculpteur et peintre. Ses figures idéalisent un type aux yeux profonds,

Fig. 58. — L'École d'Athènes, fresque du Vatican (par Raphaël).

au sourire mystérieux et à l'air énigmatique. Regardez (*fig.* 59) *la Joconde*, qui est au palais du Louvre. Le fond représente un magnifique paysage.

L'*école Vénitienne* est représentée surtout par les coloristes, le Titien (*fig.* 60), Paul Véronèse, qui reproduit, dans les *Noces de Cana*, un groupe de seigneurs et de dames vénitiennes ; Tintoret, dont le plus célèbre tableau représente les offrandes des cités soumises au doge et au sénat de Venise.

L'*école Napolitaine*, dont le principal représentant est Salvator Rosa, avec ses tableaux d'une émotion violente, tient à la fois des écoles italiennes et de l'école espagnole.

Fig. 59. — La Joconde (par Léonard de Vinci).

Fig. 60. — Figure de femme (la *Belle*) (par Le Titien).

La Renaissance en France.

Nous avons vu le milieu. Le roi et les seigneurs appellent en France les artistes italiens et leur font des commandes. On imite de plus en plus l'architecture italienne. Les châteaux de la fin du xve siècle conservent encore le plan, les escaliers en saillie, les tourelles, les mansardes et les cheminées gothiques; mais on y ajoute des détails d'ornementation, des colonnes italiennes, où s'affirment de plus en

Fig. 61. — Le château de Blois.

plus les caractères de la Renaissance. Regardez le château d'Amboise ou le château de Blois (*fig.* 61), le château de Chambord, de l'architecte Pierre Nepveu; le château de Chantilly, d'Androuet du Cerceau; les Tuileries,

Fig. 62. — Bas-reliefs de la Fontaine des Innocents (par Jean Goujon).

de Philibert Delorme; le pavillon du Louvre, de Pierre Lescot : vous aurez la succession des principales œuvres et des principaux architectes de la Renaissance française au XVIe siècle. La régularité des lignes devient de plus en plus grande.

En sculpture, regardez les figures de marbre de la *Fontaine des Innocents*, de Jean Goujon (*fig.* 62); les *Trois Grâces* de Germain Pilon (*fig.* 63), et, du même sculpteur,

Fig. 63. — Les Trois Grâces (par Germain Pilon).

le tombeau de Henri II et de Catherine de Médicis ; au lieu de représenter le roi et la reine en grand costume, comme au xve siècle, l'artiste a mis les deux corps nus sur le tombeau. On peut citer encore le chef de l'école lorraine, Ligier Richier, avec l'*Écorché* de Bar-le-Duc et la *Mise au tombeau* de Saint-Mihiel.

En peinture, regardez le portrait (*fig.* 64) de François 1er, par Jean Clouet ; un portrait (*fig.* 65), par Corneille, de Lyon ; le *Jugement dernier*, de Jean Cousin, qui est au musée du Louvre. La plupart de ces artistes ont vécu en Italie.

Fig. 64. — Portrait de François I*er* (par Jean Clouet).

Bernard Palissy était un protestant limousin d'une conscience très élevée; il fut persécuté et mourut dans la pauvreté. Il est le créateur de la céramique limousine.

Fig. 65. — Portrait par Corneille, de Lyon.

L'érudition, l'humanisme, l'étude de l'antiquité sont remis en honneur. François Ier fonde le Collège de France;

on y enseigne l'hébreu, le grec et le latin. La poésie est renouvelée avec Clément Marot, qui se rattache encore au moyen âge, avec Saint-Gelais, Ronsard et *la Pléiade*, qui ne jurent que par les anciens. La prose donne Rabelais, à la fois prêtre et médecin, qui a immortalisé les noms de Gargantua et de Pantagruel, auxquels il fait dire de grosses vérités, dans un langage souvent risqué. Les *Contes* de Bonaventure des Périers et l'*Heptaméron* de la reine Marguerite font contraste avec l'austérité de l'*Institution chrétienne* de Calvin. Les *Essais* du spirituel Montaigne témoignent de l'activité intellectuelle en France au XVIe siècle.

La Renaissance en Allemagne.

Les principaux centres intellectuels sont les villes libres, très nombreuses en Allemagne, et surtout la ville de Fran-

Fig. 66. — Le château de Nüremberg.

conie, Nuremberg. De nombreux hôtels de ville ou *rathaus* et châteaux sont construits sur le modèle italien, mais avec la persistance des procédés gothiques. Citons (*fig. 66*) le château de Nuremberg. La famille des Vischer a sculpté le tombeau de Maximilien 1er (*fig. 67*); Lucas Kranack a

Fig. 67. — Statue d'Arthur, roi d'Angleterre (par Vischer), faisant partie du Tombeau de Maximilien (Église des Augustins à Insprück).

illustré de nombreux pamphlets de Luther. Hans Holbein a peint de nombreux portraits, dont le plus célèbre est celui d'Érasme (*fig. 68*), et de nombreuses scènes reli-

Fig. 68. — Portrait d'Érasme (par Hans Holbein).

gieuses, et exécuté de remarquables gravures. Voyez le portrait de l'humaniste allemand Pirckheymer, (*fig.* 69)

Fig. 69. — Portrait de Pirckheymer (par Albert Dürer).

ou encore *la Mélancolie* d'Albert Dürer. Tous ces artistes ont subi l'influence italienne. Nous verrons Mélanchthon collaborer avec Luther dans la Réforme.

La Renaissance dans les Pays-Bas, en Espagne et en Angleterre.

Les *Pays-Bas*, aux XIVe et XVe siècles, avaient donné un art original dérivé de l'art gothique. Les guerres civiles et religieuses de la fin du XVIe siècle amenèrent une décadence momentanée, malgré l'imitation italienne; sauf dans les arts mineurs et la tapisserie principalement, la Renaissance n'y a pas produit d'œuvre originale au XVIe siècle. Ce n'est qu'au XVIIe siècle que se développeront les deux écoles flamande et hollandaise, que nous étudierons. Cependant, au XVIe siècle, les Pays-Bas ont vu naître le plus grand humaniste de son temps, Erasme, auteur de l'*Éloge de la Folie*, le traducteur de la Bible, qui a passé la plus grande partie de sa vie en Allemagne et en Angleterre, où il a eu une grande influence sur la Réforme.

En *Espagne*, la Renaissance italienne ne réussit pas à faire disparaître l'influence des écoles flamandes. Le prin-

Fig. 70. — Palais de l'Escurial.

cipal monument architectural est le palais de l'Escurial, que Philippe II fit construire au milieu d'un pays désert, sur le modèle d'un gril, en l'honneur de la fête de saint Laurent, anniversaire de la victoire de Saint-Quentin (*fig.* 70). Le plus grand des sculpteurs a été Alfonso Berruguete, élève de Michel-Ange, qui sculpta des muscles puissants et violemment tordus (*fig.* 71). Les peintres espagnols, élèves des italiens, peignent des portraits et

Fig. 71. — Le Sacrifice d'Abraham (par Berruguete).

Fig. 72. — « Ecce homo » de la Cathédrale de Séville (par Luis de Moralès).

des scènes religieuses d'une forte émotion. Regardez l'*Ecce homo* de Luis de Morales (*fig.* 72). L'Espagne produit de grands poètes : Cervantès, dans son histoire de *Don Quichotte de la Manche,* ridiculisa la chevalerie du moyen âge. Lope de Vega donna ses drames et ses comédies de cape et d'épée. Corneille s'en inspirera.

En *Angleterre,* l'humanisme fut, comme nous le verrons, l'auxiliaire de la Réforme, avec Colet et Morus. Le grand poète Shakespeare, acteur, auteur et érudit de la fin du XVIe siècle, est un admirateur passionné de l'antiquité, de l'Italie et de l'Angleterre ; il prend partout les sujets de ses drames terribles. Quant aux arts, l'architecture seule a produit des œuvres originales avec les nombreux et vastes châteaux, œuvres de John Shorte et de ses élèves.

A lire :

1º Mêmes auteurs qu'au chapitre *Civilisation*.
2º MICHELET, *La Renaissance*.
3º TAINE, *Histoire de la Littérature anglaise*.

CHAPITRE X.

LA CRISE RELIGIEUSE DU XVIᵉ SIÈCLE.

La réforme luthérienne jusqu'à la paix d'Augsbourg. Les réformes calviniste, presbytérienne, anglicane. — La réforme catholique, la Société de Jésus, l'œuvre du Concile de Trente.

SOMMAIRE

La Réforme est née des abus de l'Eglise romaine, dont on se plaignait depuis le XIIᵉ siècle. Les réformateurs ont prêché le retour au christianisme primitif et, par suite, la destruction de l'organisation du culte et des pratiques de l'Église catholique. La Réforme a réussi au XVIᵉ siècle, malgré l'Église, surtout parce que les princes absolus y ont trouvé des avantages et ont contribué à son établissement. Le résultat a été de briser l'unité chrétienne et d'établir, à côté de l'Église catholique, plusieurs sectes protestantes : luthériens, calvinistes, presbytériens, anglicans.

En Allemagne, la Réforme a été prêchée par un moine, Luther. Charles-Quint, occupé à de grandes guerres contre François Iᵉʳ, les Turcs et le pape, n'a pu empêcher le succès de la Réforme. La plus grande partie de l'Allemagne a été gagnée au luthérianisme et a échappé à l'absolutisme catholique des Habsbourg.

Dans les cantons de la Confédération suisse, la Réforme a eu, comme en Allemagne, des caractères à la fois religieux et politiques. Les prédications de Zwingle et les guerres entre les cantons réformés et les cantons restés catholiques ont eu pour résultat la reconnaissance officielle de l'égalité des confessions dans la Confédération.

A Genève, le Français Calvin profite des conditions particulières de la ville pour imposer par la persuasion et par la force ses doctrines austères. Ses adversaires furent chassés de la ville et remplacés par des réfugiés en majorité français qui lui étaient tout dévoués. L'académie fondée à Genève servit au recrutement de pasteurs qui répandirent le calvinisme principalement en France, aux Pays-Bas, en Écosse et en Angleterre.

L'Église, attaquée par les protestants, essaya de se réformer elle-même. Quatre principaux moyens furent employés :

1º L'abolition des abus par le pape et les évêques ;

2º L'institution de nouveaux ordres religieux, principalement de l'ordre des Jésuites ;

3º Le concile œcuménique de Trente ;

4º La propagande catholique établie en pays païen et protestant.

RÉCITS

La crise religieuse au XVIᵉ siècle.

Les abus de l'Église et les plaintes contre la cour de Rome n'ont fait que s'accentuer depuis le XIIᵉ siècle. La Réforme n'a pu s'accomplir avant le XVIᵉ siècle, parce que trop de gens étaient intéressés à ne pas la faire ; les papes et les princes avaient préféré s'entendre et signer des concordats. Mais, au XVIᵉ siècle, les conditions politiques ne sont plus les mêmes ; en effet, les puissances temporelles, princes ou conseils des villes libres, sont intéressées à faire la Réforme ; les Réformateurs prêchant le retour de l'Église à la pauvreté primitive, les princes et conseils des villes sécularisent, c'est-à-dire confisqueront les biens de l'Église et se débarrasseront des tribunaux d'Église qui gênent leur pouvoir. La Réforme a réussi partout où les princes l'ont voulu. On ne peut citer que deux pays, l'Écosse et la Hollande, où elle se soit faite par une révolte des sujets contre leur prince.

Les Réformateurs ont prêché, non une révolution faite au nom de la raison, mais une restauration, un retour au christianisme primitif, tel qu'on le trouve dans l'Écriture sainte : c'est dans l'Écriture qu'on peut retrouver la vraie foi; ils ne veulent pas lire l'Écriture dans l'édition officielle de l'Église, mais dans le texte primitif, grec ou hébreu, ou mieux en langue vulgaire. Dans l'Écriture, ils ne trouvent ni purgatoire, ni indulgences, ni évêques, ni pape, ni couvents, ni images, ni reliques, ni liturgie; ils rejettent, par conséquent, la plupart des croyances et toutes les institutions de l'Église. Ils se font une nouvelle religion où la foi suffit, par laquelle il n'y a plus besoin d'intermédiaire entre Dieu et la créature; les prêtres deviennent inutiles; des pasteurs suffisent pour prêcher; ils ne se distinguent pas des laïques.

La Réforme a brisé l'unité religieuse de l'Europe; elle a partout les mêmes caractères généraux. Comme elle admet la libre interprétation des Écritures, elle a donné naissance à de nombreuses sectes, dont nous verrons les principales.

La réforme luthérienne jusqu'à la paix d'Augsbourg.

Luther (*fig.* 73) était le fils d'un bûcheron; il vécut d'aumônes pendant les études qu'il fit à l'Université de Magdebourg. A vingt-deux ans, il entra dans l'ordre des moines franciscains. En 1511, il fut envoyé par son monastère à Rome. Il y fut scandalisé des mœurs du clergé; les Romains et le pape surtout, protecteurs des arts, qui admiraient les belles statues ou peintures, lui apparurent comme des païens. A son retour, il fut nommé professeur de théologie à l'Université de Wittemberg. Il y enseigna la nouvelle doctrine des Réformateurs : la justification par la Foi. « La parole de Dieu, disait-il, est une folie aux yeux de la raison; la raison ne comprend rien à Dieu, il faut la tuer.

Le chrétien doit croire et ne rien demander de plus. » La révolte éclata à propos des Indulgences. Le pape Léon X avait besoin d'argent pour faire bâtir l'église Saint-Pierre de Rome; il envoya des Dominicains pour prêcher et donner des indulgences à ceux qui remettraient des aumônes. Les Allemands furent scandalisés; les pamphlets du chevalier-écrivain Ulrich de Hütten, les chansons de Hans Sachs, les caricatures de Lucas Kranack attaquèrent les indulgences. Luther fit afficher 95 propositions contre les indulgences aux portes de l'Université de Wittemberg.

Fig. 73. — Luther.

Léon X ne vit dans ce mouvement qu'une querelle de moines, puis se décida à envoyer un légat, qui essaya de discuter avec Luther. « J'ignore si le pape est l'apôtre de Dieu ou l'Antéchrist. » En 1520, il lança, écrite en allemand, sa Lettre à la noblesse chrétienne, de nation allemande, pour l'amélioration de l'État chrétien. Il avoua sa rupture avec Rome en brûlant publiquement la bulle du pape qui le condamnait. « Les neuf dixièmes de l'Allemagne crient : Vive Luther », écrivait le légat au pape; « l'autre dixième crie : « Périsse la cour romaine. » Le pape demande à Charles-Quint de faire cesser le scandale. Ne voulant pas subir le sort de Jean Huss à Constance, Luther refusa de comparaître à la diète de Worms (1521) et fut mis au ban de l'Empire. Mais il fut sauvé par son protecteur, l'Électeur de Saxe, qui le fit enlever et cacher au château de la Wartbourg (*fig.* 74). Luther y vécut plusieurs années; il y fut parfois sujet à des terreurs et à des hallucinations, il avait peur de la justice de Dieu; un jour, il jeta son encrier à la figure du diable, qu'il croyait voir. C'est là

Fig. 74. — Château de la Wartbourg.

qu'il a commencé la traduction de la Bible, monument de la langue allemande du xvi⁰ siècle. Il fit de nombreux pamphlets, ses *Tischreden* ou propos de table; il fut aidé dans sa propagande par ses disciples, surtout par l'humaniste Mélanchthon.

L'Allemagne fut profondément agitée; des mystiques annonçaient la fin du monde, prêchaient le partage des biens et le dépouillement du clergé; les *Ritter* ou chevaliers se soulèvent et voient dans la Réforme le retour au temps où ils pillaient les clercs et les bourgeois. Sous la conduite de Franz de Sickingen, ils se jettent sur les terres des princes ecclésiastiques. Ils sont écrasés par les armées réunies des princes et des villes libres.

Après le soulèvement des chevaliers, vint celui des paysans de la Saxe, de la Franconie et de la Souabe, avec un chef populaire, Thomas Münzer. Ils prirent comme programme la constitution des 12 articles qui abolissaient les dîmes et les corvées ; les couvents et les châteaux furent incendiés. Les princes écrasèrent cette jacquerie allemande : Thomas Münzer fut pendu, les paysans furent massacrés. Un petit nombre s'échappa en Hollande et y constitua la secte des anabaptistes. Ce mouvement avait été violemment condamné par Luther. « Quel que soit le droit des paysans, dit-il, ils sont coupables, par cela seul qu'ils le réclament. Le chrétien doit se laisser écorcher, être martyr sur la terre. »

La fortune du *luthéranisme* fut assurée par les princes et corps de villes. Brême, Lubeck, Magdebourg abolirent les tribunaux ecclésiastiques. Albert de Brandebourg sécularisa les biens de l'Ordre Teutonique, dont il était grand-maître, et prit le titre de duc de Prusse. L'Électeur de Saxe et le landgrave Philippe de Hesse sécularisèrent les biens ecclésiastiques de leur domaine. Partout on supprima la messe, les curés et les évêques; à leur place, on établit des prêches, des pasteurs et superintendants.

Charles-Quint ne put s'y opposer; il était en guerre avec François I⁰ʳ. Charles-Quint, victorieux de François I⁰ʳ à Pavie, et du pape, après le sac de Rome, voulut régler la question religieuse. En attendant les décisions du concile qu'il réunit à Trente, il fait déclarer par la diète de Spire (1529) que tout prince ou corps de ville doit rester dans l'ancienne foi et empêcher la prédication des nouvelles doctrines, s'il n'a pas encore embrassé la Réforme. Les princes luthériens protestèrent contre cette décision : on les appela *protestants*. La *protestation* ne fut faite que par trois princes et quatorze villes. Charles demanda aux luthériens de rédiger leur *Credo* ou confession de foi ; ce fut la *Confession d'Augsbourg* ou confession luthérienne, rédigée par Mélanchthon, dont voici les éléments principaux. Il n'est pas besoin d'intermédiaire entre Dieu et sa créature: la foi est tout entière dans l'Écriture. Ils admettent la communion sous les deux espèces, mais non la transsubstantiation; le Christ est présent dans le sacrement comme le feu dans le fer rouge; ils n'admettent que la confession mentale faite à Dieu; ils admettent la plupart des mystères ou dogmes, mais suppriment tout le culte et toute l'organisation hiérarchique de l'Église. Après 1530, Charles-Quint n'hésite plus : il ordonne la restitution des biens et le rétablissement de la juridiction de l'Église. Les princes et villes répondirent à cet ordre en faisant l'union de Smalkalden et firent alliance avec François Ier.

La guerre recommença entre Charles-Quint, François Ier, Soliman. Pendant quinze ans, Charles-Quint ne put intervenir en Allemagne. La Réforme s'étendit dans le Brandebourg, le Hanovre, le Wurtemberg, la Bohême, le Palatinat. Quand Luther mourut, le sort de sa doctrine était assuré.

La Réforme faillit sombrer dans le mouvement populaire des anabaptistes. Ils voulaient une révolution radicale, sociale et religieuse, un nouveau baptême, la communauté des femmes et des biens, ce qu'ils appelaient le régime des saints. Des paysans allemands échappés au massacre du début du luthéranisme avaient importé ces doctrines en Hollande. Persécutés par Charles-Quint, les anabaptistes se réfugièrent en Westphalie, dans la ville épiscopale de Munster. Leur chef, Jean de Leyde, chassa l'évêque et y établit la polygamie et le communisme; il prit le nom de Jean le Juste sur le trône de David. Les princes allemands s'unirent et écrasèrent les anabaptistes et les massacrèrent (1535).

Débarrassé de la guerre par une trêve avec François Ier et Soliman, et allié avec le pape, Charles-Quint voulut arrêter l'hérésie par la force. Il fit mettre au ban de l'Empire l'Électeur de Saxe et le landgrave de Hesse. Les princes et les villes ne s'entendirent pas ; l'Électeur de Saxe fut écrasé à Mühlberg (1547), fait prisonnier, et perdit ses États, donnés à Maurice de Saxe. Philippe de Hesse se rendit à merci et fut retenu en prison.

Victorieux, Charles se brouille avec le pape; il veut faire la Réforme tout seul et fait l'*Intérim d'Augsbourg*. En attendant le prochain concile, il autorise le mariage des prêtres et la communion sous les deux espèces. Tout le reste doit être rétabli. Personne ne voulut accepter cette transaction. Charles-Quint chargea Maurice de Saxe de châtier les récalcitrants. Tous les princes luthériens, et même des princes catholiques, s'unirent et firent une alliance avec le roi de France, Henri II, qui se déclara le protecteur des libertés germaniques et envahit la Lorraine. Maurice de Saxe passa du côté des protestants, s'en fit le chef, et faillit s'emparer de Charles-Quint à Insprück. Charles-Quint dut accorder la trêve de Passau (1552). Il abandonna à son frère Ferdinand les affaires d'Allemagne et alla s'enfermer au monastère de Yuste.

Ferdinand dut consentir à la *paix d'Augsbourg*, qui établit la situation religieuse et politique de l'Allemagne (1555). Elle reconnaissait aux princes et aux villes libres la liberté de fixer la religion des principautés et des villes. Ce n'était pas la liberté de conscience pour les individus, mais pour les pays, d'après la formule : *cujus regio ejus religio*. Il n'était question que des luthériens et des catholiques. Toutes les sécularisations de biens ecclésiastiques qui avaient été faites devaient être maintenues, mais la clause du réservat ecclésiastique décidait que tout prince ou toute ville, libre d'embrasser le luthéranisme, ne pourrait pas désormais séculariser les biens du clergé. En outre, il était spécifié que les princes et les villes conserveraient leur territoire et leur indépendance politique, tout en se reconnaissant les vassaux de l'empereur.

Il y a désormais deux Allemagnes : l'Allemagne catholique (*corpus catholicorum*), l'Allemagne protestante (*corpus evangelicorum*). Les pouvoirs locaux sont complètement indépendants du pouvoir central, ils font régner partout le despotisme et l'intolérance. C'est le régime de l'anarchie politique ; l'Allemagne sera, pendant plusieurs siècles, le champ de bataille de l'Europe.

La Réforme en Suisse : Zwingle, Calvin.

Dans les cantons de la Confédération suisse, la Réforme eut des caractères politiques et religieux. Outre les treize cantons indépendants, chacun dans son gouvernement particulier, mais réunis par une alliance perpétuelle, il y avait des pays alliés à la Confédération, des bailliages communs, en général pays de passage comme le Tessin, conquis par la Confédération, des pays sujets conquis par un canton particulier, par Berne par exemple. A l'exception des cantons forestiers, où régnait encore le régime des assemblées populaires des chefs de famille, partout le pouvoir était entre les mains d'une aristocratie bourgeoise et citadine, qui exploitait le peuple des campagnes. Le mode principal d'exploitation était la vente de mercenaires à tous les princes de l'époque. Aussi l'agriculture et l'industrie étaient délaissées.

La Réforme a été prêchée en Suisse par Ulrich *Zwingle* ; c'était un curé de Glaris. Il vint en 1518 à Zurich et se mit à attaquer à la fois le service étranger qu'il trouvait démoralisateur, la messe et toutes les institutions de l'Église. En 1528, la plupart des grands cantons de la haute plaine suisse avaient embrassé la Réforme. Il ne restait de catholiques que les cantons forestiers. Voici ce qui amena la discorde : quelle devait être la religion des bailliages communs? Zwingle, intransigeant, poussa les cantons réformés à exiger la Réforme non seulement dans les bailliages communs, mais encore dans les cantons catholiques. En 1529, Zwingle amena les Zurichois à envahir les cantons catholiques. Une transaction fut sur le point d'intervenir, mais Zwingle entraîna les Zurichois à une nouvelle invasion; ils furent repoussés, et Zwingle fut tué. La paix fut signée en 1531. Chaque canton devait rester libre de fixer lui-même sa religion; quant aux bailliages communs, c'étaient les assemblées de paroisses qui devaient choisir la religion. La Suisse était coupée en deux, entre une majorité protestante et une minorité catholique. Après la Contre-Réforme catholique, dont Lucerne sera le centre et saint Charles Borromée le propagateur, la rupture fut complète. Il n'y eut plus désormais de diète commune, mais une diète protestante et une diète catholique.

Fig. 75. — Calvin.

A Genève, la Réforme prit des caractères particuliers dus à la personne du prédicateur Calvin et à la situation politique de la ville.

Calvin (fig. 75) est un Français né à Noyon; il était le fils d'un magistrat au service de l'évêque de cette ville. Il étudia dans les universités d'Orléans, de Bourges et de

Paris. Il se passionna pour la théologie et embrassa les idées de réforme professées par le cénacle de Meaux. François Ier persécutant les réformateurs, Calvin quitta la France et se réfugia à Bâle. C'est là qu'il écrivit son fameux livre : *L'Institution chrétienne*, écrit en latin, traduit ensuite en français, et dédié à François Ier. C'est à la fois l'exposé des doctrines de Calvin et un des principaux monuments de la langue française au XVIe siècle.

Les persécutions ayant momentanément cessé, Calvin revint à Noyon, liquida ses affaires de famille, puis résolut de se fixer définitivement à Strasbourg, une des rares villes où régnait la tolérance. Il ne put passer par la Lorraine, où sévissait alors la guerre, et vint à Genève. Calvin avait alors trente-trois ans ; il avait l'aspect d'un vieillard, épuisé par l'étude, maigre, sujet à des maux d'estomac.

Genève traversait en ce moment une crise politique et religieuse. Elle s'était débarrassée de ses deux maîtres : du duc de Savoie, avec l'aide des Bernois ; de son évêque, à la suite des prédications du réformateur Guillaume Farel. C'était une petite ville de moins de 20 000 habitants, où les droits politiques étaient réservés à 500 bourgeois. Le pouvoir était partagé entre une assemblée du peuple, un grand conseil de 200 membres et un petit conseil de quatre syndics. C'était une constitution aristocratique.

Calvin y arriva, en 1536, dans l'intention de continuer sa route pour se fixer à Strasbourg. Guillaume Farel l'adjura de rester à Genève pour l'aider à convertir les habitants à la Réforme, le menaçant de la malédiction divine s'il refusait. Calvin resta à Genève ; il fut nommé pasteur et professeur de théologie ; il fut le réformateur de Genève. Calvin est intransigeant. Il rédige une *confession de foi* et il obtient des Conseils qu'elle soit imposée à tous les habitants. Il en veut faire des ascètes et condamne les moindres divertissements. Beaucoup de bourgeois se révoltèrent, et il se forma parmi eux le parti des *Libertins*.

Bientôt même les Conseils sommèrent Calvin de s'en tenir aux pratiques de Guillaume Farel et de célébrer la Cène comme à Berne. Calvin résolut alors de quitter Genève et se rendit à Strasbourg. Mais il avait des adeptes dans les classes populaires. Le peuple fit des émeutes et força les Conseils à envoyer un syndic à Strasbourg pour demander à Calvin son retour. Calvin revint à Genève, mais après avoir posé ses conditions. Il exigea l'établissement d'un *Consistoire*, tribunal formé de pasteurs et d'anciens élus par les fidèles, chargé de surveiller la vie privée des membres de l'Église, et de leur adresser au besoin des admonestations. Il rédigea les *Ordonnances ecclésiastiques* ou liste des choses défendues. On vit le Consistoire citer à comparaître et admonester un homme coupable d'avoir joué aux dés un quarteron de vin; une vieille femme, pour avoir fait brûler un cierge. Les Libertins furent consternés. L'un d'eux, ayant déclaré que Calvin était plus qu'un évêque, fut cité devant le Consistoire, et condamné à faire le tour de la ville, la tête couverte d'un voile, en demandant pardon. Calvin obtint même que le Consistoire aurait le droit de condamner à mort et au bannissement. Alors eut lieu la célèbre condamnation de Michel Servet; c'était un savant et un mystique; il avait discuté, autrefois, avec Calvin, et n'était pas tombé d'accord avec lui sur des doctrines purement dogmatiques. Poursuivi par le gouvernement du roi de France, il s'était réfugié à Lyon. L'évêque de Lyon le fit emprisonner; Servet s'échappa et se réfugia à Genève. Calvin le fit arrêter et condamner par le Consistoire comme hérétique et empoisonneur public. Servet fut brûlé. Devant la réprobation générale soulevée par son exécution, Calvin écrivit une apologie où il essayait de prouver que l'on peut et doit condamner à mort un hérétique.

Il obtint des Conseils que l'on conférât les droits politiques aux étrangers protestants réfugiés à Genève. On en admit comme citoyens d'abord 70, puis 200, puis 300. Ces étrangers, tout dévoués à Calvin, arrivèrent bientôt à avoir la majorité dans les Conseils et dans le Consistoire. Tous les Libertins qui restaient furent mis à mort ou bannis. Calvin put alors organiser son gouvernement théocratique, le calvinisme.

Le *calvinisme* est la secte la plus éloignée du catholicisme. La doctrine repose sur la prédestination. Dieu est tout-puissant, il a fixé d'avance la destinée de chaque homme en particulier; les uns sont voués au bonheur éternel, les autres à la damnation. Seuls seront sauvés ceux qui ont la grâce, et on a la grâce quand on a la foi.

Le calvinisme ne reconnaît que deux sacrements : le baptême et la communion. La communion n'est que la commémoration du dernier repas que Jésus prit avec ses disciples. Lire la Bible et prier, voilà tout le culte. Toute hiérarchie est détruite; chaque église ou paroisse est indépendante; elle a un consistoire formé de pasteurs et d'anciens. Au-dessus, il y a des synodes ou réunions de délégués des églises particulières, et des assemblées générales. Dans toutes ces réunions, ce sont les laïques qui dominent. Le calvinisme a pour caractère particulier d'introduire l'ascétisme dans la vie laïque. L'austérité doit être la règle, non seulement des clercs, mais de tous les chrétiens.

La réforme catholique.

Beaucoup de chrétiens demandaient la fin des abus de l'Église, mais sans aller jusqu'à l'hérésie, dont le nom faisait peur. Des ecclésiastiques italiens formèrent une association sous le nom d'*Oratoire de l'amour divin*. Plusieurs devinrent cardinaux et aidèrent le pape Paul III à réformer l'Église. Paul III cessa de donner des dispenses, de recouvrer les annates, et essaya même de ramener les protestants d'Allemagne par la persuasion. On vit s'engager des discussions ou colloques entre docteurs catholiques et protestants, comme le colloque de Ratisbonne (1541). Mais les questions de la prédestination, du célibat des prêtres, et de la messe empêchèrent la réconciliation. Cependant il y eut, de la part des clercs catholiques, et surtout des évêques, un mouvement de rénovation religieuse. Plusieurs catholiques furent canonisés, comme saint Gaétan, saint Charles Borromée, saint Ignace de Loyola, sainte Thérèse, saint François Xavier, saint Jean de Dieu, saint Louis de Gonzague.

La Société de Jésus.

Nous avons déjà vu que, lorsqu'elle se sent menacée, l'Église se donne des armes nouvelles par la fondation d'ordres religieux. Au XVIe siècle, pour parer au danger protestant, de nombreux ordres religieux d'hommes ou de femmes furent créés. Le principal fut la Compagnie de Jésus ou ordre des Jésuites ; son fondateur fut le gentilhomme espagnol Ignace de Loyola. Il avait d'abord pris part à de nombreuses guerres et aventures, et avait des idées chevaleresques et mystiques. Ayant été blessé et ne pouvant plus servir son roi, il résolut d'être le soldat du Christ et du pape, et d'engager la lutte contre le diable. Il donna pour devise à l'ordre qu'il fonda, la Compagnie de Jésus : *Ad majorem Dei gloriam*, « pour la plus grande gloire de Dieu ». L'ordre fut organisé, comme les ordres qui existaient déjà, en couvents répartis par provinces, avec un général à leur tête. Outre les vœux ordinaires de charité, humilité et chasteté, il ajouta le vœu spécial d'obéissance au pape. Le futur jésuite dut être dressé comme un soldat et subir un long noviciat dans la méditation, le travail, l'obéissance, et devenir dans la main de ses supérieurs « comme un cadavre », *perinde ac cadaver*.

Les jésuites doivent travailler à leur salut et au salut du prochain, et vivre dans le monde avec le costume des prêtres séculiers. Tous les moyens leur sont bons ; ils font tous les métiers, mais l'éducation, la confession et la prédication sont leurs procédés les plus employés. Ils s'adressent surtout aux classes riches, aux nobles et aux bourgeois. Ils ont fondé partout des collèges, où ils enseignent principalement le latin, les mathématiques et les manières polies, d'après un plan fixé par eux (*Ratio studiorum*). On doit aux jésuites la division des élèves en classes, les éditions classiques, les compositions et les prix. Comme confesseurs, ils eurent à examiner les cas de conscience et créèrent la casuistique que Pascal a attaquée dans ses *Provinciales*. En outre, ils dirigèrent la propagande catholique en pays païens et protestants. Leurs efforts portèrent surtout sur le Nouveau-Monde et l'Extrême-Orient, découverts par les Espagnols et les Portugais ; ils se firent les protecteurs des Indiens contre les conquérants et obtinrent même de la couronne de Castille des réserves où aucun Espagnol ne devait pénétrer : c'est l'origine de l'Uruguay et du Paraguay. Le missionnaire Laz Caz se distingua surtout. En Orient, les jésuites, avec saint François Xavier, évangélisèrent les habitants de l'Inde et les Chinois, en essayant de concilier le plus possible les doctrines catholiques avec celles des Brahmanes et de Confucius. Ils fondèrent l'observatoire de Pékin. Ils eurent un grand succès jusqu'au moment où ils furent dénoncés par les Dominicains, auxquels le pape donna raison. Depuis cette époque, le catholicisme a été persécuté en Chine. Pour les pays protestants, ils organisèrent des missions, des universités, des collèges, comme le collège allemand établi à

Rome, où les princes protestants même envoyaient leurs enfants.

L'œuvre du Concile de Trente.

Charles-Quint voulut réunir un concile pour faire la réforme de l'Église ; il ne put s'entendre avec le pape Paul III qu'en 1545. Un concile fut convoqué à Trente, dans le Tyrol. A peine était-il réuni que la brouille se mit entre Charles-Quint et Paul III. Le pape ordonna le transfert du concile à Bologne ; mais les quelques ecclésiastiques qui s'y rendirent furent vite dispersés par une armée de Charles-Quint. En 1553, le nouveau pape, Jules III, d'accord avec Charles-Quint, réunit le concile à Trente. Il mourut bientôt et fut remplacé par le Napolitain Paul IV, ennemi de Charles-Quint ; il n'y eut plus de concile. Enfin, en 1560, le pape Pie IV et le roi d'Espagne Philippe II rouvrirent le concile à Trente. Tel fut le Concile de Trente, qui, avec ses interruptions, a duré près de vingt ans. Il diffère des conciles du xve siècle ; ni les Allemands, ni les Anglais n'ont voulu s'y rendre. On y vote par tête et non par nation ; les docteurs n'ont pas le droit de suffrage ; seuls votent les évêques et les chefs d'ordre. En fait, toutes les décisions sont imposées par les légats du pape et les orateurs ou représentants des princes catholiques.

Voici quelle a été l'œuvre du concile de Trente : 1º il a fixé le dogme, il n'a voulu faire aucune concession aux protestants et a maintenu, sous peine d'anathème, tout ce qu'ils rejetaient ; il ordonna l'édition du catéchisme par demandes et par réponses ; — 2º il a fixé la hiérarchie et la discipline de l'Église. Le pape, surtout, avait été attaqué par les protestants ; le concile déclare que le pape est le vicaire de Dieu sur la terre. Les évêques deviennent les chefs absolus dans leurs diocèses, mais le concile déclare qu'ils ne sont pas d'institution divine et qu'ils relèvent du pape; — 3º le concile ordonne aux évêques de résider dans leurs diocèses, de ne pas cumuler les bénéfices et de créer des séminaires pour l'éducation des prêtres. Telle fut la contre-réforme; elle fut radicale.

A lire :

1º MIGNET, *Études historiques.*
2º MICHELET, *La Réforme.*
3º RANKE, *Histoire des Papes.*
4º PHILIPPSON, *Histoire de la Contre-Réforme.*

CHAPITRE XI.

POLITIQUE GÉNÉRALE DE PHILIPPE II

Lutte contre la Réforme. Révolte des Pays-Bas. Formation des Provinces-Unies.

SOMMAIRE

Le roi d'Espagne Philippe II a été, dans la seconde moitié du XVIe siècle, le champion du catholicisme contre le protestantisme. Pour arriver à ses fins, il a voulu établir sa domination universelle en Europe. L'inquisition, le clergé espagnol, ses immenses ressources financières, et surtout son armée, en ont fait le prince le plus puissant de son temps.

Il a achevé l'unification de la Péninsule ibérique et y a organisé un gouvernement absolu, centralisé et paperassier. Il est intervenu partout en Europe contre le protestantisme. Malgré ses échecs en Angleterre, en France, malgré la révolte de ses sujets dans les Pays-Bas, il a réussi à faire reculer partout le protestantisme.

RÉCITS

Philippe II (1556-1598).

Philippe II était le fils de Charles-Quint; il avait la haute taille et la forte mâchoire des Habsbourg. Il a été élevé par des prêtres qui lui ont inculqué l'idée qu'il était sur la terre l'instrument de Dieu; aussi il détestait les hérétiques. « Plutôt ne pas régner que de régner sur des hérétiques; je sacrifierais plutôt cent mille vies. »

Il a à sa disposition d'immenses ressources :

1º Il a transformé en un tribunal royal l'Inquisition, dont il nomme le chef, le grand inquisiteur espagnol. Il fait condamner par l'Inquisition les contrebandiers, les marins étrangers échoués sur les côtes d'Espagne. Il aime les autodafés, où les condamnés sont conduits au bûcher en grande cérémonie. Il les donne en spectacle à sa jeune femme.

2º Il dispose des biens considérables du clergé espagnol; il a obtenu du pape la nomination à tous les évêchés, abbayes, ordres religieux de son royaume; le pape même est obligé de lui obéir.

3º Ses États sont immenses; nous les connaissons. Il a surtout une armée redoutable; avec les métaux précieux d'Amérique, il a de nombreux mercenaires; mais en plus il a une armée nationale recrutée parmi les Castillans : ce sont les fameux *Tercios* (fig. 76). On les appelait ainsi parce qu'ils comprenaient primitivement trois rangs de soldats : arbalétriers, piquiers, arquebusiers. Ils ont donné le premier modèle du régiment. Il a une forte marine, des galères sur la Méditerranée, des vaisseaux de haut bord sur l'Atlantique.

Fig. 76. — Soldats espagnols. (Bibliothèque Nationale, Cabinet des Estampes.)

Son gouvernement a pour caractère d'être absolu, centralisé, paperassier. Le roi n'a rien d'un chevalier; il vit retiré dans le château de l'Escurial, bâti au milieu d'un désert; il y a transporté son gouvernement, des reliques, des statues, des tableaux. Onze conseils s'y partagent l'administration de ses nombreux États; ses ministres doivent lui faire sur chaque question des rapports qu'il lit et annote lui-même; mais il est d'esprit irrésolu et se décide lentement. Beaucoup de ses ministres sont morts à la peine. En outre, malgré ses richesses, à cause de sa politique universelle, il est continuellement à court d'argent; il a fait plusieurs fois banqueroute.

On peut distinguer dans son règne deux périodes. De

1556 à 1575, c'est la période relativement pacifique; le principal de ses favoris et ministres est Ruy Gomez. La deuxième période, de 1575 à 1598, a été une période de guerre; son principal ministre a été un franc-comtois, le cardinal Granvelle.

Dans la première période, deux faits importants sont à signaler : l'expulsion des Maures d'Espagne et la lutte contre les Turcs. Après la prise de Grenade, Isabelle avait laissé les musulmans libres de rester en Espagne en conservant leur religion et leurs coutumes. En 1567, Philippe II fit un édit qui obligeait les Maures à embrasser le catholicisme. Ils se soulevèrent et voulurent résister dans les montagnes de la Sierra Nevada; ils furent écrasés par le farouche duc d'Albe. Ceux qui échappèrent au massacre furent vendus comme esclaves. Ce fut un coup mortel porté à l'industrie et à l'agriculture de l'Espagne; on peut comparer l'expulsion des Maures à la révocation de l'Édit de Nantes.

Les Turcs, maîtres de l'Asie Mineure et de la Péninsule des Balkans, s'étaient emparés de l'île de Chypre au milieu du XVIe siècle. Le pape prêcha une croisade. Philippe II s'allia avec le pape et avec Venise, et la flotte alliée, sous les ordres du duc d'Albe, anéantit une flotte turque à Lépante (1571). Les pirates barbaresques établis à Tunis, Alger, Oran, n'en continuèrent pas moins à piller les côtes de la Méditerranée.

Dans la deuxième période, Philippe poursuit une politique d'intervention universelle.

1º Il a achevé l'unification de la Péninsule Ibérique. Après le mariage d'Isabelle et de Ferdinand, les deux royaumes de Castille et d'Aragon réunis devaient conserver leurs institutions. Déjà Charles-Quint avait annihilé les Cortès de Castille après la révolte des villes, en décidant que les procurateurs de villes seraient désignés par le roi et non par les villes. Les Cortès d'Aragon subsistaient encore; mais Philippe II préférait ne pas lever d'impôts en Aragon plutôt que d'aller les demander aux Cortès réunies à Monçon. Un de ses ministres, Antonio Perez, jeta les yeux sur la princesse d'Eboli, que le roi convoitait. Perez, surpris, se sauva en Aragon et se plaça sous la protection du *justiza major*, ou grand justicier, qui était inviolable, et qui ne voulut pas livrer le fugitif. Le duc d'Albe, avec une armée, occupa l'Aragon, qui perdit toutes ses libertés.

2° En 1580, la famille régnante de Portugal s'éteignit. Philippe II, apparenté par les femmes avec cette famille, fit valoir ses prétentions et fit envahir le Portugal, après avoir gagné à prix d'argent la plupart des nobles et des prêtres; il n'y eut aucune résistance. Philippe II héritait, non seulement du Portugal, mais encore de toutes les colonies portugaises. Les Hollandais, révoltés contre Philippe II, ne pouvant plus venir à Lisbonne chercher les épices, s'emparèrent de la plus grande partie des colonies portugaises. Mais l'unification de la Péninsule Ibérique était complète.

Fig. 77. — Noble flamand.
(Bibliothèque Nationale.)

Lutte contre la Réforme.

Philippe II intervint partout en faveur du catholicisme contre le protestantisme, en Suède, en Norvège, dans le Danemark, en Pologne, avec de l'argent, des troupes et des vaisseaux. Il ne réussit dans aucun de ces pays. Il put espérer devenir roi d'Angleterre; il épousa, en effet, la reine Marie Tudor, qui avait succédé à Henri VIII; mais Marie Tudor mourut. Il voulut épouser Élisabeth, mais celle-ci, protestante, refusa d'épouser le roi catholique. Il essaya alors de s'emparer de l'Angleterre en s'appuyant sur Marie Stuart. Il organisa en 1588 une flotte immense, l'*invincible Armada*, comprenant 135 bâtiments portant 25 000 hommes, marins ou soldats. Sur l'Atlantique, une tempête s'éleva; des vaisseaux furent jetés sur les côtes et pillés par les pêcheurs; les autres furent poursuivis par les marins anglais. Seuls revinrent 14 vaisseaux avec 4000 hommes. Cadix et Lisbonne furent incendiés; la Jamaïque fut prise par les Anglais.

Fig. 78. — Matelot hollandais.
(Bibliothèque Nationale.)

Philippe II intervint aussi en France. Après la paix de

Cateau-Cambrésis, il avait réussi à marier son fils avec une fille de Henri II et pouvait avoir des prétentions à la couronne de France. Quand arrivèrent les guerres de religion, il proposa son assistance à Catherine de Médicis; celle-ci déclina son offre. A la mort de Henri III, Philippe II soutint la Ligue et envoya des ambassadeurs en France pour proposer comme reine sa fille Claire-Isabelle; mais Henri IV fut reconnu roi, fit la guerre à Philippe II et lui imposa la paix de Vervins (1598).

Si Philippe II n'a réussi ni en Angleterre ni en France, grâce à son alliance avec les Habsbourg d'Autriche et le pape, il a réussi à faire reculer partout le protestantisme. L'Espagne, l'Italie, y ont échappé. L'Allemagne du Sud et la région rhénane, passées au protestantisme, sont revenues au catholicisme; mais il a inauguré une période de dépopulation et d'affaiblissement de l'Espagne. Enfin il a subi un grave échec dans les Pays-Bas.

Révolte des Pays-Bas.

Les Pays-Bas, au XVIe siècle, comprenaient, à peu de chose près, les régions qui forment aujourd'hui la Hollande, la Belgique et le département du Nord, en France. Ils étaient formés de 17 provinces, qui s'étaient successivement réunies, et dont les principales étaient les comtés de Flandre, de Hainaut, le Brabant, le Seeland, le Neerland, l'Over-Yssel. Les Pays-Bas étaient passés aux mains de la maison de Bourgogne. A la mort de Charles le Téméraire, Marie de Bourgogne les apporta en dot à Maximilien. Leur héritier, Charles-Quint, acheva de constituer les Pays-Bas en un État compact et distinct; par exemple, il châtia cruellement les Gantois révoltés.

Quelques-unes de ces provinces étaient très riches : le Neerland et le Seeland avec leurs *polders* conquis sur la

Fig. 79. — Un polders hollandais (d'après une vieille gravure).

mer (*fig.* 79), avec leurs pêcheurs de harengs et leurs caboteurs ou rouliers des mers, la Flandre, le Hainaut et le Brabant avec leurs cultures de lin et de chanvre, avec leurs tissages de toiles et de draps, leurs fabriques de dentelles, nourrissaient une population très nombreuse d'agriculteurs et d'ouvriers. Les villes d'Ypres, Bruges, Valenciennes, Anvers, atteignaient jusqu'à 300 000 habitants.

Chacune des 17 provinces avait une organisation autonome; elle était elle-même une fédération de villes libres, elle avait ses États provinciaux où se réunissaient les représentants des bourgeois, les clercs et les nobles. Il y avait en outre une administration commune aux 17 provinces, des États généraux, un conseil d'État, un gouverneur général. Les 17 provinces constituaient un État qui fournissait au roi d'Espagne des impôts, des milices urbaines, sans compter les nombreux nobles qui entraient au service du roi.

Tout ce qu'aimaient les habitants scandalisait Philippe II : les liesses flamandes, l'esprit de liberté et d'indépendance, et surtout les idées de réforme importées de Suisse et d'Allemagne. « Le Rhin, disait Philippe II, apporte moins d'eau que de boue. » La Réforme, en effet, malgré les persécutions de Charles-Quint, avait fait de nombreux prosélytes parmi les bourgeois et les nobles des Pays-Bas.

Fig. 80. — Servante flamande
(Bibliothèque Nationale.)

Philippe II avait passé une partie de sa vie dans les Pays-Bas; il les quitta en 1560, y laissant, avec des Tercios espagnols, la régente Marguerite de Parme, qui devait gouverner avec le Conseil d'État, sous l'inspiration de Granvelle, évêque d'Arras. Les soldats espagnols, ne recevant pas de solde, vécurent licencieusement sur le pays. A la demande de la régente, Philippe II consentit au rappel de ses soldats, mais Granvelle décida la création de 18 nouveaux évêchés qui furent tous donnés à des Espagnols. Lui-même devint archevêque de Malines et primat des Pays-Bas. Il fallut augmenter les dîmes pour entretenir ces nouveaux clercs. On renouvela les rigueurs de l'Inquisition et les placards ou édits contre les hérétiques. A Valenciennes, des hérétiques qu'on menait brûler furent délivrés par la foule en révolte; ce furent les *Maubrûlés*.

Un sentiment d'indignation agita les Pays-Bas et surtout la haute noblesse, et parmi elle le comte d'Egmont, le comte de Horn et Guillaume de Nassau, prince d'Orange. Celui-ci était à la fois Français et Allemand; il avait été page de Charles-Quint. C'était un esprit distingué, libéral; il vivait entouré de moines et de luthériens, il n'avait rien de *taciturne*. Une ambassade que les nobles dirigèrent en Espagne fut comblée de promesses par Philippe II, mais, avant son départ pour les Pays-Bas, Philippe II écrivait à Marguerite de Parme d'être intraitable et de continuer les rigueurs de l'Inquisition, et de refuser la convocation des États généraux.

La petite noblesse donna le signal de la résistance. En 1565 se fonda la Confédération armée ou *compromis des nobles*, sous la conduite de Marnix de Sainte-Aldegonde. « Nous promettons l'un à l'autre toute assistance de corps et de biens, comme frères et fidèles compagnons, tenant la main l'un à l'autre; que nul de nos confrères ne soit recherché, tourmenté ou persécuté en façon ou matière quelconque. » 300 nobles firent en armes leur entrée à Bruxelles et défilèrent devant la régente, en portant une pétition contre l'Inquisition. Ils se réunirent dans un banquet et prirent le nom de *Gueux*. Les bourgeois en firent autant; il y eut le compromis des marchands unis aux nobles. Le petit peuple s'en mêla; on vit les briseurs d'images parcourir les églises et anéantir parfois des œuvres d'art, comme à Anvers.

Philippe II jure de se venger; le duc d'Albe est envoyé de Lombardie avec une armée de 17 000 soldats en 1567, et agit en bourreau. D'Egmont et de Horn sont arrêtés, Guillaume d'Orange s'enfuit en Allemagne. Le *conseil des Troubles*, qu'on a appelé le *tribunal du Sang*, est établi; des potences et des bûchers s'élèvent partout. En trois mois, il y a 800 condamnations à mort; ainsi périrent d'Egmont et de Horn. On établit le dixième denier, impôt du dixième sur toutes les transactions commerciales.

Guillaume d'Orange lève une armée de mercenaires en Allemagne et fait dans les Pays-Bas une guerre de partisans; mais il est impuissant contre les troupes espagnoles. Il s'allie aux huguenots de France; la Saint-Barthélemy est pour lui un coup de massue. Les soldats du duc d'Albe se livrent à des vengeances atroces; telle la *furie espagnole* qui, à Maubeuge et à Anvers, fit plus de 8 000 victimes. Cependant les Gueux des mers résistent dans le Seeland et le Neerland, et gardent les embouchures des fleuves. Le duc d'Albe est rappelé.

En 1576 a lieu l'union de Gand; les 17 provinces font une alliance pour expulser les soldats espagnols. On décide la réunion des États généraux pour régler la question religieuse, et la réhabilitation de ceux qui ont été condamnés par le tribunal du Sang. Le prince d'Orange est nommé lieutenant du roi dans les provinces révoltées. En 1578, Guillaume d'Orange fait décider par les États, réunis à Anvers, la paix de religion : « Touchant les dites religions, chacun demeurera franc et libre comme il en voudra répondre devant Dieu. Quiconque insultera aux croyances d'autrui par prêche, chansons, pamphlets, cris ou voies de fait, sera sévèrement châtié. Toutes les autorités civiles et militaires, ainsi que les ministres du culte, en entrant en fonctions, jureront la paix de religion. »

Formation des Provinces-Unies.

Mais l'intolérance empêcha la paix. Le nord des Pays-Bas était calviniste, le sud restait catholique; il y avait des « malcontents ». Un homme va en profiter. Après le duc d'Albe et Requesens, qui avaient été impuissants, arriva en 1578, comme gouverneur dans les Pays-Bas, Alexandre Farnèse, duc de Parme. Il flatta les catholiques, et la scission se fit parmi les révoltés ; en 1579, les catholiques firent l'*union d'Arras* et se réconcilièrent avec l'Espagne. Les calvinistes firent l'*union d'Utrecht*, continuèrent la guerre et reconquirent les pays au sud du Rhin. Ils firent alliance avec la France, et le duc d'Anjou fut nommé souverain des Pays-Bas par les États généraux, réunis à la Haye, après la proclamation de la déchéance de Philippe II. Mais le duc d'Anjou voulut établir son absolutisme ; le coup d'État qu'il tenta à Anvers échoua, et il s'enfuit honteusement (1583). Guillaume d'Orange périt assassiné (1584). Sa tête avait été mise à prix par Alexandre Farnèse. Les Espagnols s'emparèrent d'Anvers (1585). Heureusement l'invincible Armada fut détruite. Farnèse dut lutter contre Henri IV ; les révoltés s'allièrent à Élisabeth et à Henri IV, et continuèrent la guerre sous la direction de Maurice de Nassau. En 1609, le successeur de Philippe II dut consentir une trêve de 12 ans. L'indépendance des sept provinces du nord était acquise ; elle fut reconnue officiellement en 1648. L'union était faite. Chacune des sept provinces unies gardait son indépendance, mais les institutions communes, comme les États généraux, étaient conservés. Pour se défendre, un *stathouder*, ou capitaine et amiral général, commandait les forces de terre et de mer et nommait les magistrats des principales villes. Ce fut Maurice de Nassau, frère de Guillaume.

Une période de prospérité s'ouvrit pour les sept provinces, grâce à l'émigration des habitants des 10 provinces du sud rattachées à l'Espagne, qui furent ruinées. Amsterdam et Rotterdam grandirent aux dépens d'Anvers, dont le port resta fermé ; les Hollandais firent la conquête des colonies portugaises dans l'Inde et de l'archipel de la Sonde. En 1602 est fondée la *Compagnie des Indes*, l'union des sept provinces est constituée; elle jouera un des premiers rôles dans les États de l'Europe au XVIIe siècle.

A lire :

1° FORNERON, *Histoire de Philippe II.*
2° MIGNET, *Antonio Perez.*

CHAPITRE XII.

L'ANGLETERRE SOUS ÉLISABETH.

Établissement de la monarchie protestante. **Lutte contre l'Espagne.** *La marine.*

SOMMAIRE

Deux faits principaux sont à signaler dans l'histoire des Iles Britanniques au XVIe siècle :
1° L'établissement de la Réforme;
2° La situation prépondérante que l'Angleterre prend en Europe à la fin du XVIe siècle.
En Angleterre, la Réforme a été l'œuvre des rois absolus. Quatre rois ou reines se sont succédé, et les Anglais ont été obligés de changer quatre fois de religion. Cela a abouti à l'établissement d'une religion officielle : l'anglicanisme, qui a été un compromis entre le calvinisme et le catholicisme.
En Écosse, le calvinisme, sous le nom de presbytérianisme, s'est établi à la suite d'une révolte des sujets contre la reine Marie Stuart. A la fin du XVIe siècle, l'Angleterre, jusque-là pays exclusivement agricole, commence à devenir une puissance industrielle et coloniale. Grâce à sa protection, elle a assuré la fortune de la Réforme dans de nombreux pays d'Europe.

RÉCITS

L'Angleterre sous Élisabeth.

La Réforme, en Angleterre, a été l'œuvre des rois absolus. Il y a bien une aristocratie, mais elle a été créée par les rois qui, après la guerre des Deux-Roses, ont reconstitué le baronnage anglais. Il y a encore des institutions, un jury, un parlement (Chambre des lords et Chambre des communes); mais les rois de la famille des Tudors sont les maîtres absolus. Au xvie siècle, quatre rois ou reines ont une religion différente et l'ont imposée à leurs sujets.

La Réforme a été préparée par une renaissance intellectuelle : l'humanisme. Ses principaux représentants ont été Colet, docteur d'Oxford, qui a voyagé en Italie, a commenté les épîtres de saint Paul, et qui a pour devise : *In fide et in bonis litteris*, « pour la foi et les belles-lettres ». Citons encore le Flamand Érasme, qui a passé une grande partie de sa vie en Angleterre et a fait l'*Éloge de la Folie* et une édition de la Bible; Thomas Morus, qui a écrit l'*Utopie* sur le modèle de la République de Platon. Ce ne sont pas des sectaires; la Réforme aboutira à un compromis.

Le successeur de Henri VII Tudor, Henri VIII, avait fait des études littéraires et théologiques. Léon X lui avait donné le titre de *Défenseur de la foi*, et il avait fait cardinal son ami Wolsey. Henri VIII était un voluptueux; marié à Catherine d'Aragon, il voulut faire annuler son mariage par le pape et essuya un refus. Le cardinal Wolsey fut envoyé en disgrâce et remplacé dans la faveur du roi par un clerc, Cranmer, et un laïque, Thomas Cromwel. Ces favoris furent les chefs du gouvernement, de 1530 à 1540. En 1538, Henri VIII fit l'*Acte de Suprématie*. Le chef de l'Église anglaise était désormais non le pape, mais le roi. Les évêques lui obéirent et annulèrent son mariage. Henri épousa Anna Boleyn et sécularisa les biens de tous les couvents. Mais il prétendit rester catholique et persécuta les hérétiques. Il devint un vrai Néron, fit décapiter l'évêque de Londres et la plupart des sept femmes qu'il avait épousées.

Il eut pour successeur son fils Édouard VI (1547-1553). Le gouvernement appartint aux deux favoris Warvick et Cranmer, qui partageait les idées de Calvin. Cranmer fit imposer le *Book of Common Prayer*, ou livre des communes prières, et un *symbole de 42 articles*. Les deux favoris obtinrent même d'Édouard VI qu'il écartât de sa succession au trône ses deux sœurs, Marie et Élisabeth, au profit d'un fils de Jane Grey, une des femmes de Henri VIII. L'opinion publique se révolta. Warvick fut arrêté et exécuté avec Jane Grey.

A Édouard VI succéda Marie Tudor, catholique fanatique, mariée à Philippe II. Alors s'ouvrit l'*Ère des Martyrs*. Cranmer fut jugé comme hérétique et exécuté. De nombreux partisans de la Réforme furent condamnés à mort.

Le règne de Marie la Sanglante dura peu. Élisabeth, fille de Henri VIII et d'une des femmes qu'il avait eues après son divorce, lui succéda. Comme elle n'était pas reconnue par les catholiques anglais, qui lui préféraient Marie Stuart, reine d'Écosse, elle s'appuya sur les partisans de la Réforme; mais elle n'aimait pas le calvinisme et préférait les cérémonies du culte catholique. Poussée par ses favoris, Guillaume Cecil et Robert Dudley, elle fit adopter un compromis entre le calvinisme et le catholicisme, et fonda l'*Anglicanisme*. Il est contenu dans la *Confession de foi des 39 articles*, rédigés par le Parlement. L'Anglicanisme conserve la plus grande partie des cérémonies du culte catholique : l'eau bénite, les cierges, le surplis, etc.; mais le culte doit être célébré en anglais. Élisabeth conserve même les évêques, qui sont nommés par le gouvernement. Pour tout le reste, elle suit les principes du calvinisme. L'Église anglicane devint l'Église officielle imposée à tous les Anglais.

La plus grande partie du règne d'Élisabeth (*fig.* 81) fut occupée par sa lutte contre la reine d'Écosse, Marie Stuart. L'Écosse, avec ses Highlands ou Hautes-Terres, habitées par des populations celtiques encore organisées en tribus, avec ses Lowlands ou Basses-Terres, habitées par des populations sédentaires à demi anglaises, appartenait alors à la dynastie des Stuarts. Les cinq rois qui avaient précédé Marie Stuart avaient passé la plus grande partie de leur règne à lutter contre des sujets révoltés, bergers des Hautes-Terres et nobles des Basses-Terres.

Fig. 81. — Élisabeth d'Angleterre.

Deux étaient morts en combattant. Le dernier roi, Jacques V, avait épousé une princesse de la famille des Guises, Marie de Lorraine. Il mourut en 1541, ne laissant qu'une fille, Marie Stuart. Celle-ci avait été fiancée au Dauphin de France, qui fut plus tard François II. Dès son enfance, elle fut envoyée en France pour y faire son éducation. Elle reçut celle qui était donnée aux princesses à l'époque de l'humanisme et de la Renaissance; mais elle eut le spectacle des mœurs dépravées de la cour de Henri II. Sa moralité devait en souffrir. En son absence, le gouvernement de l'Écosse fut laissé à sa mère, Marie de Lorraine. Celle-ci était une catholique ardente ; elle se heurta au fougueux prédicateur, disciple de Calvin, Jacques Knox, et au Parlement écossais, qui établit le calvinisme en Écosse comme religion officielle, sous le nom de *Presbytérianisme*. François II, son mari, étant mort, Marie Stuart revint en Écosse, en 1561, pour gouverner son royaume.

L'Écosse était en pleine révolte. La jeune veuve épousa son cousin, Henri Darnley ; mais elle s'en lassa bientôt et voulut s'en débarrasser. Darnley s'allia avec les ennemis de sa femme, fit envahir son palais par des gens armés, et fit tuer sous ses yeux son favori, l'Italien Rizzio. Marie Stuart, pour se venger, fit assassiner Darnley et épousa le meurtrier Bothwel. L'Écosse calviniste se souleva tout entière ; Marie Stuart, faite prisonnière, put s'enfuir et chercha un refuge auprès de sa cousine Élisabeth, reine d'Angleterre. Celle-ci lui accorda un asile et la retint dans une demi-captivité. Une conspiration de catholiques anglais se forma pour la délivrer et la mettre sur le trône d'Angleterre. Une lettre saisie sur elle la fit accuser d'avoir trempé dans la conspiration ; elle fut exécutée en 1587. Elle sut mourir avec courage.

Le fils de Marie Stuart, Jacques VI, héritier du royaume d'Écosse, accepta le presbytérianisme en Écosse ; héritier d'Élisabeth, il accepta l'anglicanisme en Angleterre. Chaque pays eut sa religion officielle.

En dehors de ces sectes officielles, il y avait en Angleterre d'autres sectes protestantes persécutées par l'Église officielle.

C'étaient : 1º les Puritains, qui trouvaient que la réforme, même calviniste, était insuffisante ; ils ne voulaient ni synodes ni consistoires ; ils n'admettaient que des réunions de fidèles pour prier ensemble, et la pure doctrine de l'Écriture ; — 2° les Quakers ou trembleurs, nom que leur donnent leurs ennemis, qui ne veulent même plus ni pasteurs, ni baptême. L'Écriture défend de jurer, ils refusent de prêter serment. D'eux sortiront plus tard les sectes des Méthodistes et des Mormons.

Lutte contre l'Espagne; la marine.

Nous avons vu les tentatives de Philippe II avec l'invincible Armada. Les flottes espagnoles détruites, les corsaires anglais firent la chasse aux galions et s'emparèrent de la Jamaïque. L'amiral Drake incendia Lisbonne et Cadix. Élisabeth envoya, comme nous l'avons vu dans le chapitre des explorations, de nombreux explorateurs rechercher le passage du nord-est. Arkhangel devint un véritable port anglais servant à l'exploitation commerciale de la Russie, alors en voie de formation. Au nord-ouest, les explorations de Cabot annoncent et préparent les voyages de Hudson, Davis et Baffin. La marine anglaise est fondée, les marchands à l'aventure sont répandus partout. Londres est déjà un grand entrepôt de 300 000 habitants. En même temps l'Angleterre, uniquement agricole, commence à devenir industrielle avec les émigrés chassés des Pays-Bas, qui apportent en Angleterre leurs procédés du tissage de la laine, et qu'Élisabeth installe à Norwich et dans d'autres bourgs. Ce sont les débuts de l'Angleterre industrielle. Ils coïncident avec l'époque du grand poète national, Shakespeare.

Élisabeth a résisté victorieusement à Philippe II, elle a aidé les Hollandais, elle a contribué à la victoire de Henri IV, elle a protégé les Vaudois persécutés par le duc de Savoie, elle a été le champion de la Réforme en Europe, comme Philippe a été le champion du catholicisme.

A lire :

1° MIGNET, *Marie Stuart.*
2° GREEN, *Histoire du Peuple anglais.*
3° TAINE, *Histoire de la Littérature anglaise.*

CHAPITRE XIII.

LES LUTTES INTÉRIEURES EN FRANCE DE 1559 A 1610.

Les partis; la Ligue; Henri IV; l'édit de Nantes. Rétablissement de l'autorité royale.

SOMMAIRE

Les premières idées de réforme ont apparu en France sous François Ier, en dehors de l'influence de Luther ou de Calvin ; elles se sont répandues surtout au milieu du XVIe siècle, grâce à la propagande calviniste, et principalement parmi les nobles. Le royaume, divisé en deux factions irréconciliables : *papistes* et *huguenots*, a été, pendant plus de quarante ans, en proie à des guerres civiles atroces. Le pouvoir royal, affaibli par plusieurs minorités successives et par les guerres intérieures de la Ligue, a failli sombrer sous les coups d'une violente réaction à la fois nobiliaire, cléricale et démagogique. La situation n'a pris fin qu'avec le règne réparateur de Henri IV. Son œuvre a été triple : 1° il a dû faire la conquête de son royaume sur la Ligue et les Espagnols ; 2° il a rétabli la paix religieuse par l'édit de Nantes ; 3° il a rétabli le pouvoir royal et la prospérité publique.

RÉCITS

Les partis.

L'introduction de la Réforme en France a précédé Luther et Calvin. Les idées de réforme se confondent avec le mouvement de la Renaissance française; les savants humanistes traduisent les Écritures. Le Fèvre d'Etaples donne une traduction de la Bible; des évêques, des prêtres, des poètes et même des femmes, groupés autour de Briçonnet, évêque de Meaux, forment le cénacle de Meaux, demandent des réformes et sont protégés par la sœur de François Ier, Marguerite d'Alençon. Marot traduit les Psaumes. François Ier fut d'abord incertain sur la conduite à tenir; il offrit même une chaire du Collège de France aux partisans de la Réforme, Mélanchthon et Érasme. Mais il eut à compter avec la Sorbonne, qui demandait, au nom de l'Université de Paris, des persécutions contre les hérétiques; il laissa brûler des savants qu'il avait d'abord protégés, comme Berquin et Étienne Dolet. En 1535, François Ier arrêta un moment la persécution par l'Édit de Noyon, qui permit à Calvin fugitif de revenir dans sa ville natale. Mais bientôt François Ier recommença les persécutions et fit massacrer les Vaudois, qui, depuis le XIIe siècle, vivaient en paix dans les montagnes du Vivarais. Les réformateurs étaient jusqu'alors peu nombreux et isolés; mais pendant les guerres de Philippe II, de nombreux disciples de Calvin, venant de l'académie de Genève, firent en France, surtout dans l'armée, de nombreux prosélytes. En 1559, une assemblée, réunissant les délégués de 250 communautés calvinistes de France, se tint à Paris. D'une autre assemblée sortit la Confession de

La Rochelle ou Confession calviniste de l'Église réformée de France.

Henri II, inquiet, signa la paix de Cateau-Cambrésis avec Philippe II et publia l'Édit d'Écouen, qui n'ordonnait qu'une peine, la mort, contre les réformés. Ils allaient être exterminés, quand Henri II mourut, blessé à mort dans un tournoi par un de ses gentilshommes, Montgomery.

Henri II laissait, pour lui succéder, son fils, François II, enfant malade et incapable de gouverner. Le gouvernement fut laissé aux oncles du roi, le duc et le cardinal de Guise, tout dévoués au catholicisme et s'appuyant sur le clergé. Beaucoup de mécontents et surtout des nobles, soldats licenciés, se groupèrent autour d'un prince du sang, le prince de Condé, et le duc de Montmorency. Pour répondre aux persécutions des Guises contre les calvinistes, les nobles protestants essayèrent d'enlever le roi. Ce fut la conjuration d'Amboise, qui n'aboutit pas. Le prince de Condé, condamné à mort, allait être exécuté, quand François II mourut. Le parti protestant était sauvé.

Fig. 82. — Catherine de Médicis.
(D'après un manuscrit.)

François II eut pour successeur son frère, Charles IX, âgé de dix ans. Sa mère, Catherine de Médicis (*fig.* 83), fille d'un duc de Toscane, intelligente, mais astucieuse et ambitieuse, devint l'ennemie des Guises qui voulaient conserver le pouvoir. Elle n'a aucun scrupule religieux. Elle cherche d'abord à tenir l'équilibre entre les calvinistes, qui sont pour la plupart des nobles habitués à la guerre et qui forment la plus grande partie de l'armée du roi, et les catholiques, qui s'appuient sur le clergé et la famille des Guises. Comme régente, elle appelle au pouvoir le chancelier Michel de L'Hôpital, un des rares champions de la tolérance, qui réunit à différentes reprises les États généraux pour leur faire adopter ses idées de concorde. Les États généraux réunis en 1560, à Orléans, sur le modèle des États de 1484, adoptèrent dans leurs cahiers les idées de L'Hôpital : « Otons, disait-il, ces noms de huguenots et de papistes, et gardons celui de chrétiens. » Il décida, par l'édit de Romorantin, que la connaissance des crimes d'hérésie serait transportée des tribunaux d'église aux tribunaux du roi, et que la peine de mort serait remplacée par le bannissement; il essaya des discussions publiques entre les docteurs catholiques et calvinistes, comme dans le colloque de Poissy. Par l'édit de Saint-Germain, il autorisa la pratique de la religion calviniste hors des villes fermées.

Mais les idées de Michel étaient contraires à l'esprit d'intolérance de l'époque. Les deux partis entrèrent en guerre, les catholiques sous la direction de la famille des Guises, et surtout de François de Guise; les calvinistes, sous la conduite des familles de Bourbon et de Montmorency. Les guerres de religion commencèrent. Il y en eut quatre sous Charles IX (1560-1574), trois sous Henri III (1574-1589), interrompues par des trêves et des paix mal établies. Les deux partis procédaient par des incendies, des massacres et des assassinats. Dans le parti catholique, Montluc se vantait qu'on pût reconnaître son chemin aux pendus accrochés aux arbres. Dans le parti protestant, le baron des Adrets incendiait les églises et les couvents, massacrait les prêtres, les moines et les nonnes. Citons le massacre de protestants paisibles à Vassy par les gens du duc de Guise, l'assassinat de François de Guise (1563) par le protestant Poltrot de Méré. Au début, le parti catholique, parti royal renforcé par des mercenaires étrangers, fut victorieux, et, après des guerres confuses, localisées principalement au nord et au sud du seuil du Poitou, dans les régions de la Loire et de la Charente; après les batailles de Saint-Denis, Jarnac et Moncontour, les protestants furent rejetés dans le Midi. Catherine de Médicis ne voulait pas d'abord l'extermination des protestants, pour ne pas tomber sous le joug des Guises. Après de longues hésitations, elle résolut de frapper un grand coup et organisa le massacre de la Saint-Barthélemy. A l'occasion du mariage de sa fille avec Henri de Bourbon, elle attira au Louvre, pour des fêtes magnifiques, la plupart des nobles calvinistes. Après bien des hésitations, le roi Charles IX, âgé de 21 ans, consentit au massacre. « Tuez-les tous », dit-il. Dans la nuit du 24 août 1572, le tocsin de

Fig. 83. — Les frères Coligny.

l'église Saint-Germain-l'Auxerrois retentit. Des bandes armées se répandirent dans le château du Louvre et dans les rues de Paris. Charles IX lui-même, dit-on, tira de sa fenêtre du palais du Louvre sur les fugitifs qui essayaient de traverser la Seine à la nage. Coligny (*fig.* 83) fut assassiné. Le Béarnais Henri, caché dans les appartements de sa femme, abjura pour échapper à la mort. Dans les provinces, les mêmes scènes d'horreur eurent lieu.

Mais l'extermination ne put être complète; la guerre civile se ralluma. On vit apparaître alors, outre les partisans catholiques et protestants, un parti intermédiaire, celui de la tolérance, représenté par les Politiques, le duc d'Alençon et les Montmorency.

La Ligue.

Les Politiques firent accepter leurs vues à Henri III (1574-1589), frère et successeur de Charles IX. Le roi voulut accorder la liberté du culte, mais les calvinistes exigèrent des garanties. Henri III accorda des places de sûreté où ils pourraient établir des garnisons. Ces concessions irritèrent le parti catholique; il devint un parti anti-royal et forma une association religieuse et politique, *la Ligue*. La Ligue commença à s'organiser en Picardie en 1576, mais établit bientôt son centre à Paris. Ceux qui s'engageaient dans l'association faisaient le serment de mettre leurs personnes et leurs biens au service de la religion catholique contre les hérétiques. Ce fut une association armée qui s'appuya sur les bourgeois et les milices des villes. A Paris principalement, elle avait une organisation religieuse, démocratique et militaire. Paris était divisé en 16 quartiers, et était administré par les Seize, délégués des quartiers. La Ligue avait des ramifications dans toutes les villes du nord et de l'est du royaume. Elle avait pour chef le fils de François de Guise, le duc Henri, surnommé *le Balafré*. Elle était alliée au pape et au roi d'Espagne.

Les protestants furent refoulés au sud-ouest, où la Rochelle était leur centre principal. Leur chef, le Béarnais Henri de Bourbon, déjà roi de Navarre, protestant peu convaincu, était l'héritier présomptif de la couronne. Le roi Henri III essaya d'abord de se maintenir contre les deux partis de Guise et de Henri de Navarre; mais les Parisiens, poussés par Henri de Guise, voulurent forcer le roi à déclarer Henri déchu de tous ses droits au trône. Une émeute parisienne, organisée par la Ligue, donna lieu à la journée des Barricades (12 mai 1588). Henri III put s'échapper et fit assassiner le duc de Guise au château de Blois, où il l'avait appelé pour une entrevue. « Je suis redevenu roi de France », s'écria-t-il en contemplant le cadavre de son ennemi, « j'ai fait tuer le roi de Paris. » Il n'eut d'autre ressource que de s'allier à Henri de Navarre. Les débris de l'armée royale et l'armée protestante allèrent mettre le siège devant Paris. Henri III y fut assassiné par un fanatique, le moine Jacques Clément. L'héritier présomptif était Henri IV, mais il devait conquérir son royaume.

Henri IV (1589-1610).

Henri IV était le fils d'Antoine de Bourbon, appartenant à une famille apanagée qui datait de saint Louis. Il avait été élevé très simplement, comme un berger béarnais, par sa mère Jeanne d'Albret (*fig.* 84), et avait reçu une éducation calviniste. Tout jeune, il prit part aux principales batailles des guerres de religion et échappa difficilement à la Saint-Barthélemy. Il dut rester dans une demi-captivité au milieu des plaisirs, mais put s'échapper et alla se mettre à la tête des protestants. Il s'allia à Henri III et était au siège de Paris au moment de l'assassinat du roi.

Henri IV, héritier du trône, ne pouvait s'emparer de Paris, où dominait la Ligue. Avant de tenter l'assaut, Henri IV voulut se rendre sur les côtes de Normandie pour chercher les secours que lui avait promis Élisabeth d'Angleterre. Le chef de l'armée catholique, Mayenne, frère de Henri de Guise, le poursuivit et l'atteignit à Arques. Battu,

Fig. 84. — Jeanne d'Albret.

Mayenne se dirigea vers l'est, fut atteint et écrasé à Ivry. Henri IV reprit le siège de Paris (1590). Le siège dura trois ans; les habitants souffrirent de la famine. Pour exciter les courages, les chefs de la Ligue firent faire des processions armées, où prêtres, moines, hommes, femmes et enfants étaient affublés d'armes et d'instruments du culte. De fougueux prédicateurs lançaient l'anathème contre les indifférents. Les excès de la Ligue firent naître parmi les bourgeois parisiens un parti d'opposition. La *Satire Ménippée* ridiculisa les ligueurs et les États généraux de 1593 où l'on vit l'envoyé du roi d'Espagne revendiquer les droits de sa fille Claire-Isabelle. Le Parlement, dont plusieurs membres avaient été exécutés par les ligueurs, fit valoir la loi salique et reconnut Henri IV.

Celui-ci abjura en 1593 et fit son entrée à Paris en 1594; mais il lui fallut chasser les Espagnols et soumettre les ligueurs. Le gouverneur des Pays-Bas espagnols, Alexandre Farnèse, avait, à différentes reprises, ravitaillé Paris, et jamais Henri IV n'avait osé lui livrer bataille en rase campagne. La lutte continua jusqu'en 1598; elle fut marquée par le brillant combat de Fontaine-Française, qui débarrassa la Bourgogne d'une invasion espagnole venue de Franche-Comté. Le traité de Vervins (1598) stipula la restitution de toutes les conquêtes. Le duc de Savoie, qui avait pris part à la guerre comme allié de Philippe II, fut vaincu et, par le traité de Lyon (1601), dut céder le pays de Gex, le Bugey et la Bresse. La royauté continuait son mouvement d'extension vers l'est.

Les nobles catholiques, gouverneurs des provinces, dont ils auraient voulu devenir les propriétaires indépendants et héréditaires, persistaient dans la lutte. Henri IV fut obligé de leur racheter son royaume au prix de grosses sommes d'argent. En 1598, il fut vraiment roi de France.

Édit de Nantes.

La grande question qui restait à régler était la question religieuse. Les huguenots, mécontents de l'abjuration de Henri IV, prenaient des précautions et s'étaient organisés. Ils avaient divisé le royaume en neuf cercles, avec chacun son administration religieuse, politique et militaire. Une assemblée générale, formée de députés de tous les cercles, devait décider des affaires communes; ils cherchaient même à se donner un protecteur, au besoin étranger, et à créer ainsi dans le royaume une république fédérative sur le modèle des Pays-Bas. En outre, beaucoup de catholiques continuaient à regarder Henri IV comme un scélérat; des prédicateurs fulminaient contre lui.

Henri IV (*fig.* 85) résolut de rétablir la paix religieuse; il rendit l'*Édit de Nantes* en 1598. Il accorda la liberté du culte dans tous les châteaux jouissant du droit de haute justice, dans deux villes par bailliage, et partout où le culte réformé était établi en 1598. Les protestants avaient les mêmes droits civils et politiques que les catholiques. Ils recevaient même des garanties, places de sûreté pouvant recevoir des garnisons protestantes payées par le roi pendant 20 ans; dans chaque Parlement, une chambre mi-partie devait juger les procès entre catholiques et protestants. Enfin ils pouvaient conserver leur assemblée politique à condition qu'aucun étranger n'y prendrait part.

Dans l'esprit de Henri IV, ces garanties n'étaient que transitoires; son but était de les faire disparaître lorsque la paix religieuse aurait amené la confiance des calvinistes. Mais l'édit de Nantes a imposé le régime de la tolérance en France; dans tous les autres pays d'Europe sévissait l'intolérance. Les catholiques intransigeants furent très mécontents de l'édit de Nantes. Des complots et des attentats furent dirigés par eux contre la personne du roi. Citons ceux de Barrière en 1593, de Jean Châtel en 1594, qui blessa le roi; on eut la preuve que ce dernier avait été poussé par un confesseur jésuite qui lui avait promis le ciel; les jésuites furent expulsés du royaume. En 1610, Henri IV mourut, frappé par le couteau d'un fanatique, Ravaillac.

Fig. 85. — Henri IV (par Porbus).

Rétablissement de l'autorité royale.

Débarrassé de la guerre étrangère et de la guerre civile, Henri IV entreprit le rétablissement de la prospérité publique et de l'autorité royale. La misère était atroce, à tel point qu'en 1596 avait eu lieu le soulèvement des paysans ou croquants. « Je me ferais volontiers croquant », dit Henri IV, et, au lieu de sévir contre eux, il leur consentit des remises d'impôts, diminua la taille et, par une ordonnance, il interdit d'arrêter un paysan pour dette, de lui enlever ses instruments de labour; il réglementa le droit de chasse des nobles et ordonna le desséchement de nombreux pays marécageux, et l'établissement des routes. « Pâturage et labourage sont les deux mamelles de la France;..... je veux que chaque dimanche le paysan mette la poule au pot ».

Dans les villes en ruines, l'industrie des métiers n'existait plus. Or, depuis longtemps, les classes riches, nobles et bourgeois, s'étaient habitués au luxe des appartements, de l'habillement et des vivres, et s'approvisionnaient principalement en Italie et dans les Pays-Bas. Henri IV décida que les objets de luxe seraient désormais fabriqués en France, et il chargea un agronome distingué, Olivier de Serres, de faire connaître, dans son *Théâtre de l'agriculture*, la culture du mûrier et l'élevage du ver à soie. Plus de 20 000 mûriers furent plantés dans la vallée du Rhône, dans la vallée de la Loire et jusque dans les jardins du Louvre. Pour faciliter l'apprentissage des ouvriers français, il créa des manufactures royales sous la direction de chefs étrangers, et introduisit en France l'industrie des glaces et des tapis. Enfin, il brisa les règles étroites des corporations en autorisant l'achat de la maîtrise moyennant une somme d'argent payée au roi.

Pour faciliter le commerce, il organisa les travaux publics ; outre de belles routes plantées d'arbres, on lui doit la création du canal de Briare et les premières études du canal du Midi. Il renouvela les capitulations ou traités signés entre François Ier et le sultan des Turcs. Champlain fondait la colonie du Canada.

Avant d'entreprendre cette œuvre, Henri IV avait réuni en 1598, à Rouen, des notables choisis par lui dans les trois ordres et leur déclara qu'il voulait se mettre en tutelle entre leurs mains. Les notables le prirent au mot et nommèrent un Conseil de Raison pour vérifier les finances royales. Henri IV accepta cette tutelle. « Je l'entends, dit-il, mais avec mon épée au côté. » En fait, le gouvernement du roi fut tempéré, mais absolu.

Il eut pour principal collaborateur un ancien compagnon d'armes, resté calviniste, le baron de Rosny, duc de Sully, qui fut à la fois son surintendant des finances, son grand-maître de l'artillerie, et son grand-voyer. Pour empêcher les nobles de garder les impôts qu'ils levaient sur le peuple, Sully faisait des tournées avec une suite militaire et les forçait à rendre gorge. Il fit payer aux magistrats le droit de la Paulette pour conserver l'hérédité des charges. Grâce à ses économies, il put faire une réserve de 20 millions. Après la mort de Henri IV, sous le règne de Louis XIII, Sully, disgracié et mécontent, a prêté à Henri IV, dans ses *Mémoires* ou *Économies royales*, des projets fantastiques. D'après lui, le roi songeait à former une ligue de tous les États européens contre la maison d'Autriche, à assurer la prépondérance de la France et à prendre ensuite la direction d'une croisade générale de l'Europe chrétienne contre les Turcs. Rien ne prouve que Henri IV eût ces idées au moment où il tomba sous les coups d'un assassin. Henri IV, le Béarnais ou le Vert Galant, n'en est pas moins resté le plus sympathique et le plus populaire de nos rois.

A lire :

1° FORNERON, *Histoire des Ducs de Guise.*
2° POIRSON, *Histoire de Henri IV.*

IIIᵉ PARTIE

L'EUROPE DE 1610 A 1660

CHAPITRE XIV.

ÉTABLISSEMENT DE LA MONARCHIE ABSOLUE EN FRANCE.

Richelieu, Mazarin, la Fronde.

SOMMAIRE

Après les troubles d'une minorité où nobles et favoris se disputèrent les économies de Henri IV, le cardinal de Richelieu vint à bout, par un système de compression, des nobles, des protestants, du Parlement, de l'Église et de tous les obstacles qui s'opposaient à l'autorité royale; il fut l'organisateur du pouvoir central et de l'administration provinciale. A la mort de Louis XIII (1643), la minorité de Louis XIV et les haines déchaînées contre le premier ministre, le cardinal italien Mazarin, amenèrent la Fronde, tentative peu sérieuse de réaction nobiliaire, parlementaire et démagogique. La royauté sortit plus forte de cette crise passagère, et, avec le gouvernement personnel de Louis XIV, s'acheva une longue évolution, l'établissement de l'absolutisme.

RÉCITS

Richelieu.

Les guerres de religion avaient interrompu l'œuvre de François Iᵉʳ et de Henri II, l'établissement de la monarchic absolue en France. Le couteau de Ravaillac avait frappé Henri IV au moment où il achevait de reconstituer l'autorité royale, et l'on put voir, à sa mort, que les institutions royales, sans la main énergique d'un roi, étaient insuffisantes pour maintenir chacun dans l'ordre.

Henri IV ne laissait qu'un enfant, Louis XIII, issu de son mariage avec l'Italienne Marie de Médicis. Les anciens serviteurs de Henri IV, espérant travailler pour eux, firent réunir le Parlement, l'entourèrent de gens armés et lui firent conférer la tutelle et la régence à la reine-mère. Celle-ci en profita pour écarter tous les amis de Henri IV et donna le pouvoir au favori italien, mari de sa sœur de lait, Concini. Celui-ci ne songea qu'à s'enrichir, fit contracter une alliance avec l'Espagne et le mariage du jeune roi avec l'infante Anne d'Autriche. Pour faire taire les nobles soulevés au nom du bien public, mais aussi avides que lui, Concini réunit les États généraux de 1614. Ce ne fut qu'une comédie; chacun des trois ordres ne songea qu'à ses intérêts, la noblesse qu'à ses pensions; le clergé réclame la fin du Concordat, les bourgeois des villes demandent l'hérédité des charges. Ils n'aboutissent à rien.

Concini fut assassiné à l'instigation d'un page du jeune roi, de Luynes, qui devint le favori de l'indolent Louis XIII et se fit combler de titres et de pensions. Marie de Médicis fut exilée à Bordeaux. Les nobles prirent parti pour elle et se soulevèrent contre le roi. Les protestants, inquiets, s'agitèrent dans le Midi; de Luynes alla les combattre et mourut au siège de Montauban. C'est à ce moment qu'entre en scène Richelieu, le futur organisateur de la monarchie absolue en France.

Armand Duplessis de Richelieu (*fig.* 86) se destina d'abord à la carrière militaire, puis, après la mort d'un frère cadet, il entra dans les ordres pour ne pas abandonner l'évêché de Luçon, qui, par tradition, appartenait à la famille. Il se fit remarquer comme député du clergé aux États de 1614, y connut Marie de Médicis et devint son confesseur. Il flatta Concini, qui le fit entrer au Conseil (1616). Entraîné

Fig. 86. — Richelieu (par Philippe de Champagne).

dans la chute du favori, il approuva le soulèvement des nobles. Enfin, en 1623, il réconcilia, à Angoulême, le roi avec sa mère, Marie de Médicis, et devint le ministre dirigeant de Louis XIII. Le roi, s'il ne l'aime pas, le comprend, l'estime et le soutient envers et contre tous jusqu'à sa mort (1642).

Ce qui distingua Richelieu, c'est la netteté des conceptions et la volonté. En prenant le pouvoir, il voit la situation, il expose son programme : il veut ruiner le parti huguenot, rabaisser l'orgueil des grands, réduire les sujets en leur devoir, relever le nom du roi dans les nations étrangères. Il ne voit que la raison d'État. L'État, le roi, son premier ministre, tout cela ne fait qu'un à ses yeux. Depuis l'édit de Nantes, les huguenots avaient une organisation religieuse, politique et militaire. Ils avaient quatre espèces d'assemblées religieuses, formées de pasteurs et d'anciens : le consistoire de chaque communauté, le colloque par district, le synode provincial, le synode national. Henri IV leur avait permis d'entretenir auprès du roi deux mandataires choisis sur une liste de candidats élus par une assemblée générale. En 1611, les protestants avaient ajouté à cette assemblée générale des assemblées provinciales, avec des commissions permanentes ou conseils provinciaux, et des assemblées de cercles réunissant les délégués de plusieurs provinces. En 1621, l'assemblée générale de la Rochelle avait donné aux protestants une organisation militaire par l'*ordre et règlement général de milices et de finances*. La France protestante était divisée en huit départements ou commandements militaires, à la tête de chacun desquels un chef était placé. Un général généralissime devait commander les forces réunies, nommer à toutes les charges militaires et financières, lever les impôts pour l'entretien des troupes : c'était organiser au sein du royaume une véritable république.

Richelieu, quoique évêque catholique, dit qu'en matière d'État, il préfère un huguenot français à un Espagnol : mais il faut détruire le parti politique et militaire dont veulent se servir des grands seigneurs protestants, les Bouillon, les Rohan, les Soubise. Alors commence une lutte qui aboutit à la défaite des huguenots dans le Midi; elle se termine par la prise de Montauban et surtout par celle de la Rochelle.

Pour en venir à bout, Richelieu a fait fermer le port de cette dernière ville aux Anglais par une digue fortifiée ; la ville affamée a dû se rendre. Victorieux, Richelieu accorda aux protestants la paix d'Alais (1629), qui leur laissa la liberté civile et religieuse de l'édit de Nantes, mais leur enleva tous les privilèges politiques et militaires ; il accorda une amnistie à ceux qui avaient porté les armes. Il veut, disait-il au roi, ôter la faction du milieu de ses sujets, le reste étant un ouvrage qu'il faut attendre du ciel. En effet, le pouvoir central fut plus tolérant que les pouvoirs locaux.

Richelieu, ennemi des protestants et cardinal, fut toujours en lutte avec le pape. Il voulait, comme la Sorbonne, comme le Parlement, l'indépendance de l'Église gallicane, et aurait voulu se faire nommer légat ou patriarche. En outre, il fait surveiller le clergé et ses assemblées. En 1630, lors de la brouille du roi et de la reine-mère, il défend aux curés de parler du respect des enfants envers leurs parents.

Il fallait mettre à la raison les nobles qui s'étaient habitués à l'insolence envers le pouvoir royal, et, en particulier, les princes du sang, qui, pour la plupart, gouverneurs de provinces, s'y étaient constitué une clientèle de nobles armés, devenus leurs domestiques. Richelieu les considère comme les ennemis du roi et les siens ; il est inexorable ; il fait des exemples et frappe les plus haut placés par des commissions judiciaires choisies en dehors du Parlement, et dont il désigne les membres. Il n'épargne ni le faible Gaston, frère du roi, ni même la reine-mère, Marie de Médicis, à laquelle il doit sa fortune ; il fait raser les châteaux forts des nobles, sauf ceux des frontières, fait condamner les rebelles par les commissions du Parlement ou Grands Jours ; il défend les duels et fait décapiter le duc de Montmorency-Bouteville, qui a bravé sa défense ; il fait exécuter Chalais, chef du parti de l'*Aversion*. Après la

Journée des Dupes, le chancelier Marillac, qui a voulu prendre sa place, est exécuté, la reine-mère exilée; le roi a préféré le premier ministre à sa mère et à sa femme. Montmorency, qui a soulevé le Languedoc, paye de sa tête sa rébellion et son alliance avec l'Espagne; le comte de Soissons, coupable du même crime au nord, subit le même sort. Des jeunes gens, Cinq-Mars et de Thou, payent de leur vie une tentative d'assassinat sur le premier ministre.

Le Parlement aurait voulu jouer un rôle politique en vertu de son droit d'enregistrement et de remontrances. Richelieu lui défend de s'occuper des affaires de l'État. Il lui interdit la formule : « Nous ne pouvons ni ne devons enregistrer un édit »; il porte même atteinte à sa juridiction, en lui enlevant les jugements qu'il confie à des commissions spéciales.

Quant au peuple, Richelieu ne s'en occupe pas; les *Nuds-Pieds*, ou paysans insurgés de Normandie, sont pendus et roués, sans que les condamnés aient été ni vus ni entendus. Il a comparé le peuple aux mulets, qui se gâtent par un long repos plus que par le travail.

Cependant Richelieu cherchait à se ménager l'opinion publique. Il avait à sa solde des écrivains qu'il chargeait de confondre les ennemis du roi et les siens; il encouragea le médecin Renaudot à éditer la *Gazette de France* et lui envoyait des articles faits par lui. Il fonda l'Académie française, chargée de réglementer la littérature.

Richelieu ne s'est pas contenté de détruire tous les obstacles qui s'opposaient à l'autorité royale; il a voulu organiser le despotisme en théorie et en pratique. Il charge le conseiller d'État Lebret, en 1632, de rédiger le *Traité de la Souveraineté du Roi*. On y trouve ces mots : « Il n'est pas permis de résister au roi. » Il a perfectionné des institutions qui tendaient à l'absolutisme; il en crée d'autres. Après avoir supprimé les grandes charges de connétable et de grand-amiral, il concentre dans sa personne tous les grands pouvoirs de l'État. Il rétablit l'institution des *secrétaires d'État* pour les affaires particulières ; ce sont les futurs ministres de Louis XIV ; avec Richelieu, ce ne sont que les commis du premier ministre. Il a achevé l'organisation de la machine administrative. De nombreux règlements ont défini la composition et les attributions du *Conseil d'État*. Avant Richelieu, le Conseil comprenait les conseillers de robe courte, grands seigneurs ecclésiastiques et laïques, dont le titre était honorifique et le travail nul ; les conseillers de robe longue, seuls, étaient de véritables magistrats. Richelieu fit cesser la rivalité de ces deux classes de conseillers. « Ce sont toutes robes longues qui tiennent le Conseil ; aucuns hommes d'épée, fort peu d'évêques y entrent. » Le Conseil d'État devint un corps de fonctionnaires nommés par le roi et révocables sans vénalité, ni *paulette*, généralement présidés par le chancelier. Ils furent divisés en conseillers ordinaires, semestres, quadrimestres, selon le temps qu'ils siégeaient. Un règlement de 1630 le divise en sections : le mardi, il siégeait sous le nom de *Conseil des dépêches*, il agissait comme un ministre de l'intérieur ; le mercredi, sous le nom de *Conseil de grande direction*, il fixait le chiffre de l'impôt ; le jeudi, sous le nom de *Conseil de petite direction*, il s'occupait de contentieux financier ; le samedi, sous le nom de *Conseil des parties*, il évoquait certains procès qui lui étaient réservés. Le Conseil d'État a, de 1624 à 1643, rendu plus de 48 000 arrêts sous cette forme : « Le roi en son Conseil arrête.... »

Richelieu a repris une institution déjà essayée sous Henri II, et a créé des agents du pouvoir central. Ce sont les *intendants de justice, police et finances* ; ils sont chargés de tout surveiller, vérifier, et de décider en dernier ressort ; ils sont même inspecteurs des revues des armées. Ils sont en relations constantes avec le Conseil des dépêches ; ils sont nommés, révocables, et ne dépendent que du roi et de son premier ministre. Richelieu a envoyé les intendants en missions temporaires dans presque toutes les provinces. « Ils frappèrent la noblesse et la magistrature à l'œil. » Les Parlements entrèrent en lutte avec eux ; le Parlement de Bordeaux décréta l'intendant Servien d'arrestation. Ils furent supprimés pendant la Fronde. Louis XIV les rétablit et divisa la France en intendances.

L'armée fut une des préoccupations de Richelieu : elle comprenait des mercenaires nobles ou roturiers, français ou étrangers, organisés en régiments sur le modèle des tercios espagnols. Henri IV n'avait jamais eu plus de 30 000 fantassins, 4 000 cavaliers. En 1630, Richelieu disposait de 146 000 fantassins et 15 000 cavaliers. Il est le créateur de la hiérarchie militaire, du secrétariat de la guerre ; toute l'administration militaire fut confiée aux gens de robe longue, c'est-à-dire aux civils.

Comme surintendant de la navigation, *l'amiral d'eau douce*, comme on l'appelait, Richelieu dota la France d'une marine ; il créa une flotte du Ponant ou de l'Océan, comprenant des vaisseaux à voiles ; une marine du Levant sur la Méditerranée, comprenant des galères ou vaisseaux à rames. Il put avoir 40 vaisseaux. Son but était de lancer la France dans les expéditions coloniales ; il prit pour modèle les Hollandais et fonda plusieurs compagnies de navigation privilégiées :

1º La compagnie du Morbihan, pour le Ponant et le Levant ; elle ne put se constituer ;

2º La compagnie de la Nouvelle-France : Champlain, gouverneur, transporta 3 000 colons au Canada et fonda Québec ;

3º La compagnie normande du Sénégal, qui fonda Saint-Louis ;

4º La compagnie des côtes orientales d'Afrique, qui fonda Fort-Dauphin, à Madagascar ; ces entreprises n'aboutirent à rien ; elles seront reprises par Colbert.

Nous verrons l'œuvre extérieure de Richelieu; il y a une ombre au brillant tableau de son gouvernement : la détresse financière du royaume pendant la même période. A ce point de vue, Richelieu avouait son incompétence; voici le témoignage d'un contemporain ajouté à ceux des paysans soulevés dans beaucoup de provinces : « Celui qui jette un coup d'œil sur les frontières pillées et dévastées, au point qu'on n'y aperçoit plus traces de maisons, la plupart des habitants réduits à vivre dans les bois et beaucoup se livrant au brigandage, doit avouer que le pays ne pourra soutenir longtemps les charges qui lui sont imposées. »

Mazarin.

C'était un Italien de basse origine, qui entra dans les ordres et fut employé par le pape dans des négociations avec le roi de France. Richelieu le remarqua, se l'attacha et le prit pour confident en 1639. Après la mort du Père Joseph, il le fit entrer au Conseil, lui fit donner le chapeau de cardinal et le recommanda à Louis XIII pour lui succéder.

Mazarin était très souple et astucieux. Il sut devenir le favori d'Anne d'Autriche, femme de Louis XIII, quoiqu'elle fût l'ennemie de Richelieu; il eut toujours sur elle un empire absolu et vécut dans son intimité.

Louis XIII mourut en 1643, laissant comme héritier Louis XIV, âgé de cinq ans. Son testament instituait régente Anne d'Autriche; mais elle devait partager le pouvoir avec un Conseil de régence où devaient entrer, avec les princes du sang, Gaston, Condé, Mazarin et quelques autres. Chacun voulant jouer le premier rôle et faire sa cour à la reine-mère, tous s'entendirent pour faire casser le testament par le Parlement de Paris. Anne d'Autriche fut déclarée régente et libre de tout conseil de régence.

Mazarin resta seul et fut premier ministre, distribua des pensions, — la reine est si bonne, disait-on ; — peupla les Conseils et les secrétariats d'État de ses créatures ; les finances furent confiées à Particelli d'Emery, l'administration de la guerre à Michel Le Tellier, le père de Louvois. Mazarin accumula une immense fortune pour lui et ses nièces, les Mancini.

Une cabale des *Importants*, qui voulaient tuer le *Faquin*, fut vite réprimée ; le duc de Beaufort fut enfermé à Vincennes ; les Vendôme et la duchesse de Chevreuse furent exilés sur leurs terres. Mazarin resta au pouvoir jusqu'à sa mort (1661).

La Fronde.

La *Fronde* a été une guerre civile compliquée de la guerre étrangère, amenée par la lutte de Mazarin contre le Parlement, les nobles et le peuple de Paris. Elle fut provoquée par des difficultés financières. La victoire de Nordlingen (1645) retarda l'explosion des plaintes générales. Mais de nombreux édits bursaux (édit du toisé sur les constructions, taxes des aisés ou emprunts forcés, édit du tarif ou droits sur les marchandises, vente d'offices inutiles, retenue d'un semestre de traitement enlevé aux magistrats) firent des mécontents ; par l'édit du rachat, les magistrats conservaient le *droit de la paulette* ou hérédité des charges, mais moyennant une retenue de quatre années de gages ; on faisait exception pour le Parlement de Paris. Ces édits mécontentèrent le peuple de Paris et les membres des Cours Souveraines : c'étaient la Chambre des comptes, la Cour des aides, le Grand Conseil, le Parlement.

Le principal Parlement était le Parlement de Paris, qui avait sous sa juridiction un territoire équivalant à 31 de nos départements actuels ; il jugeait en première instance, mais surtout en appel. Il comprenait plusieurs Chambres : 1° la Grand'Chambre pour les séances solennelles ; — 2° la Chambre des enquêtes, où étaient les magistrats les plus nombreux, les plus jeunes, les plus turbulents ; — 3° la Chambre des requêtes ; —

Fig. 87. — Le cabinet d'un homme de loi au XVIIe siècle.

4° la Chambre des Tournelles ou Chambre criminelle, où les magistrats jugeaient à tour de rôle. Le Parlement comprenait 300 membres, conseillers, maîtres des requêtes, présidents de Chambres, présidents à mortier, procureur, avocat général. Tous avaient acheté leurs charges très cher, étaient peu payés, recevaient des épices ou cadeaux des plaideurs; mais ils étaient très considérés, très indépendants et formaient une véritable noblesse.

Le Parlement voulut user de son droit d'enregistrement et de remontrances, et jouer un rôle politique, comme le Parlement anglais, corps élu, le faisait en ce moment. Le 13 mai 1648, il rendit l'*arrêt de l'Union*; il déclarait faire cause commune avec les autres Cours et invitait celles-ci à envoyer des conseillers à la Chambre Saint-Louis. Cet arrêt fut cassé par le gouvernement, mais on n'en tint pas compte. La réunion des délégués des Cours Souveraines eut lieu dans la Chambre Saint-Louis du 30 juin au 3 juillet 1648. Le conseiller Broussel y prononça un discours où il revendiqua les droits du Parlement. 27 articles furent votés, qui établissaient une véritable constitution; ils proclamaient la suppression des intendants, défendaient la levée d'impositions non vérifiées par les Cours Souveraines, proclamaient le principe de la liberté individuelle, l'illégalité des arrestations arbitraires.

Mazarin voulut profiter de la victoire de Lens (20 août 1648); il ordonna, le 28 août, l'arrestation de Broussel et de quelques membres du Parlement. Mais les bourgeois de Paris s'armèrent et élevèrent des barricades; cela était facile dans les ruelles étroites et tortueuses du XVIIe siècle. La cour fut obligée de quitter la capitale, après avoir relâché Broussel, et s'enfuit à Saint-Germain, où Mazarin déclara adhérer à la déclaration de la Chambre Saint-Louis. Paris reste en proie à l'insurrection et s'organise militairement; chaque maison doit fournir un cavalier ou un fantassin; on trouve dans la Bastille des arquebuses, des hallebardes et des piques. Les Parisiens étaient heureux de jouer à la guerre et chantaient les Mazarinades contre le favori italien; ils faisaient dire au roi : « Maman est Mazarine et je suis Mazarin. »

L'esprit démagogique se réveille; on osa parler d'imiter les Anglais : « La monarchie est trop vieille, il est temps qu'elle finisse. » L'insurrection avait des chefs tout désignés dans les grands ennemis de Mazarin, les Conti, les Beaufort, les Bouillon, les Longueville, et le plus original de tous, l'abbé Paul de Gondi, futur cardinal de Retz. C'était un fils cadet d'une famille italienne qui avait été amenée par Catherine de Médicis. Depuis cette époque, l'archevêché de Paris avait été donné à un membre de la famille; aussi l'enfant fut-il destiné à l'état ecclésiastique et son éducation confiée à saint Vincent de Paul. Gondi voulut échapper à la cléricature et se lança dans les aventures les plus scandaleuses; à dix-sept ans, il écrivit la *Conjuration de Fiesque*, sur le modèle de Salluste. Mais son père resta intraitable. En 1643, Paul de Gondi fut ordonné prêtre et nommé coadjuteur de l'archevêque de Paris. Il étudie la théologie, séduit le clergé par sa régularité, le peuple par ses largesses, et n'a plus qu'un but, qu'il nous a révélé dans ses *Mémoires* : devenir cardinal et ensuite premier ministre. En 1648, il croit le moment venu; il loue publiquement le Parlement de vouloir limiter le pouvoir des rois; d'autre part, il propose, au moment des barricades, sa médiation à la reine, mais il est éconduit.

Les Parlements, en province, faisaient cause commune avec les Cours Souveraines; plusieurs provinces avaient été soulevées par des nobles, seigneurs ou dames; la duchesse de Longueville avait une armée en Normandie; la Trémouille une autre en Poitou; Turenne, au nord, cherchait à entraîner ses troupes sur Paris; un agent du roi d'Espagne était reçu à Paris par les princes. La situation était grave.

Mais la cour appela Condé, le vainqueur de Rocroi et de Lens, et le combla, lui et les siens, de seigneuries et de pensions. Condé bloqua Paris, et l'armée royale occupa Charenton pour empêcher les approvisionnements d'arriver par la Seine et la Marne. Le Parlement, appuyé, fit négocier auprès de la cour par l'intermédiaire d'un de ses membres, Mathieu Molé. La paix fut signée à Rucil (mars 1649). Tous rentraient dans le devoir ; Mazarin consentait à supprimer les intendants et quelques impôts. Les provinces furent vite pacifiées ; c'était la fin de la Fronde parlementaire.

Condé et les *petits-maîtres* qui l'entouraient se montrèrent d'une insolence extrême envers la reine et Mazarin. Le ministre fit arrêter et enfermer à Vincennes, puis au Havre, les princes, Condé, Conti et Longueville. Les nobles s'insurgèrent dans les provinces ; au nord-est, Turenne se laissa séduire par les beaux yeux de la duchesse de Longueville ; le duc de Bouillon souleva la Guyenne et le Limousin ; la duchesse de Conti établit un gouvernement insurrectionnel à Bordeaux ; Tavanne souleva la Bourgogne. Les révoltés livrèrent aux Espagnols les places fortes du sud et du nord.

Mazarin fut obligé d'entreprendre une campagne en emmenant partout avec lui la reine-mère et le jeune roi. L'armée royale s'empara de Bordeaux ; dans le nord, le maréchal Duplessis-Praslin battit à Rethel les troupes de Turenne. Mazarin avait laissé à Paris Gaston, oncle du roi, et Paul de Gondi, auquel il avait promis le chapeau de cardinal. Ces deux personnages passèrent aux princes et s'unirent au Parlement pour poser l'ultimatum du mois de janvier 1651. On exigeait de la régente une déclaration excluant du pouvoir tout étranger, c'est-à-dire le cardinal Mazarin, la liberté des princes. Gaston était nommé lieutenant général du royaume. « C'était l'union des deux Frondes, princière et parlementaire. » Mazarin résolut de céder devant l'orage ; il fit délivrer les princes, qui rentrèrent à Paris en triomphe, et s'enfuit à Cologne. Il n'en continua pas moins à diriger Anne d'Autriche par des lettres quotidiennes.

Mazarin savait que l'accord ne pourrait durer entre le Parlement, Paul de Gondi, Condé, Gaston et les autres princes.

Paul de Gondi voulut gagner le cœur de la reine; il manifesta un violent dégoût pour l'anarchie et parla de faire assassiner Condé; il n'obtint que le chapeau de cardinal. Condé quitta Paris pour aller guerroyer en Guyenne, et marcher sur Paris avec des troupes espagnoles. Dès qu'il fut parti, Mazarin revint avec des troupes mercenaires qu'il avait levées en Allemagne et que Turenne, rentré dans le devoir, commandait. La guerre eut lieu sur la Loire. Condé culbuta une armée royale à Bléneau; mais il fut poursuivi par Turenne, et aurait été pris au combat du faubourg Saint-Antoine si Mademoiselle de Monpensier n'avait pas fait tirer le canon de la Bastille contre les troupes royales.

A Paris, Condé fit massacrer des bourgeois à l'Hôtel de ville et se rendit insupportable; son armée se désorganisa; il fut obligé de s'enfuir chez les Espagnols dans les Ardennes. La cour rentra à Paris en octobre 1652.

Les princes furent exilés dans leurs terres; Paul de Gondi, devenu cardinal de Retz, fut enfermé à Vincennes; il s'en échappa pour se réfugier plus tard à Rome. Le Parlement reçut défense expresse de s'occuper des affaires de l'État. Paris perdit ses milices et reçut un prévôt du roi. Les provinces furent vite pacifiées, les tentatives démagogiques, comme celles de l'armée de Bordeaux, sévèrement punies. Ainsi le Parlement, les nobles, les bourgeois sont vaincus, las de lutter et prêts pour le despotisme.

Le royaume restait plongé dans une misère affreuse, résultat de la guerre civile et de la guerre étrangère, et l'on verra ce qu'étaient et la guerre et les soldats de cette époque. Or il n'y avait pas d'assistance publique; la misère ne pouvait compter que sur la charité privée. Vincent de Paul se distingua surtout. C'était le fils d'un paysan des Landes qui fut élevé par charité, fut ordonné prêtre, vint à Paris, où il rencontra M. de Bérulle, fondateur de l'ordre des Oratoriens, et devint précepteur chez les Gondi.

Après un voyage en Picardie, où il fut frappé de la misère et de l'ignorance des paysans, il fonda, en 1617, la Mission ou ordre des Lazaristes, établis dans les bâtiments de Saint-Lazare, ancienne léproserie abandonnée, et destinés à la prédication ; pour former les prêtres, il organisa les conférences ecclésiastiques, auxquelles Bossuet a assisté. En 1634, il fonda l'ordre des Filles de la Charité avec la collaboration de Mme Legras ; en 1638, il obtint d'Anne d'Autriche la création de l'hospice des Enfants Trouvés ; pour les mendiants et les vagabonds, il créa l'Hôpital Général, aujourd'hui la Salpêtrière ; pour les fous et les lépreux, l'Asile de la Mission. Devenu aumônier général des galères, il visita les galériens et fonda pour eux deux hôpitaux : à Paris et à Marseille. Dans les provinces, et surtout en Picardie et en Champagne, il fit distribuer par les prêtres de la Mission des aumônes et des provisions ; il obtint une ordonnance qui exemptait les paysans de ces provinces du logement des gens de guerre ; il fit enterrer les cadavres après les opérations de Turenne et de Condé autour de Paris. Il meurt en 1660. Il mérite le nom de Père de la Patrie, que lui a décerné le lieutenant général de Saint-Quentin.

A lire :

1° Bazin, *Histoire de France sous Louis XIII.*
2° D'Avenel, *Richelieu et la Monarchie absolue.*

CHAPITRE XV.

LA POLITIQUE EUROPÉENNE DE 1610 A 1660.

Restauration catholique en Autriche. — Politique de l'Empereur dans l'Empire. — La guerre de Trente ans; les belligérants; caractères généraux de la guerre; les armées; la paix de Westphalie; la paix des Pyrénées.

SOMMAIRE

Après la paix d'Augsbourg (1555), la Contre-Réforme catholique eut pour résultat de faire regagner au catholicisme le sud de l'Allemagne. Les Habsbourg en profitèrent pour vouloir imposer de nouveau leur absolutisme politique et religieux aux États allemands. De là la guerre de Trente ans, guerre allemande qui devint européenne; elle comprend, du nom des belligérants, les périodes bohémienne, palatine, danoise, suédoise et française. L'Allemagne fut ravagée par des armées de mercenaires et des chefs de bandes.

Les Habsbourg, vaincus, furent obligés, par les traités de Wesphalie (1648), de reconnaître la souveraineté territoriale et l'indépendance religieuse des États allemands. La Ligue du Rhin, les traités des Pyrénées et d'Oliva achevèrent d'établir la paix en Europe, au profit de la France et de ses alliés (1660).

RÉCITS

Restauration catholique en Autriche.

Nous avons vu la situation politique et religieuse de l'Allemagne, réglée par la paix d'Augsbourg (1555); elle avait assuré l'indépendance des États allemands, princes ou villes, et la victoire du protestantisme. Les universités catholiques n'existaient plus; les universités protestantes étaient florissantes. Il n'y avait pas un dixième de la population allemande qui reconnût l'autorité du pape, soit dans l'Allemagne du Nord, soit dans l'Allemagne du Sud. Mais la Contre-Réforme catholique fit bientôt sentir son influence dans les pays allemands du sud et principalement dans les États héréditaires d'Autriche. La propagande catholique fut dirigée par les Jésuites, qui avaient fondé deux grandes pépinières de missionnaires, avec le *Collegium germanicum* de Rome et l'université d'Ingolstadt, sur le Danube. Toute la Bavière et la plus grande partie des domaines des Habsbourg redevinrent catholiques. Les Jésuites trouvèrent de puissants auxiliaires chez les princes de Bavière, et surtout chez un ardent catholique, leur élève, le prince Ferdinand de Styrie, qui, en 1619, hérita des domaines des Habsbourg d'Allemagne et devint empereur sous le nom de Ferdinand II.

Politique de l'Empereur dans l'Empire.

Dans les royaumes de Bohême et de Moravie qui lui appartenaient, et dans les autres États allemands qui ne dépendaient que nominalement de l'empereur, Ferdinand, continuant la politique de ses prédécesseurs, voulait faire prédominer une politique absolutiste et catholique. De nombreuses causes de conflits favorisaient ses ambitions. La paix d'Augsbourg n'avait stipulé la liberté religieuse que pour les princes catholiques et luthériens ; or, plusieurs princes et villes de l'Allemagne avaient adopté le calvinisme et réclamaient la même liberté. En outre, la paix d'Augsbourg, par la clause du *réservat ecclésiastique*, avait décidé que, lorsqu'un prince laïque ou ecclésiastique embrasserait le protestantisme, il serait obligé de restituer les biens ecclésiastiques. Or, quelques évêques, princes ou villes, étaient passés à la Réforme et avaient sécularisé ou confisqué à leur profit les biens du clergé. Les Habsbourg en forcèrent plusieurs à la restitution et maintinrent le réservat ecclésiastique. Les protestants effrayés s'unirent et constituèrent en 1608, l'*Union Évangélique* et prirent pour chef le comte Palatin, qui était un calviniste austère. De leur côté, les catholiques formèrent, en 1609, la *Sainte Ligue allemande*, qui eut pour chefs le duc de Bavière, Maximilien, puis l'empereur Ferdinand. Catholiques et protestants formaient deux camps ennemis prêts à en venir aux mains.

La guerre de Trente ans.

De cette situation sortit une guerre qu'on appelle la *Guerre de Trente ans*; elle dura de 1619 à 1648. Ce fut, au début, une guerre essentiellement allemande, qui désola surtout l'Allemagne, mais qui devint une guerre européenne où furent mêlés des États non allemands, comme le Danemark, la Suède et la France.

Les belligérants.

On distingue, d'après le nom des belligérants, les *périodes Bohémienne, Palatine, Danoise, Suédoise et Française*.

La *Bohême* formait un royaume indépendant de Tchèques en majorité, Slaves et protestants. Elle était devenue au XVIe siècle par héritage la propriété des Habsbourg, mais elle avait des libertés politiques, des institutions libres, comme la Diète qui siégeait à Prague. Les Habsbourg voulurent établir leur despotisme politique et religieux ; les Bohémiens proclamèrent la déchéance des Habsbourg et jetèrent par la fenêtre les envoyés de l'empereur : ce fut la *Défénestration de Prague*. Ils appelèrent comme roi l'Électeur Palatin. En 1620, les Bohémiens furent écrasés par une armée autrichienne et soumis aux Habsbourg ; la répression fut terrible : tous les Tchèques qui n'étaient pas catholiques durent sortir de Bohême ; 20 000 familles quittèrent le pays. Leurs terres furent données aux seigneurs catholiques restés fidèles.

Non seulement l'Électeur Palatin ne put devenir roi de Bohême, mais ses États furent envahis et confisqués ; la répression fut la même dans le Palatinat qu'en Bohême.

L'*Électeur Palatin* était apparenté au roi de Danemark ; protestant, Christian IV ; celui-ci envahit l'Allemagne pour lutter en faveur des protestants. Ses armées furent battues par les armées de la Ligue catholique, le Danemark fut envahi ; tous les États allemands étaient soumis aux Habsbourg. L'Empereur voulut anéantir la liberté des princes et des villes ; il fit, en 1629, l'*édit de restitution* qui ordonnait de rendre les biens ecclésiastiques sécularisés depuis 1555. Pour se faire obéir, il chargea un chef de bande, Wallenstein, d'occuper les territoires des rebelles ; il fut bientôt le maître de toute l'Allemagne.

A ce moment, la *France* et la *Suède* interviennent dans la lutte ; elles y sont poussées par le ministre de Louis XIII, Richelieu, et par le roi de Suède, Gustave-Adolphe. Richelieu a de vastes projets : il veut donner à la France ses frontières naturelles, rendre aux Gaulois un roi gaulois et même se « fortifier soi-même », selon son expression, et s'ouvrir des portes dans les États voisins pour se garantir de la maison d'Autriche. Il songe à Strasbourg et à Kehl pour avoir une entrée en Allemagne, et à Pignerol, en Italie; enfin il veut relever le nom du roi de France dans les nations étrangères. Pour arriver à ses fins, il doit s'allier aux protestants, lutter contre l'Espagne et même contre le pape. « Autres sont, dit-il, les intérêts d'État qui lient les princes, et autres les intérêts du salut de nos âmes. » Il n'intervint d'abord pas directement dans la lutte à cause de ses embarras intérieurs; mais, dès 1624, il prit ses précautions. Il soutint les Grisons protestants contre le pape, pour l'occupation de la Valteline ou vallée de l'Adda, qui pouvait réunir le Milanais espagnol au Tyrol autrichien. Dans la succession du territoire de Mantoue et du Montferrat, il prit parti pour un prince français, le comte de Nevers, contre le duc de Savoie, s'empara du pas de Suze (col du Mont Genèvre) et fit occuper Suze et Pignerol. Après la défaite des Danois, il envoya à la *Diète de Ratisbonne* son confident, le Père Joseph, et le diplomate Brulart de Léon. Les envoyés français poussèrent les princes allemands à réclamer la déchéance de Wallenstein, qui fut obligé de prendre sa retraite. La Diète refusa de reconnaître le fils de l'empereur comme roi des Romains, et déclara que la Valteline serait évacuée par les troupes pontificales, que le prince de Nevers aurait le Montferrat et Mantoue; et que Suze resterait à la France.

Enfin, Richelieu poussa le roi de Suède à intervenir en Allemagne. Par le *traité de Berwald*, Gustave-Adolphe s'engagea à rétablir les libertés de l'Allemagne; la France devait lui fournir un subside annuel d'un million de livres.

Gustave-Adolphe était un protestant zélé, comme tout son peuple. Depuis près d'un demi-siècle, les Suédois luttaient contre la dynastie catholique des Wasa de Pologne; Gustave-Adolphe veut soutenir ses coreligionnaires en Allemagne. Il est poussé à la guerre par l'intérêt. La Suède possédait alors, en effet, les deux rives de la Baltique septentrionale jusqu'au Niémen; Gustave-Adolphe espère profiter des luttes allemandes pour faire de la Baltique une mer uniquement suédoise.

Après la mort de Gustave-Adolphe, tué à Lutzen, et la défaite de son lieutenant Bernard de Saxe-Weimar, à Nordlingen, toute l'Allemagne du Sud fut occupée par les troupes impériales, et les États protestants durent accepter la paix de l'empereur. La Suède et la France n'avaient plus d'alliés en Allemagne.

En 1635, Richelieu déclara la guerre au roi d'Espagne, allié aux Habsbourg d'Autriche. Mais auparavant il a pris ses précautions, il a fait accepter son protectorat à l'électeur de Trèves, et Coblentz, sur le Rhin, est une place forte française. La Lorraine, dont le duc Charles IV avait favorisé la révolte de Montmorency et fait alliance avec l'Espagne, fut occupée ainsi que les passages des Vosges. L'alliance avec la Suède fut renouvelée, une alliance fut conclue avec la Hollande et avec le duc de Savoie. Les armées françaises opérèrent sur toutes les frontières des territoires espagnols.

Les armées. Caractères généraux de la guerre.

Ce fut une guerre atroce; pendant trente ans, l'Allemagne fut ravagée, pillée, incendiée; on n'y voit plus que d'immenses étendues désertes, les *Wüsten stellen*. Les gravures de Callot, comme la *Pendaison,* nous en ont laissé de lugubres témoignages. Il faut nous représenter, en effet, quelles étaient les armées qui prirent part à la guerre. Nulle part en Europe, il n'y avait alors d'armée permanente comme aujourd'hui. Quand un prince voulait faire la guerre, il s'adressait à des entrepreneurs d'hommes, capitaines ou colonels, qui devaient lui fournir des recrues moyennant finance (*fig.* 88). Les soldats étaient recrutés partout, parmi les gens sans aveu, sans distinction de langues ni

Fig. 88. — Soldats français pendant la Guerre de Trente ans. (D'après Callot, *Les Misères de la guerre.*)

de religion; il y avait en Europe, et principalement en Allemagne, plusieurs marchés d'hommes. Les soldats ne recevaient jamais de solde; la guerre devait nourrir la guerre, le pillage du pays occupé était l'unique ressource.

Les armées comprenaient de l'infanterie et de la cavalerie. Dans l'infanterie, l'unité tactique était la compagnie de 120 à 150 hommes; 10 compagnies formaient habituellement un régiment. Chaque compagnie comprenait : 1° plusieurs rangs de piquiers bardés de fer et armés d'une longue pique et d'une épée; — 2° en arrière étaient en nombre à peu près égal des mousquetaires (*fig.* 89), armés d'un lourd mousquet à mèche, qu'on ne pouvait mettre en joue sans

Fig. 89. — Mousquetaire et piquier.

une fourchette de fer emmanchée à un bâton de quatre pieds qu'on fichait en terre. Les mousquetaires se plaçaient sur les deux ailes des piquiers, déchargeaient leurs armes et venaient les recharger à l'abri des piques. Tout cela demandait beaucoup de temps, car il fallait charger l'arme, mettre de la poudre sur le bassinet, allumer la mèche, viser, puis tirer. La cavalerie comprenait la grosse cavalerie des cuirassiers bardés de fer, et la cavalerie légère des carabiniers, dragons, croates, pandours, hussards, dont la plupart se recrutaient en Hongrie. L'artillerie était, en général, très lourde; il fallait environ dix chevaux pour traîner un canon; les pièces n'étaient ajustées sur les affûts que pour le combat; il fallait les hisser sur des charrettes massives; en cas de défaite, ils étaient toujours pris par le vainqueur. Les chefs de ces bandes étaient pour la plupart des aventuriers, en général d'une férocité inouïe. On peut citer parmi les plus célèbres généraux des armées protestantes : Halberstadt et Mansfeld. Halberstadt était le type du soudard de la plus belle prestance, il avait pris pour devise : *Ami de Dieu et ennemi des prêtres*. Il pilla la Westphalie; blessé, il se fit amputer le bras gauche au son des trompettes. Le comte Ernest de Mansfeld servit successivement les princes catholiques et protestants, et passa au service de Christian IV de Danemark. Vaincu par les armées catholiques, il se jeta dans la Silésie, qu'il écrasa de contributions et qu'il incendia, puis en Hongrie, où il faillit être pris. Il résolut de s'enfuir par la Dalmatie et la Vénétie, mais mourut en route. Le plus célèbre des chefs de bandes, Wallenstein, était un noble bohémien, qui prit parti pour l'Autriche, lors de la révolte de la Bohême; il en fut récompensé en recevant de grands domaines, dépouilles des vaincus; il fut le général le plus populaire, autour duquel les mercenaires accouraient en foule : il eut 60 000 hommes, chiffre énorme pour l'époque. S'il était dur pour le soldat poltron et mutin, il laissait aux troupes toute latitude pour l'exploitation du pays, le pillage et l'incendie. Il mit le Danemark et l'Allemagne du Nord à feu et à sang et songea à se constituer un royaume indépendant sur les bords de la Baltique, dont l'empereur l'avait nommé amiral général. Il en fut empêché par Gustave-Adolphe : après sa défaite de Lutzen, Wallenstein disgracié se retira en Bohême et y vécut dans l'opulence; il songeait à se révolter contre l'empereur et à lever une armée contre lui, quand il fut assassiné par ses officiers, que l'empereur avait gagnés à prix d'argent.

Un autre général catholique fut le Bavarois Tilly. Il avait doté la Bavière d'institutions militaires remarquables pour l'époque. Il employait des mercenaires, mais les encadrait dans une armée de sujets bavarois recrutés pour le service militaire obligatoire. C'était un austère catholique, d'une discipline de fer, mais aimé des soldats.

L'armée de Gustave-Adolphe fut une révolution dans l'art militaire ; c'était une armée nationale, constituée par des nobles et des bûcherons suédois, suivie de ses pasteurs, pratiquant le luthéranisme le plus rigoureux et soumise à une forte discipline. Elle était armée légèrement ; les fantassins, armés du mousquet à pierre, qui tirait plus vite que l'arquebuse à mèche, étaient plus nombreux que les piquiers ; la cavalerie légère fut développée aux dépens de la lourde cavalerie bardée de fer ; et surtout Gustave-Adolphe eut, grâce au fer abondant en Suède, des canons nombreux et plus légers que les canons allemands ; deux chevaux suffisaient pour les traîner. Il eut raison des bandes allemandes.

Au début de ses opérations, l'armée française, mal organisée, mal commandée, subit de graves échecs. Corbie fut prise, la ligne de la Somme rompue, Paris fut menacé. Richelieu ne perdit pas courage, il alla à l'Hôtel de Ville de Paris, fit un emprunt et mit sur pied 120 000 hommes. L'Alsace fut occupée, l'Artois conquis, le Roussillon et la Catalogne envahis. Les Portugais, grâce à un secours français, recouvrèrent leur indépendance. L'armée eut bientôt de bons généraux avec Gassion, Sirot, Turenne, Condé, dressés à l'école de Gustave-Adolphe. L'année même de la mort de Richelieu, l'armée française, sous les ordres du jeune duc d'Enghien, le futur prince de Condé, âgé de 21 ans, remporta sur la puissante armée espagnole la brillante victoire de Rocroi (1643). Après Richelieu, les armées suédoises à la solde de la France et les armées françaises opérèrent de concert en Allemagne pour marcher sur Vienne, les unes par la Silésie, les autres par la vallée du Danube. Condé et Turenne battirent les Impériaux à Fribourg et à Nordlingen ; les Hongrois révoltés menaçaient Vienne ; les Habsbourg d'Autriche furent contraints à faire la paix.

Les traités de Westphalie.

Les négociations entamées par les représentants des États catholiques réunis à Munster et les représentants des États protestants réunis à Osnabrück durèrent de 1643 à 1648.

Les *traités de Westphalie* furent rédigés en latin. Ils sanctionnèrent l'échec de la politique absolutiste et catholique des Habsbourg en Allemagne. Les princes et villes obtinrent la souveraineté territoriale *(territorialitat)* complète et l'indépendance religieuse absolue, sans distinction de secte. « Que tous soient confirmés en leurs anciens droits au temporel..... Que surtout chacun des États de l'Empire jouisse du droit de faire des alliances avec l'étranger *(fœdera cum externis)* pour leur conservation, sans troubler la paix publique. » Toutes les sécularisations faites depuis la guerre étaient maintenues.

Par la clause de garantie, toutes les puissances contractantes se portaient garantes de l'observation du traité. Bien plus, des États étrangers étaient introduits dans l'Allemagne. La Suède reçut des territoires de l'Empire : la Poméranie citérieure à l'est de l'Oder, le port de Wismar et les évêchés de Brême et de Verden, avec tous les droits des princes allemands. Les rois de Suède sont appelés aux Diètes de l'Empire, ils prêtent à l'Empereur le serment de fidélité. La France reçut l'Alsace, sauf quelques villes comme Strasbourg ; on lui reconnut la possession de Metz, Toul et Verdun, ainsi que de Pignerol ; elle était aussi garante des traités.

Les traités de Westphalie forment une véritable constitution allemande. Il y a encore un Saint-Empire romain germanique, et des constitutions d'empire, cercles d'empire, impôts, armée d'empire, Conseil Aulique, Chambre de justice, un chef, à la fois roi et empereur, successeur des anciens Empereurs romains, de Charlemagne et de Frédéric Barberousse. Mais tout cela n'existe que sur le papier, en théorie. Il y a une Diète *(Reichstag)*; rien ne doit se faire sans son avis; elle comprend trois collèges : collège des électeurs, collège des princes, collège des villes, qui délibèrent séparément. Mais les membres de la Diète sont des ambassadeurs qui délibèrent, mais ne font rien. Seuls, les États comptent, princes ou villes ; il y en a plus de 1800 ; ils sont les maîtres chez eux, ils y établissent l'absolutisme politique et religieux. L'Allemagne est livrée à l'anarchie, elle y restera jusqu'au xixe siècle.

Les traités de Westphalie reconnurent des États nouveaux, les sept Provinces Unies, la Confédération des Cantons suisses. Ils mettent fin à la politique ecclésiastique du moyen âge. Les États contractants ne s'occupèrent pas du pape. Celui-ci protesta dans une bulle contre ces traités, qu'il considérait comme un attentat contre les droits de l'Église, parce qu'ils autorisaient la sécularisation des biens ecclésiastiques, la construction des temples protestants et la liberté du culte pour les États ; le pape déclarait que ces traités étaient nuls et que personne n'était tenu de les observer. On ne tint pas compte de ses observations.

La première conséquence des traités de Westphalie, qui autorisaient les États allemands à traiter avec les étrangers, fut la *Ligue du Rhin*, conclue en 1658 entre le roi de France et les villes ou princes allemands : Trèves, Cologne, Mayence, Munster, Suède, Neubourg, Hesse, Comté Palatin et Bavière; elle avait pour but une entente amicale dans la défense commune. La France devait les secourir chaque fois que cela serait nécessaire pour maintenir les libertés des princes.

La paix des Pyrénées (1659).

L'Espagne n'avait pas traité en 1648 et avait continué la guerre contre la France. En 1648, l'armée espagnole fut battue au nord à Lens par Condé, Mazarin s'allia avec Cromwell, et les deux armées française et anglaise remportèrent la victoire des Dunes sur les Espagnols, que commandait Condé rebelle. Le roi d'Espagne épuisé demanda la paix. Elle fut signée par Mazarin et don Luis de Haro sur les bords de la Bidassoa. L'Espagne reconnaissait à la France le Roussillon, l'Artois et quelques places fortes en Flandre. Condé rentrait dans ses biens et dignités; le duc de Lorraine, allié du roi d'Espagne, rentrait en possession de son duché, mais il cédait au roi de France une route pour le passage en Alsace. Le roi de France abandonnait ses alliés les Portugais.

Louis XIV devait épouser l'infante Marie-Thérèse, qui apportait en dot 500 000 écus d'or. « Moyennant le payement fait à Sa Majesté, l'infant se contentera de la dot, sans réclamer une plus grande succession de ses parents. » Or, de Lionne, qui avait fait mettre ce mot « *moyennant* », savait que le roi d'Espagne était incapable de payer la dot. C'était se réserver un prétexte pour intervenir plus tard dans la succession espagnole.

Nous verrons, dans le chapitre sur l'Europe du Nord, que Arnauld de Pomponne intervint au nom du roi de France pour faire signer, en 1660, entre le Danemark, la Pologne et la Suède le *traité d'Oliva*, au profit de la Suède, notre alliée. En 1660, l'Europe était pacifiée par la France au profit de la France et de ses alliés. La prépondérance de la maison des Bourbons de France succédait, en Europe, à la prépondérance des Habsbourg d'Espagne et d'Autriche.

A lire :

CHARVERIAT, *Histoire de la Guerre de Trente Ans.*

CHAPITRE XVI.

LES PROVINCES-UNIES AU XVIIe SIÈCLE.

États généraux, stathouder, compagnies de commerce, vie intellectuelle.

SOMMAIRE

La petite république des sept Provinces-Unies a joué un rôle prépondérant en Europe au xviie siècle. Elle faisait contraste avec les États absolutistes par ses institutions libres, corps municipaux, États provinciaux et généraux. La principale des sept provinces était le Néerland ou Hollande, à la tête de laquelle était le Stathouder ou le Grand-Pensionnaire. Son importance provenait surtout de la vie maritime et commerciale des Hollandais, de l'exploitation des pays tropicaux par de grandes compagnies privilégiées. Le bien-être était général en Hollande, la vie intellectuelle très développée : elle a produit le grand peintre Rembrandt.

RÉCITS

États généraux.

Les Provinces-Unies comprenaient les sept provinces détachées des Pays-Bas espagnols par l'Union de Gand (1576) : Néerland ou Hollande, Zélande, Utrecht, Gueldre, Over-Yssel, Groningue, et Frise. Chacune de ces provinces était une fédération de villes libres et avait ses États provinciaux qui comprenaient les délégués des villes et qui administraient la province. Les sept provinces elles-mêmes étaient groupées en une fédération ou union ; les affaires générales et les dépenses communes de la fédération étaient réglées par les États généraux, comprenant les délégués des États provinciaux. Les provinces différaient entre elles par la richesse et l'organisation intérieure. Les provinces des côtes de la mer, situées dans les polders, étaient les plus riches ; celles de l'intérieur, constituées par des sables ou des marécages, étaient pauvres. Mais, en général, partout dans les villes, dans les provinces, dans la fédération, dominait une oligarchie bourgeoise.

La principale des sept provinces était la Hollande ou Néerland ; elle était la plus riche et occupait une situation politique prépondérante. Outre les produits agricoles de ses polders, elle était devenue un pays industriel depuis l'expulsion de nombreux gens de métiers des Pays-Bas espagnols. Un cinquième des Hollandais vivaient de la pêche. Amsterdam, disait-on, était bâtie sur des carcasses de harengs. Nous verrons tout à l'heure comment ces pêcheurs se transformèrent en marchands. La Hollande était, comme on le disait, la meilleure pièce du harnais, le reste n'était qu'accessoire. Elle avait entre autres le privilège de nommer les ambassadeurs des Provinces-Unies. Les États de Hollande, qui se réunissaient à la Haye dans le Brinnenhof, comprenaient les représentants de dix-huit villes, au nombre de 150 membres, qui avaient 1 voix pour les nobles et 18 pour les bourgeois, en tout 19 voix. On appelait ces États de Hollande les Nobles et Grandes Puissances; ils avaient quatre sessions par an, discutaient des affaires de la Province, nommaient les curateurs des digues, les professeurs de l'Université de Leyde; toutes les affaires de la confédération leur étaient soumises.

Le Stathouder.

La province de Hollande avait à sa tête un Stathouder ou capitaine et amiral général, chef des forces de terre et de mer et qui nommait les officiers municipaux des principales villes. C'etait un véritable chef militaire, un dictateur. Chaque province avait son stathouder, mais le principal était celui de la Hollande, et l'on sait que l'indépendance a été acquise par le stathouder Guillaume dit le Taciturne. Le stathoudérat fut maintenu dans la première moitié du XVIIe siècle avec Maurice de Nassau, fils du Taciturne, puis avec Guillaume II, petit-fils du Taciturne et gendre du roi d'Angleterre Jacques II

Mais en 1651 une révolution fut faite par les États de Hollande : le stathoudérat fut aboli; il n'y eut plus d'armée de terre, sauf les milices des villes. Seule, la marine resta telle qu'elle était; la province fut organisée uniquement en vue du commerce et de la paix. L'édit perpétuel de 1667 décida que l'on ne rétablirait jamais plus le stathoudérat. Toute l'autorité en Hollande appartint au Grand-Pensionnaire. Primitivement le Pensionnaire était un simple avocat judiciaire et municipal; chaque ville avait le sien. Les provinces imitèrent l'exemple des villes et se donnèrent un Pensionnaire. Le plus important fut naturellement celui de de la province de Hollande. Il était nommé pour cinq ans ; il présidait les États, dirigeait les affaires diplomatiques, et cependant il touchait un modeste traitement de 3000 florins, avait droit à un logement de 4 pièces, n'était assisté que de 4 secrétaires. Le Grand-Pensionnaire de Hollande n'eut tous ces pouvoirs qu'après la révolution de 1651. Ce fut Jean de Witt, qui conserva les fonctions pendant plus de 20 ans et négocia avec l'Europe, pendant que son frère Cornélius commandait la marine.

Les Provinces-Unies avaient conquis leur liberté avec la protection de la France, leur alliée traditionnelle, qui avait fait reconnaître leur indépendance aux traités de Westphalie (1648). Le gouvernement de Louis XIV s'était entremis pour leur faire conclure une paix honorable avec le gouvernement de Cromwell, puis avec le roi d'Angleterre, Charles II. Mais Jean de Witt, ne voulant pas avoir comme voisin le trop puissant roi de France, empêcha Louis XIV de faire la conquête des Pays-Bas espagnols, en concluant la triple alliance de la Haye entre les Provinces-Unies, l'Angleterre et la Suède. Louis XIV, irrité et blessé par les sentiments d'indépendance et les exigences commerciales des Hollandais, déclara la guerre aux Provinces-Unies en 1672. Malgré les concessions et les humiliations de Jean de Witt, les Provinces-Unies furent envahies par l'armée du grand roi. La Hollande, privée d'une armée de terre, ne disposant que de sa marine, fut envahie par l'armée française. Une révolution éclata contre les frères de Witt en faveur du jeune Guillaume d'Orange, de la famille de Nassau. C'était un prince maladif, asthmatique ; il n'avait que 20 ans et avait reçu une brillante éducation de Jean de Witt, qui avait été nommé son tuteur par les États généraux de Hollande, en reconnaissance des services rendus par sa famille. Jean de Witt fut accusé de trahison ; on tenta de le tuer. Le meurtrier fut exécuté. Le bas peuple se souleva ; un parti orangiste se forma, força les États à se délier de leur serment et à rapporter l'Édit perpétuel de 1667. Guillaume d'Orange fut nommé stathouder et accepta. La démission de Jean de Witt ne calma pas les fureurs populaires ; un chirurgien, ennemi de Corneille de Witt, l'accusa d'avoir voulu armer son bras pour tuer Guillaume d'Orange. Corneille fut arrêté, mis à la torture, mais ne voulut pas avouer le crime qu'on lui reprochait, et fut condamné au bannissement. Lui et son frère furent massacrés par la populace, et tous les amis des de Witt furent menacés du même sort. Les meurtriers furent non seulement impunis, mais récompensés. Le chirurgien obtint une pension. Le prince Guillaume II d'Orange reçut la dictature militaire et fut autorisé à déposer les magistrats des villes pour les remplacer par ses partisans. Guillaume sauva son pays en l'inondant par l'ouverture des écluses. Il fut l'âme de toutes les coalitions contre Louis XIV. La lutte contre la France fut la grande affaire de sa vie : c'est pour elle qu'il fit la révolution anglaise de 1688. Ce n'est qu'à cette date qu'on rétablit en Hollande le Grand-Pensionnaire avec Heinsius et l'administration civile.

Les compagnies de commerce.

De pêcheurs les marins hollandais étaient devenus commerçants. A elle seule, la Hollande avait plus de 10 000 voiles et 168 000 matelots qui faisaient le cabotage. Les rouliers des mers, après avoir participé au commerce hanséatique, étaient allés à Lisbonne y chercher les épices et les produits coloniaux apportés par les Portugais, pour les répandre ensuite dans toute l'Europe. Après l'annexion du Portugal par Philippe II (1580), les Hollandais, ne pouvant plus se rendre à Lisbonne, allèrent s'emparer du pays des épices et constituèrent sur les côtes de l'Inde et surtout dans l'archipel de la Sonde un grand empire colonial. En 1602 fut créée la Compagnie des Indes Orientales avec le monopole du commerce et les pouvoirs militaires et administratifs les plus étendus. 60 directeurs, nommés par les principaux actionnaires de la Compagnie, et un gouverneur général, nommé par les États de Hollande, étaient chargés de l'administration supérieure. Amsterdam devint un immense entrepôt d'Europe, où affluaient les produits de l'Extrême-Orient, denrées coloniales et pierres précieuses; elle jouait le rôle de Lisbonne au XVIe siècle, surtout depuis la fermeture du port d'Anvers (1648). Batavia était un vaste entrepôt oriental où se faisait le trafic d'Inde en Inde. Les actionnaires de la Compagnie touchaient 12 p. 100 au minimum; le taux atteignit souvent 63 p. 100. La province de Hollande percevait 15 millions de florins sur les bénéfices.

En 1621 fut créée, sur le même modèle, la Compagnie des Indes Occidentales pour l'exploitation de l'Afrique et de l'Amérique. Les marchands hollandais colonisèrent la Guyane, les Antilles sous le Vent, entre autres Curaçao. New-Amsterdam fut créée par eux sur l'emplacement actuel de New-York. La Compagnie ne distribua jamais moins de 20 p. 100 de dividende à ses actionnaires.

La banque d'Amsterdam, créée en 1609, favorisa les opérations commerciales; elle prêta aux souverains à de gros intérêts; Amsterdam fut appelée la grosse cloche de Hollande.

Vie intellectuelle.

Entrons au musée d'Amsterdam; nous aurons en contemplant les peintures, en même temps que les noms des grands maîtres de l'art hollandais, la représentation sous tous ses aspects de la vie hollandaise. La peinture en effet est la principale forme de l'art hollandais au xviie siècle. L'austère doctrine du calvinisme ne se prêtait pas à la construction de splendides églises et aux formes sculpturales. Les peintres hollandais représentent peu de sujets religieux; pourtant le plus grand d'entre eux, Rembrandt, a fait les émouvants tableaux: *Le bon Samaritain, les Disciples d'Emmaüs, la résurrection de Lazare, la Descente de Croix.* La plupart des peintres hollandais sont allés en Italie et ont subi l'influence de la Renaissance italienne. Rembrandt cependant n'y est jamais allé. Mais tous s'inspirent de la nature et de la vie hollandaise sous leurs différents aspects; leurs reproductions peuvent servir de documents historiques. Tous font des paysages, des tableaux de genre, vrais et pleins d'émotions. Il faut regarder le « *Polders hollandais* » par le paysagiste Hobbema; la *Prairie avec ses*

Fig. 90. — La prairie avec ses vaches (par Potter).

vaches de l'animalier Potter, qui est au Louvre (*fig.* 90); le *Rhin* avec ses rives retenues par des pieux, par Ruisdaël, le peintre des grands arbres et des clairières; la société en plein air devant la *Maison hollandaise en briques*; il n'y a pas de pierres de construction en Hollande. Voyez l'*Intérieur hollandais*, avec sa grande alcôve, et la femme faisant la toilette intime de son enfant (*fig.* 91). Si vous voulez

Fig. 91. — Intérieur hollandais.

voir la vie urbaine, considérez les nombreuses représentations de sociétés d'arquebusiers ou de drapiers, par exemple les *Syndics de la corporation des drapiers* du grand peintre Rembrandt (*fig.* 92) ou encore la *Réunion des archers de Saint-Adrien* par Franz Hals. Il faudrait ajouter

Fig. 92. — Les Syndics de la corporation des Drapiers (par Rembrandt).

les paysages de Van der Velde, de Van der Neer, de Van der Heyden, les peintures de genre de Jean Steen, de Gérard Dow, de Van Hooch, de Van Miéris, pour ne citer que les principaux artistes.

Un nom se détache de cette pléiade d'artistes. Rembrandt (*fig.* 93) était le fils d'un meunier de Leyde; il se forma lui-même en étudiant la nature. En 1631 il s'établit à Amsterdam, fit la *Leçon d'anatomie* et épousa la belle Saskia, dont il a laissé plusieurs portraits: les commandes affluèrent; il devint riche et accumula les objets d'art dans sa maison. En 1642, il perdit sa mère, dont il nous a laissé le magnifique portrait; puis il perdit sa femme, la vogue l'abandonna, la misère vint. Il se réfugia dans le travail, s'adonna au paysage et à la gravure, et fit ces scènes bibliques au reflet rougeâtre si émouvant. Ses dernières années furent consolées par sa servante Stoffelz,

Fig. 93. — Rembrandt (par lui-même).

dont il a laissé plusieurs portraits. Il mourut en 1669 dans la plus profonde misère.

Voici encore les *Lecteurs de gazette* du peintre Van Ostade ; ce sont deux hommes du peuple. La liberté d'écrire et d'imprimer était complète en Hollande et frappait d'étonnement les ambassadeurs de Louis XIV. « Il n'y a ici, disaient-ils, nul châtiment pour ceux qui donnent de mauvaises impressions contre le gouvernement. » C'étaient le *Mercure Hollandais*, la *Gazette d'Amsterdam*, les *Nouvelles extraordinaires* de Leyde, la *Gazette de Harlem*, qui avaient une renommée universelle. « La gazette, dit Bayle, est le véhicule de toutes les médisances de l'Europe, et c'est une menace qui court que celle-ci : Je te ferai coucher sur la gazette de Hollande. »

De grands esprits soutenaient la renommée des lettres et des sciences néerlandaises. Gérard Brandt écrivait son Histoire de la réformation hollandaise. Vondel donnait ses drames et poésies populaires ; le philosophe israélite Baruch Spinoza, dans son *Ethique*, agitait les plus ardus problèmes de la métaphysique. Le savant Huyghens, que Louis XIV nomma membre de l'Académie des sciences, publiait son *Horologium oscillatorium* et créait la mécanique rationnelle. En 1690, son *Traité de la Lumière* expliquait mathématiquement les phénomènes optiques, et la loi de la double réfraction des rayons lumineux. De nombreux réfugiés français, industriels, écrivains et savants, vinrent, après la révocation de l'édit de Nantes, augmenter l'activité économique et intellectuelle de la Hollande, « la grande arche des fugitifs ». Citons parmi eux Jacques Basnage, l'auteur des *Annales*, et Pierre Bayle, le savant auteur du *Dictionnaire historique et critique*.

Telle était la vie du petit peuple néerlandais, essentiellement original et profondément sympathique.

A lire :

Lefèvre-Pontalis, *Jean de Witt*.

CHAPITRE XVII.

L'ANGLETERRE DE 1603 A 1660.

Les Stuarts; tentative de monarchie absolue; révolution de 1648: Cromwell.

SOMMAIRE

Au début du XVIIe siècle, la famille des Stuarts possède les trois royaumes distincts d'Angleterre, d'Écosse et d'Irlande. Les deux rois, Jacques Ier et Charles Ier, voulurent établir leur absolutisme politique et religieux; ils se heurtèrent aux résistances des dissidents, aux coutumes et institutions libres, comme le Parlement, que les Anglais conservaient encore. De là la révolution de 1648, qui aboutit à l'exécution du roi Charles Ier et à l'établissement de la République anglaise, avec un dictateur militaire, le puritain Cromwell.

RÉCITS

Situation des Iles Britanniques.

Au début du XVIIe siècle, les Iles Britanniques comprenaient trois royaumes ayant le même roi : 1º l'Angleterre dont la partie la plus importante est alors la plaine du sud-est; — 2º l'Écosse, royaume séparé, avec ses institutions spéciales, son Parlement à Édimbourg, son église officielle, le presbytérianisme; — 3º l'Irlande, dont la conquête a été faite sous Henri VIII et Élisabeth. Les Irlandais ont été chassés de l'Ulster, et remplacés par les Anglais; ailleurs ils ont été dépouillés et sont devenus simples tenanciers de lords anglais non résidents. Ils sont restés catholiques en face de leurs oppresseurs protestants; ils sont administrés par un lord gouverneur ou vice-roi; un Parlement siège à Dublin, mais ne comprend que des Anglais. De ces trois parties, l'Angleterre est la plus étendue et la plus riche, et occupe une situation prépondérante. Elle a des traditions, des institutions: l'*habeas corpus*, le jury, le Parlement; mais là-dessus les Tudors ont superposé le despotisme. Elle a une religion officielle, l'anglicanisme; mais de nombreux dissidents sont persécutés: les presbytériens, qui ne sont tolérés qu'en Écosse, les puritains, qui sont indépendants en politique, et les catholiques, persécutés par toutes les sectes protestantes, soumis à des impôts spéciaux, très remuants et agissant par des complots. Telle est donc la situation: il y a un roi absolu avec des institutions libres, mais les droits réciproques ne sont pas définis. Le roi et l'église officielle sont unis pour imposer la même foi aux consciences et vaincre les résistances des dissidents.

Les Stuarts.

Les deux premiers Stuarts voulurent imposer l'absolutisme politique et religieux, non seulement en fait, mais en théorie. Ils trouvèrent un foyer de résistance dans les institutions libres et surtout dans le Parlement; de là la Révolution.

Jacques Ier (*fig.* 94), le fils de Marie Stuart, « le plus sage imbécile de la chrétienté », avait des prétentions au bel esprit: il aimait, pour se faire valoir, les discussions pédagogiques et a donné le spectacle d'un roi bégayant, pleurnichant et bavant; il était surtout très poltron et tremblait devant une épée nue. Sa devise était: *Beati pacifici*, « bienheureux les pacifiques ». Dans un écrit intitulé *Basilicon doron* ou don royal, il écrit en latin ces mots : *Rex est lex ; satis constat regem esse omnium bonorum dominum*, « le roi est la loi, il est constant que le roi est le maître de tous les biens de ses sujets. » Cette théorie fut soutenue par les évêques anglicans. Jacques détestait les presbytériens d'Écosse, où un pasteur lui avait dit, en lui secouant le bras : « Dans le royaume du Christ, Jacques n'est ni roi ni chef, rien qu'un humble membre de la communauté. »

En 1603 une pétition, qu'on a appelée la *Pétition des mille*, signée par plus de 800 pasteurs puritains anglais, demanda la réforme du clergé et la suppression des restes du papisme, du livre des prières communes imposé aux

Fig. 94. — Jacques Ier. d'après une peinture flamande.

anglicans. Jacques réunit une conférence pour y discuter et étaler son esprit : « Le presbytère, dit-il, s'accorde avec la royauté comme le diable avec Dieu. Alors Jack Will et Tom pourront venir critiquer mes actes ! Non ! pas d'évêque, pas de roi. » La pétition fut rejetée et 300 pasteurs puritains chassés de leurs paroisses. Jacques abandonna la politique d'Élisabeth, laissa écraser, par l'Autriche catholique, son gendre, l'Électeur Palatin, et n'accorda plus aucune protection aux protestants du continent.

Jacques dépensait beaucoup d'argent pour sa cour et ses favoris ; le plus célèbre, Buckingham, arriva aux plus hautes charges du royaume par sa seule beauté. Il scandalisa la cour de Madrid, puis la cour de France, par ses folles équipées et ses prétentions vaniteuses. L'épouse de Louis XIII, Anne d'Autriche, le fit chasser honteusement. Jacques eut besoin d'argent. Or, en Angleterre, il n'y avait pas de taille perpétuelle ; il était d'usage de demander le consentement du Parlement pour l'établissement d'un nouvel impôt. Il réunit le Parlement quatre fois sous son règne ; mais la Chambre des Communes, élue parmi les cultivateurs et les marchands, en partie puritains, présenta chaque fois ses griefs contre la religion établie avant de consentir l'impôt. Parfois, le roi tremblant sacrifia ses ministres : il laissa la Chambre des lords accuser et condamner son chancelier, Bacon ; mais chaque fois le Parlement fut renvoyé sans avoir voté d'impôt, et Jacques gouverna arbitrairement, vendit des monopoles, établit des impôts indirects, confisqua les biens des dissidents.

En 1625, Jacques Ier eut pour successeur Charles Ier (*fig.* 95). Celui-ci avait les mêmes idées que son père sur l'absolutisme ; il était aussi faible et entêté que lui, mais plus hautain ; il avait surtout une grande duplicité. Cromwell dira de lui : « Le roi est intelligent, il a de grandes facultés, mais on ne peut se fier à lui, c'est le plus déterminé

Fig. 95. — Charles Ier (par Van Dyck).

menteur qui soit. » Il eut besoin d'argent pour payer les frais de la guerre que l'équipée de Buckingham avait fait éclater avec l'Espagne et la France. Il réunit successivement quatre fois le Parlement de 1625 à 1629 ; chaque fois le Parlement fut dissous, à cause de son opposition, où se distinguèrent surtout Pym et Thomas Wentworth, le futur duc de Strafford. Le Parlement de 1626 mit en accusation Buckingham, le nouveau Séjan; il fut dissous. En 1628, Pym s'écria : « Cette loi que le roi promet de respecter, la connaît-il ; qui la connaît?» Et il rappela la Grande Charte. Alors a lieu la pétition des droits ; c'est la rédaction en anglais de la Charte de 1214. Le roi la sanctionne, mais il n'en lève pas moins des droits illégaux de tonnage et de *poundage*. Le Parlement de 1629 proteste ; il est dissous, et le roi jure qu'il ne remettra plus son manteau pour une séance de rentrée du Parlement.

Tentative de monarchie absolue.

De 1630 à 1640, il n'y a plus de Parlement. Ni les coutumes, ni les formes traditionnelles ne sont respectées. Tous sont au pied du roi ; c'est le gouvernement de la cour, des favoris, par exemple de lord Strafford, passé dans le parti du roi, et surtout de la reine Henriette de France, fille de Henri IV. Des tribunaux spéciaux sont renouvelés des Tudors : 1° La Chambre Etoilée, formée des conseillers du roi, servit d'inquisition politique ; elle condamna Georges Eliot, ancien membre du Parlement, à l'amende et à la prison ; Prynne eut le nez et les oreilles coupés. — 2° Le tribunal d'York, créé pour les comtés du nord, prononçait des confiscations, l'emprisonnement et la mort. — 3° La Haute Commission constitua une inquisition religieuse, sous la direction de l'évêque anglican Laud, et envoyait à la prison, au pilori, les non-conformistes ou dissidents, les pasteurs qui ne voulaient pas porter de surplis. Le docteur Leighton, après quinze semaines passées aux fers, dans une niche à chien, sans feu, sans lit, fut mis au pilori ; il fut fouetté, marqué au front ; on lui coupa le nez et les oreilles. Personne, en Angleterre, n'osa plus s'avouer dissident. Un grand nombre de non-conformistes émigrèrent en Amérique et y fondèrent la Nouvelle-Angleterre. Le roi établit un impôt sur les navires, le *ship money*, qui n'était levé qu'en temps de guerre sur les bords de la mer. Un grand propriétaire, Hampden, refusa de payer l'impôt et se laissa faire un procès ; il fut condamné à la prison et à la confiscation. Lord Strafford, nommé vice-roi d'Irlande, établit sur les paysans des taxes qui lui permirent de lever une armée mercenaire. Le roi était tout-puissant.

Révolution de 1648.

La question religieuse et les affaires d'Écosse donnèrent un motif à la révolte. Charles Ier et Laud voulurent imposer aux Écossais, en grande majorité presbytériens, le rituel anglican. Une ligue se forma ; tous les Écossais jurèrent le *Covenant*, c'est-à-dire la convention de maintenir l'église nationale. Partout s'allumèrent des feux, partout circula la croix de bois, signal du soulèvement général. Charles était obligé de faire la guerre pour soumettre les Écossais, et, pour avoir de l'argent, de convoquer le Parlement. Le Court Parlement, convoqué au début de 1640, attaqua toutes les illégalités commises depuis 1630. Une pétition de 10 000 Anglais fut présentée au roi par Pym, des pamphlets circulèrent partout. Le Court Parlement dissous dut être aussitôt remplacé par un autre, le Long

Partement, qui a duré de 1640 à 1653 et qui a fait la Révolution. Il est composé surtout de puritains, gentilshommes fermiers ou commerçants; dès qu'il est réuni, il met les ministres du roi en accusation et rédige en 1641 la Grande Remontrance. Des émeutes éclatent à Londres contre le roi.

Charles abandonne ses ministres, laisse condamner et exécuter Strafford et prend pour ministres des hommes modérés. Il trompait tout le monde. Il osa se rendre au Parlement avec des hommes d'armes pour arrêter les principaux membres de l'opposition. Le speaker ou président refusa de les livrer. Londres se souleva et le roi fut obligé de quitter sa capitale; il essaya d'entrer à York; la ville lui ferma ses portes.

Le Parlement s'empara du gouvernement; il prit la garde des enfants du roi, nomma des ministres, décréta des impôts et la levée d'une armée. Au début, il ne put compter que sur les milices des bourgs. La plus grande partie de la noblesse se rangea autour du roi, ainsi que les paysans du nord et de l'ouest. L'armée d'Irlande, les catholiques des Hautes-Terres d'Écosse avec leur chef Montrose se rangèrent également sous l'étendard royal. Charles organisa, à Oxford, un Parlement et un gouvernement; l'Angleterre était partagée en deux camps. Le parti du roi l'emporta d'abord et eut de brillants succès contre les milices bourgeoises, à la bataille de Newbury par exemple. Mais ses succès ne durèrent pas longtemps; le Parlement anglais s'allia avec les presbytériens écossais et Cromwell lui créa une armée.

Cromwell.

Cromwell (*fig.* 96) est le descendant du favori de Henri VIII; c'était un gentilhomme fermier. Il a levé à ses frais un régiment de cavaliers, puritains austères comme lui; on les a appelés les *Têtes Rondes* ou encore les *Côtes de Fer*.

Fig. 96. — Cromwell.

Tous sont excités par le fanatisme religieux, ils sont indépendants en politique; ils ne veulent pas de roi, ils sont républicains. Ce régiment a servi de modèle aux milices du Parlement, il est peu à peu devenu l'armée tout entière. Bientôt Cromwell devint le chef de toutes ces troupes et remporta de brillantes victoires à Marston-More et à Naseby par exemple. Charles Ier fut obligé de quitter l'Angleterre et de se réfugier chez les Écossais. Ceux-ci le retinrent en prison.

A ce moment, la situation se complique; la lutte éclate entre le Parlement et l'armée de Cromwell; l'Angleterre est menacée du despotisme militaire. Le Parlement prononce le licenciement de l'armée de Cromwell et négocie avec le roi. L'armée fait enlever le roi prisonnier, négocie de son côté avec lui et lui propose des conditions plus douces que le Parlement. Mais Charles trompe tout le monde; il a promis à Cromwell l'ordre de la Jarretière; mais une lettre détournée lui prouve que Charles lui réserve une corde de chanvre pour le pendre. Les soldats réclament la mort du roi; Charles s'enfuit dans l'île de Wight; il est livré par le gouverneur et repris par Cromwell.

Le roi a encore des partisans en Écosse et même dans le Parlement anglais. Cromwell écrase les Écossais et il épure le Parlement en en expulsant 80 membres. Le Parlement épuré *(Rump* ou *Parlement croupion)* fait l'acte d'accusation; la Chambre des communes s'érige en Haute Cour de justice; Charles est condamné à mort et exécuté. Le Parlement proclame l'abolition de la royauté et établit le *Commonwealth*, c'est-à-dire la République (1648).

La République anglaise avait été proclamée par une minorité, le Rump et l'armée. Pendant 13 ans, l'armée et le puritanisme dominèrent en Angleterre; l'anglicanisme fut persécuté; tous les divertissements furent supprimés. La République fut organisée avec le Parlement et un Conseil d'État de 44 membres; il n'y eut plus ni roi, ni Chambre des lords. Mais l'Angleterre n'était pas républicaine, elle restait profondément royaliste. Il fallut envoyer au supplice des grands seigneurs et surveiller les suspects.

Les Irlandais profitèrent des troubles pour massacrer tous les colons anglais (1641). Cromwell alla « demander compte du sang innocent aux Amalécites », les écrasa à Dunbar, procéda à des massacres et à des ventes d'Irlandais comme esclaves dans les colonies; après des confiscations en masse, les Irlandais furent parqués dans le Connaught.

En Écosse, malgré des divisions profondes, régnait une antipathie générale pour la République anglaise; le parti presbytérien et parlementaire s'entendit avec le jeune roi Charles II, débarqué de Hollande, et leva une armée écossaise. Cromwell arriva avec son armée et, à Worcester, il écrasa les Écossais. L'Écosse devint une simple dépendance de la République anglaise: une armée, sous le général Monk, lieutenant de Cromwell, occupa le pays.

Cromwell voulut faire l'union des deux Républiques protestantes, anglaise et hollandaise, et partager les bénéfices des rouliers des mers. Les Hollandais ayant refusé ses propositions, Cromwell fit *l'acte de navigation* (1651). Aucun navire ne devait aborder dans un port anglais s'il n'était anglais, commandé par un capitaine anglais et monté par un équipage aux trois quarts anglais. C'était fermer les ports anglais aux Hollandais. Il en résulta une longue guerre où des corsaires se distinguèrent des deux côtés, entre autres les deux amiraux, l'anglais Blake et le hollandais Ruyter.

Cromwell, après ses victoires de Dunbar et de Worcester, était tout-puissant. Or le Rump voulait se perpétuer ; il avait déclaré que tous ses membres feraient partie de droit du Parlement qui devait lui succéder. Cromwell fit un coup d'État. Il pénétra au sein du Parlement avec ses officiers, interpella ses adversaires avec les épithètes d'*ivrognes*, *adultères*, emporta la masse du *speaker* et fit fermer la salle (20 avril 1653).

Cromwell et l'armée étaient les maîtres. Un nouveau Conseil d'État fut formé ; il comprenait 13 membres, 8 officiers et 4 civils, avec Cromwell pour président, à l'imitation du Christ et de ses douze apôtres. Un nouveau Parlement fut convoqué, dont tous les membres furent nommés par lui et par ses officiers; ce fut le *Parlement Barebone*. Les Saints passèrent leur temps en prières et en imprécations contre Rome, la nouvelle Babylone. Ils se couvrirent de ridicule, et Cromwell envoya un de ses officiers avec des soldats pour faire évacuer la salle. Quatre jours après, les officiers firent accepter à Cromwell le titre de *Lord Protecteur d'Angleterre, d'Écosse et d'Irlande*, et il fut introduit en grande pompe.

Le Protecteur eut d'ailleurs une conduite habile; il fit avec les Provinces-Unies une paix honorable, contracta une alliance avec les royaumes scandinaves protestants, et s'unit avec Mazarin contre l'Espagne. Mais les Anglais étaient dégoûtés du despotisme militaire, du gouvernement par le sabre, qui heurtait tous leurs sentiments traditionnels. Cromwell le comprit, il convoqua un Parlement dont tous les membres furent nommés par ses officiers, et ce nouveau Parlement lui offrit la couronne. Cromwell refusa par crainte de ses officiers ; on fit un compromis et on conféra au Protecteur tous les droits de la royauté avec celui de désigner son successeur. Une Chambre haute de 70 membres dut remplacer l'ancienne Chambre des lords. La nouvelle Constitution semblait fonctionner, mais les Anglais étaient divisés en républicains et en monarchistes partisans des Stuarts. Quelque temps avant sa mort (1659), Cromwell dut dissoudre ce Parlement. Il désigna pour lui succéder son fils Richard Cromwell, qui abdiqua bientôt.

A lire :

1° MACAULAY, *Histoire d'Angleterre.*
2° GUIZOT, *Histoire de Charles Ier et de Cromwell.*
3° SAYOUS, *Les deux Révolutions d'Angleterre.*

IVᵉ PARTIE

L'EUROPE DE 1660 A 1715

CHAPITRE XVIII.

L'ANGLETERRE DE 1660 A 1714.

La restauration des Stuarts; les conflits religieux et politiques. La réaction absolutiste. — Révolution de 1688. La succession protestante. Le Royaume-Uni.

SOMMAIRE

Après la mort de Cromwell, les Anglais, dégoûtés du régime du sabre et du puritanisme, rappelèrent, en 1660, les Stuarts, et rétablirent le pouvoir royal et l'Eglise officielle tels qu'avant la Révolution. Charles II régna despotiquement. Les Anglais eurent peur de voir Jacques II rétablir le catholicisme, auquel ils restaient entièrement hostiles; ils firent la révolution de 1688, qui aboutit à un changement de roi. Guillaume d'Orange remplaça son beau-père Jacques II, après avoir accepté, dans le bill des droits, les garanties qu'on lui imposait comme précaution contre le retour du despotisme. Le roi dut être protestant. Au début du XVIIIᵉ siècle, l'union de l'Ecosse et de l'Angleterre acheva l'unification territoriale et politique du Royaume-Uni de Grande-Bretagne et d'Irlande.

RÉCITS

La restauration des Stuarts.

Les lieutenants de Cromwell, entre autres Lambert et Monk, se disputaient le pouvoir. Le général de l'armée d'Écosse, Monk, réunit une Convention formée des débris de l'ancien Rump et des anciens lords. Tous les membres de la Convention furent d'accord pour rappeler le roi légitime, Charles II, fils de Charles Ier (1660). On le rappela sans lui faire de conditions et on restaura le pouvoir royal tel qu'il était avant la Révolution. Le Parlement, qui fut élu en 1661 dans les formes ordinaires et qui dura 18 ans, était composé de députés dévoués au roi. Il vota un impôt qui devait être levé pendant tout le règne sans le consentement du Parlement; le roi gouverna avec ses amis personnels. L'Église anglicane fut aussi restaurée et redevint officielle; ainsi elle enseigna qu'en aucun cas il n'était permis de résister au roi, et tous les fonctionnaires durent prêter le serment suivant : « Je déclare et crois qu'il n'est pas légitime, sous aucun prétexte, de prendre les armes contre le roi. » C'était l'union du trône et de l'autel. Tous les ennemis du roi furent emprisonnés, et Charles II gouverna pendant 18 ans sans résistance; il voulut même rétablir le catholicisme, comme le prouve le traité de Douvres (1670) qu'il signa avec Louis XIV, où il s'engageait secrètement, moyennant les subsides du roi de France, à rétablir le catholicisme en Angleterre.

Les conflits religieux et politiques.

Les Anglais étaient inquiets; car Charles II devait avoir pour successeur son frère, Jacques, duc d'York, qui était ouvertement catholique. Le nouveau Parlement, élu en 1679, se divisa en deux partis : les *Whigs* et les *Tories*. Les *Whigs*, sobriquet désignant les rebelles écossais puritains, comprenaient ceux qui soutenaient les prérogatives du Parlement contre les Stuarts, et en particulier contre Jacques II, qu'ils auraient voulu exclure du trône. Les

Tories, sobriquet désignant des brigands irlandais catholiques, comprenaient les députés qui voulaient conserver les prérogatives du roi et l'ordre de succession. Charles II chercha à maintenir la balance entre les deux partis. Il accepta le *bill du Test* ou loi d'après laquelle tout fonctionnaire, avant d'entrer en fonctions, devait *tester* ou jurer qu'il ne croyait pas à la présence réelle dans l'Eucharistie ; c'était une mesure dirigée contre les catholiques. Le duc d'York, frère du roi, héritier présomptif de la couronne, commandant de la flotte anglaise, fut obligé de démissionner. Charles II put ne plus convoquer le Parlement à la fin de son règne et gouverna despotiquement. Il mourut en 1685.

La réaction absolutiste.

Son frère Jacques II lui succéda sans opposition, quoique catholique. Il gouverna despotiquement, et les Anglais virent que leurs institutions, ni le Parlement, ni le jury, ne suffisaient à les protéger contre le despotisme royal. En effet, dans les élections des comtés et des bourgs, le shérif et les fonctionnaires du roi imposaient aux électeurs peu nombreux des candidats tories favorables à la royauté. Les membres du jury, nommés par les juges royaux, étaient choisis parmi les fidèles des Stuarts, et déclaraient coupables tous les accusés. Le grand-juge (*chief justice*), Jeffries, insultait les accusés, menaçait les jurés et empêchait les témoins de parler. Les Anglais blâmaient leur roi, mais le militarisme de Cromwell les avait tellement dégoûtés qu'ils hésitaient à faire une seconde Révolution ; ils y furent décidés par la question religieuse. Jacques II, ne pouvant rétablir le catholicisme en Angleterre, voulut y faire régner la liberté de conscience ; à ce point de vue, il était d'accord avec les quakers. En 1687, il fit la *Déclaration d'indulgence*, qui abolissait toutes les poursuites contre tous les dissidents, et autorisait toutes les sectes à exercer publiquement leur culte. Mais le seul nom de catholique rendait les Anglais enragés, même les tories ; personne ne voulut accepter cette liberté religieuse à cause des catholiques. Ce qui décida les Whigs et les Tories à chasser Jacques II, c'est que le roi, qui n'avait que deux filles protestantes, Marie et Anne, se remaria à une princesse catholique dont il eut un héritier catholique.

La Révolution de 1688.

En 1688, les Anglais firent une Révolution avec l'aide des étrangers. Ils demandèrent à Guillaume d'Orange, stathouder de Hollande, gendre de Jacques II, de débarquer en Angleterre avec une armée hollandaise. Guillaume débarqua sur la côte orientale d'Angleterre; Jacques II fut abandonné par son armée irlandaise; il fut pris, et son gendre fut tout heureux de le laisser s'enfuir en France, où il trouva un asile auprès de Louis XIV.

Un nouveau Parlement, où les Whigs dominaient, déclara Jacques déchu du trône et voulut nommer Marie reine d'Angleterre sans son mari; mais Guillaume déclara qu'il ne voulait pas tenir la quenouille, et le Parlement proclama Guillaume et Marie roi et reine d'Angleterre. Il affirmait ainsi le droit de juger le roi et de disposer de la couronne.

Comme les droits de la nation ne semblaient pas bien définis, le Parlement rédigea le *Bill des droits* et le fit approuver par Guillaume. Il est ainsi conçu :

« Les lords et les communes, assemblés pour défendre et affirmer leurs anciens droits, déclarent :

« Que le pouvoir de suspendre les lois par autorité royale, sans le consentement du Parlement, est illégal ;

« Que les levées d'argent pour l'usage de la couronne, sous prétexte d'une prérogative, sans un vote du Parlement, sont illégales ;

« Que les sujets ont le droit de faire des pétitions au roi, et que toute poursuite contre les pétitionnaires est illégale ;

« Que lever ou entretenir une armée permanente dans le royaume en temps de paix, sans le consentement du Parlement, est illégal ;

« Que l'élection des membres du Parlement doit être libre ;

« Que la liberté de parler ne doit être gênée ni mise en question devant aucun tribunal ;

« Qu'on ne doit pas imposer d'amendes excessives ni infliger des peines cruelles ou inaccoutumées ;

« Que pour redresser tous les griefs, pour amender, renforcer et consacrer les lois, le Parlement doit être tenu fréquemment. »

A ces dispositions, la Chambre ajouta un bill qui fut accepté par le roi et qui devint le *Muting Act*. Ne voulant pas d'armée permanente, le Parlement décidait qu'il voterait lui-même tous les ans le contingent de l'armée, la solde des troupes et le code de justice militaire. C'était dire que le Parlement devait être réuni tous les ans. Tous ces bills du Parlement ont été acceptés par le roi, qui a signé un véritable contrat en s'engageant à respecter les droits qui y sont contenus ; ses sujets ne doivent lui obéir que dans les limites prévues par le contrat ; s'il y manque, ils ont le droit de lui résister par la force et même de le remplacer. C'est le Parlement qui représente la nation et parle en son nom ; le roi doit tenir compte des volontés du

Parlement. Mais rien n'a été changé dans la situation légale des rois d'Angleterre ; en principe, ils continuent à pouvoir choisir leurs ministres où ils veulent, sans s'occuper de la majorité du Parlement.

La succession protestante.

Guillaume avait été reconnu roi d'Angleterre parce qu'il était protestant, quoiqu'il ne fût pas anglican. C'était un *latitudinaire* ; c'est-à-dire qu'il était indifférent aux formes du protestantisme. Il eut d'abord à lutter contre l'opposition des Jacobites ou partisans des Stuarts, les Irlandais surtout, soutenus par Louis XIV. Le roi dépossédé, Jacques II, essaya même de soulever l'Irlande, pendant que s'agitaient les Écossais des Hautes-Terres en partie restés catholiques. Des nobles anglais regrettaient les Stuarts. Guillaume écrasa les Irlandais à la bataille de Drogheda ; la victoire de la flotte hollandaise à la Hougue ruina les projets de Louis XIV. Les Anglais se détournèrent avec horreur de Jacques II, qui promettait la mise hors la loi de tous ceux qui avaient pris part à la Révolution de 1688. Des complots jacobites firent naître en Angleterre l'enthousiasme populaire en faveur de Guillaume, qui fut acclamé le roi légal et légitime.

Guillaume avait le même but que les Whigs pour la politique extérieure : la lutte contre la France. Il gouverna d'abord d'accord avec eux et fut laissé maître de diriger les affaires étrangères. Cependant, il entra bientôt en conflit avec eux à propos de l'armée permanente hollandaise qu'il aurait voulu conserver et dont les Anglais avaient peur. Ses échecs sur le continent irritèrent les Anglais. En 1701, il prononça même la dissolution du Parlement. Il mourut en 1702, épuisé par la maladie. Il avait eu, a dit

Michelet, la haine de la France; elle lui avait tenu lieu de raison politique; elle explique ses principaux actes, la Révolution hollandaise de 1672, la Ligue d'Augsbourg contre Louis XIV et la Révolution anglaise de 1688.

Avant de mourir, Guillaume avait accepté du Parlement un Bill qui devint l'*Act of settlement* (la loi de succession). Désormais l'héritier du trône devait être protestant et la couronne devait passer, après Guillaume et Marie, à Anne, la deuxième fille anglicane de Jacques II et ensuite à leur plus proche héritière protestante, l'Électrice Sophie de Hanovre. C'était l'exclusion définitive des Stuarts catholiques et du prétendant Jacques III.

Anne Stuart régna de 1702 à 1714. C'était une anglicane dévouée; elle favorisa les Tories; elle eut pour principal favori et ministre lord Churchill, duc de Marlborough. Celui-ci dirigea la lutte contre Louis XIV et se rapprocha des Whigs. Malgré ses victoires et à cause de sa cupidité, il fut disgracié. Quelques Tories espéraient que le prétendant Jacques Stuart serait reconnu par sa sœur Anne; mais, à la fin du règne d'Anne, les Whigs l'emportèrent définitivement avec les ministres Bolingbroke et Shrewsbury; ils devaient conserver le pouvoir plus d'un demi-siècle.

En 1714, à la mort de la reine Anne, George Ier de Hanovre lui succéda sans contestation. C'est sous cette dynastie que s'achèvera l'établissement du régime parlementaire, dont les origines remontent à la Révolution de 1688. L'Angleterre a vu se développer ses institutions libres; elle a des partis organisés.

Le Royaume-Uni.

Guillaume d'Orange, avant de mourir, désirait l'union des deux royaumes d'Angleterre et d'Ecosse. Les résistances des Écossais, qui craignaient de perdre leur indépendance nationale, et la mort prématurée du roi retardèrent ce projet. En 1706, après de longues négociations, l'accord se fit entre le Parlement d'Edimbourg et le Parlement de Londres, et l'union fut solennellement proclamée. Désormais le royaume de Grande-Bretagne, comprenant l'Angleterre et l'Écosse, eut des institutions communes et un seul Parlement, qui devait comprendre 45 députés écossais à la Chambre des communes et 16 pairs écossais à la Chambre des Lords. Le budget devenait commun. L'Ecosse, beaucoup moins riche que l'Angleterre, en profitait surtout.

L'Irlande continuait à former une vice-royauté, et les Iles-Britanniques constituaient le Royaume-Uni de Grande-Bretagne et d'Irlande.

A lire :

1° MACAULAY, *Histoire d'Angleterre depuis l'avènement de Jacques II.*
2° GLASSON, *Histoire du Droit et des Institutions de l'Angleterre.*
3° FRANQUEVILLE, *Le Gouvernement et le Parlement britanniques.*
4° BOUTMY, *Etude de Droit constitutionnel.*

CHAPITRE XIX.

LOUIS XIV. LA MONARCHIE ABSOLUE.

La doctrine du pouvoir royal; la Cour, l'étiquette, le gouvernement. — Œuvre de Colbert. Louvois. — Les affaires religieuses. Gallicanisme, jansénistes, calvinistes.

SOMMAIRE

Sous Louis XIV s'achevèrent la théorie et l'établissement de l'absolutisme. L'un et l'autre sont l'œuvre du roi. Il vit à Versailles au milieu d'une cour nombreuse, soumise à une étiquette rigoureuse. Le gouvernement, centralisé dans les conseils, appartient au roi et à ses ministres. Les principaux agents provinciaux sont les intendants. Il a eu pour collaborateurs Colbert, qui a organisé la vie économique du royaume, l'industrie et le commerce dans un sens prohibitif; Louvois, administrateur militaire et diplomate d'une grande activité.

Louis XIV voulait être le maître, non seulement de ses sujets laïques, mais encore de son clergé, et commander aux consciences. De là ses conflits politiques avec le pape, qui aboutissent à la Déclaration gallicane de 1682; de là sa lutte contre les jansénistes, qui amène la destruction de l'abbaye de Port-Royal; de là la Révocation de l'Édit de Nantes, l'acte le plus désastreux de son règne.

RÉCITS

Louis XIV.

De 1660 à 1715, Louis XIV occupe la première place sur la scène du monde. Il est l'organisateur définitif de la monarchie absolue ; il a achevé une longue évolution; la France est restée jusqu'en 1789 telle qu'il l'a faite.

Il avait cinq ans à la mort de son père, qui avait confié par testament la régence du royaume et l'éducation du jeune roi à la reine mère Anne d'Autriche. Celle-ci s'en remit en toute confiance à Mazarin qui était le parrain de l'enfant et fut nommé surintendant de l'éducation du roi en 1646 ; il nomma le précepteur Péréfixe et le gouverneur Villeroy. Or Mazarin a été accusé d'avoir négligé volontairement l'éducation du roi. Saint-Simon dit qu'il a tenu le roi dans la plus entière ignorance et la plus honteuse dépendance. Voltaire parle de l'oisiveté où le cardinal Mazarin le laissait languir; mais nous avons la preuve que le cardinal attachait une grande importance à l'éducation du roi ; quand la Fronde l'obligea de s'enfuir à Cologne, il envoyait des lettres journalières à la reine, lui donnant des conseils, s'enquérant de la moralité des enfants de son âge mis auprès de lui. Son action se fit surtout sentir quand le roi atteignit l'âge de l'adolescence; ce fut une véritable vie à trois, entre le jeune roi, sa mère et le cardinal. Ils vivaient au Louvre ou au palais Cardinal dans un milieu artistique, parmi les collections de peinture, de sculpture et d'œuvres d'art. Louis XIV aima toujours les arts, le jeu, la danse et la comédie. Sans doute, Mazarin n'a pas voulu faire de lui un savant; il lui a donné une instruction pratique pour le former aux affaires ; ainsi il le fait assister à des Conseils où l'on gradue les difficultés ; il a surtout de fréquentes conférences particulières avec lui. Nous avons de Mazarin des lettres où il l'incite à l'amour du travail, à l'initiative, à l'accomplissement de son grand métier de roi. Quand Mazarin part en 1659 pour signer le traité des Pyrénées, Louis XIV songe à épouser la nièce du cardinal, Marie Mancini. Mazarin lui recommande de renoncer à ses passions particulières, d'avoir le souci de sa gloire et de sa réputation, de s'appliquer en personne aux affaires, de prendre en main le gouvernail, de décider par lui-même, de ne se servir de ministres que pour entendre leurs avis. Louis XIV retint ces conseils. Il fit rédiger par un de ses secrétaires le résumé de la dernière conversation qu'il avait eue avant la mort du cardinal, et il en donna lecture le lendemain à sa mère. Voici les principaux conseils du cardinal : 1° « Employer selon leurs talents les serviteurs fort capables que j'avais auprès de ma personne. — 2° Bien prendre garde que chacun soit persuadé que je suis le maître. — 3° Entendre tous les avis au Conseil, chercher le meilleur, prendre ma résolution de moi-même, éloigner quiconque serait assez pour rien entreprendre sans mon ordre. » Ainsi donc : point de premier ministre, gouverner par soi-même, être le maître absolu; tels sont les principes que Louis XIV doit à Mazarin.

Tous les contemporains sont d'accord sur l'aspect imposant, les belles façons du roi. Voyez son portrait (*fig.* 97). Comme esprit, il n'avait rien de transcendant, mais des qualités moyennes; il avait surtout à un haut point la passion de la gloire, qui expliqua son penchant à accepter la flatterie, sa vanité, son goût des revues, où il pouvait briller, mais aussi son esprit naturellement borné.

La doctrine du pouvoir royal.

Cette doctrine a été énoncée par Louis-XIV lui-même dans ses Mémoires pour servir à l'éducation du Dauphin. S'il n'a pas dit : *L'État c'est moi*, il en a exprimé la pensée. « Le roi, dit-il, représente la nation entière; la nation ne fait pas corps, elle réside tout entière dans le roi »; ou encore : « quelque mauvais que puisse être un prince, la révolte de ses sujets est infiniment criminelle. » Le roi est maître des biens de ses sujets, les rois sont seigneurs ab-

Fig. 97. — Louis XIV (par Rigaud).

solus et ont naturellement la disposition pleine et entière de tous les biens qui sont possédés tant par les gens d'église que par les séculiers. Cependant il se fait une haute idée de ses fonctions royales. « Le métier de roi est noble, grand, délicieux, quand on se sent digne de bien s'acquitter de toutes les choses auxquelles il engage..... ». Aussi il faut travailler, dit-il, et toute sa vie Louis a été un laborieux ; il s'est soumis avec une ponctualité méticuleuse aux représentations de la cour et au travail du cabinet.

Ces idées, que nous avons déjà vues avec Richelieu, ont été reprises et développées par Bossuet dans la *Politique tirée de l'Écriture sainte*, composée en 1367 pour l'éducation du Dauphin, la même année que le *Discours sur l'Histoire universelle*. C'est un cours de droit public fondé non sur l'histoire ou la raison, mais sur la parole de Dieu. Il est divisé en livres, articles, propositions; c'est une suite de théorèmes démontrés par les textes de l'Écriture sainte, et la démonstration est irréfutable pour un croyant. « Dieu, dit Bossuet, est le vrai roi. » Mais il établit les rois comme ses ministres et règne parmi eux sur les peuples; la personne du roi est sacrée. « L'autorité royale est absolue. » Il faut obéir aux princes comme à la justice même ou encore : « Les princes sont des dieux, ils participent à l'indépendance divine. » C'est la théorie du droit divin.

La Cour; l'étiquette.

Pour un tel personnage, il fallait un milieu spécial. Ce fut la *Cour*. Louis XIV est le premier roi qui ait eu une résidence fixe ; il n'aimait pas Paris, qui lui rappelait la Fronde. Pendant les premières années de son règne, il séjournait dans les châteaux de Saint-Germain ou de Compiègne. Il allait souvent à Versailles, où Louis XIII avait fait construire par l'architecte Le Mercier un pavillon de chasse. De chaque côté de ce château Louis XIV fit construire quatre pavillons avec une chapelle, par les architectes Le Vau et surtout Hardouin Mansart. C'est une immense construction régulière taillée en ligne droite, aux toits plats à la façon italienne; les terrasses et les jardins furent dessinés dans le même genre par Le Nôtre. Des sommes énormes et de nombreuses vies d'hommes, paysans et soldats, furent dépensées dans la construction de ce palais, bâti au milieu des marécages. Telle est la résidence; ceux qui l'habitent avec le roi forment la cour (*fig.* 98).

Fig. 98. — La Cour à Versailles.

Le roi a son armée de serviteurs organisés en services distincts qui constituent la *Maison du roi*. Elle se divise en trois services différents, à la tête de chacun desquels est un grand-officier : maison ecclésiastique, maison militaire, maison civile. La maison ecclésiastique a pour chef le Grand-Aumônier, qui a sous ses ordres tous les aumôniers, chapelains, maîtres de chapelle, etc. La maison militaire est une armée complète et comprend des troupes privilégiées, gardes du corps, gardes de la manche, gardes de l'hôtel, Cent-Suisses, gendarmes, chevau-légers, mousquetaires, gardes françaises, gardes suisses.

La maison civile est la plus importante et comprend elle-même trois principaux services : 1° Le service de la bouche, dirigé par le Grand-Maître de France, d'où dépendent les sept offices, c'est-à-dire les maîtres d'hôtel, le Grand-Panetier, le Grand-Échanson, le premier écuyer tranchant et tous les chefs de service. — 2° A la tête du service de la Chambre est le Grand-Chambellan, qui commande aux gentilshommes de la Chambre, pages, huissiers, valets de chambre, porte-arquebuse, barbiers, tapissiers, médecins, officiers de la garde-robe, du cabinet, du garde-meuble. — 3° Le Grand-Écuyer de France dirige les écuries, les écuyers, les intendants des écuries, les laquais. En outre le Grand-Veneur et le Grand-Fauconnier dirigent tout un personnel de chasse, meutes pour le lièvre, meutes pour le chevreuil, vol de faucons, les uns pour le lièvre, les autres pour le canard, la pie, la corneille.

Ajoutez à tous ces gens de service la foule des nobles que Louis XIV oblige à vivre près de lui. Chaque jour il fait sa ronde pour voir si personne ne manque, et quand on lui demande une faveur pour un absent, il dit : « Je ne le connais point. » D'ailleurs se montrer à la cour du roi devient un honneur. Être bien en cour est l'espoir et la condition d'une grande fortune. Vivre loin de la cour, c'est être non seulement malheureux, mais ridicule. Aussi les nobles composent leurs visages sur celui du roi. La Fontaine appelle les courtisans un peuple caméléon. Quand Louis XIV subit l'opération de la fistule, beaucoup de courtisans voulurent subir la même opération. La plupart des courtisans, pour être plus près de la cour, se sont fait construire un hôtel à Versailles, et l'ancien rendez-vous de chasse est devenu une ville de 80 000 âmes groupées autour du palais du roi. Parfois la cour se transporte à Trianon ou à Marly; ou elle va à la chasse au château de Saint-Germain, et il faut une grande quantité de carrosses et de chevaux pour transporter les courtisans et les serviteurs.

Louis XIV, passionné par la manie du détail et de la représentation, a réglé les moindres détails de chacun des actes de sa vie journalière. C'est à lui que l'on doit le cérémonial, l'étiquette. Par exemple, son lever est divisé en quatre actes. 1° Quand le roi a été éveillé par son premier valet de chambre à l'heure fixée, a lieu dans la chambre du roi la première entrée ou entrée familière ; seuls y prennent part les princes du sang, les médecins et les chirurgiens. — 2° Après a lieu la Grande-Entrée, qui comprend le Grand-Chambellan, le premier gentilhomme de la Chambre, le Grand-Maître de la garde-robe, les barbiers et les horlogers. Le roi sort du lit, il chausse ses mules, le Grand-Chambellan lui met la robe de chambre; le roi s'assied sur son fauteuil. — 3° Alors a lieu l'entrée des brevets, c'est-à-dire des seigneurs qui ont ce droit par nomination de Sa Majesté, puis les secrétaires, les lecteurs, les intendants, les médecins consultants. — 4° A ce moment a lieu *l'entrée de la chambre* avec les huissiers, valets de chambre, porte-manteaux, porte-arquebuses, les cardinaux, les évêques, ambassadeurs, ducs, grands-officiers, puis toute la noblesse suivant l'ordre de préséance. Pendant ce temps-là, le roi est habillé en grande cérémonie. Présenter la chemise au roi est un insigne honneur réservé à un prince du sang ou au Grand-Chambellan. Il y a une cérémonie semblable pour lui passer son haut-de-chausse, son épée, sa veste et son justaucorps. Le cérémonial est le même pour le botter, le débotter, pour les repas, les audiences, le coucher. Pendant ces cérémonies tout le monde restait debout; c'était un insigne honneur pour une dame de pouvoir s'asseoir et d'avoir droit au divin tabouret; de même à quelques personnes seulement était réservé l'honneur d'accompagner le roi à Marly.

Tous les courtisans portent des vêtements de soie garnis de dentelles aux manches, aux genoux et sur le devant; ils portent une énorme perruque poudrée et un grand chapeau à plumes. Les dames s'enferment la taille dans un corset très raide qu'on appelle le *corps*. C'est la cour qui fait la mode à Paris et dans les provinces.

Le Gouvernement.

Louis XIV n'a jamais voulu avoir de premier ministre. Des Conseils pour l'éclairer, des ministres pour exécuter ses ordres, tels ont été les principaux organes de son gouvernement. Il en a systématiquement exclu et les gens d'église dont il se défiait et les princes du sang, même ses enfants légitimés qu'il affectionnait particulièrement. Il n'y a eu d'exception que pour le duc de Beauvillier, gouverneur des enfants de France, qui entra au Conseil des finances et devint ministre d'État, et pour les héritiers présomptifs, le Grand-Dauphin et le duc de Bourgogne. Il choisit des hommes obscurs, gens de robe ou simples bourgeois; il pouvait les faire rentrer dans le néant d'où il les avait tirés. Ce fut, dit Saint-Simon, un long règne de vile bourgeoisie.

Louis XIV a complété l'immense machine gouvernementale. Au centre, les Conseils constituent la pièce capitale du mécanisme, discutent et résolvent toutes les questions d'État. Tous les services publics sont distincts, et à chacun d'eux est affecté un organe spécial. Il y a quatre Conseils : le Conseil d'État, le Conseil des Dépêches, le Conseil des Finances, le Conseil privé. Les trois premiers n'ont qu'un rôle consultatif ; ils sont toujours présidés par le roi en personne, qui prend la décision ; le quatrième, moins important, est habituellement présidé par le chancelier ; il est le seul qui prenne des décisions.

1º Le *Conseil d'État* ou *Conseil d'en haut* ou simplement *Conseil* peut se comparer à notre Conseil des ministres. On y discute tout ce qui regarde le gouvernement et qui peut être de quelque importance pour le roi, pour la cour, pour l'État, en un mot pour le dedans ou le dehors du royaume. Y sont convoqués seulement les *ministres d'État* ; il n'y en a jamais plus de cinq à la fois ; il y en a eu dix-sept en tout pendant le règne. Ils se réunissent trois fois par semaine ; un ministre lit un rapport, on discute, le roi décide.

2º Le *Conseil des Dépêches* ressemble à notre ministère de l'Intérieur, il reçoit les rapports des intendants et leur envoie des instructions.

3º Le *Conseil des Finances* a été créé par Louis XIV, qui le préside deux fois par semaine ; il fixe le chiffre de la taille et sa répartition.

4º Le *Conseil Privé* ou *des Parties* a un rôle judiciaire et administratif comme notre Conseil d'État et notre Cour de cassation ; il tranche les conflits entre les différents services de l'État, casse les jugements pour vice de forme. Il comprend : 3o conseillers d'État nommés par le roi, qui font l'office de juge et près de 8o maîtres des requêtes, qui préparent les rapports ; c'est parmi eux généralement que le roi choisit les intendants ; leur charge est vénale et se vend très cher. Les décisions sont prises sous cette forme : « Le roi en son Conseil.... »

D'autres Conseils furent encore organisés, tels que le *Conseil de conscience*, dont le principal membre était le confesseur du roi, qui avait la feuille des bénéfices ; le *Conseil de la religion prétendue réformée*, le *Conseil de commerce*.

Les ministres du roi exécutaient et faisaient exécuter les décisions prises en Conseil. Ils portaient différents noms : chancelier, contrôleur général, surintendant des bâtiments, secrétaires d'État à la guerre, à la marine, aux affaires étrangères, à la maison du roi. Ils se partageaient les services, sans que le partage d'attributions fût régulier ; ainsi Colbert eut les finances, la justice, l'industrie, le commerce, la marine. En outre, les quatre secrétaires d'État administraient chacun un certain nombre de provinces ; ils étaient donc en rapport avec les intendants. Madame de Sévigné appelle le contrôleur et les secrétaires d'État les cinq rois de France ; ils sont absolus quand ils ont la confiance du roi. Ajoutez-y le lieutenant de police, créé en 1667 par Louis XIV, qui avait la surveillance de Paris, la disposition des lettres de cachet pour emprisonner les gens dangereux, la présidence d'une Commission de censure pour examiner tous les imprimés et sévir contre les écrits séditieux ; vous aurez tous les rouages du gouvernement central.

Pour l'administration provinciale, on laissa subsister les anciens gouverneurs de provinces, mais réduits à un rôle purement représentatif, et passant la plus grande partie de leur temps à Versailles. Toute l'importance passe aux *Intendants de police, justice et finances*, qui réunissaient tous les pouvoirs ; ils furent établis partout à poste fixe. En 1700, le royaume était divisé en 30 intendances. Les intendants avaient des auxiliaires qu'on appelait *subdélégués*, qui administraient chacun une subdivision de l'intendance. Intendants et délégués étaient plus puissants que nos préfets et sous-préfets ; on ne pouvait rien faire sans eux.

Œuvre de Colbert.

Colbert (*fig.* 99) est un personnage intéressant; il montre par quels moyens un homme de bas étage arrivait à une haute situation; il a eu un système économique original, qu'on appelle le *Colbertisme*. Il est né à Reims; son père était marchand de drap; il fut élevé chez les jésuites, devint commis chez un banquier de Lyon, clerc chez un notaire, puis chez un procureur au Parlement de Paris. Un oncle le recommanda à Le Tellier, agent de Mazarin, et le cardinal prit Colbert comme intendant ou régisseur en 1651. Colbert, quoique scandalisé des déprédations du premier ministre, administra avec dévouement les affaires du cardinal, tout en faisant sa propre fortune. Il se fit donner des abbayes, des charges et des titres à lui et aux membres de sa famille. Mazarin le fit nommer baron de Seignelay, conseiller d'État et intendant des finances; un de ses frères devint évêque de Luçon, un autre intendant d'Alsace. Ma-

Fig. 99. — Colbert.

zarin le recommanda à Louis XIV, et, après la mort du cardinal, Colbert devint l'homme de confiance du roi. Comme intendant des finances, il dévoila à Louis XIV les malversations du surintendant des finances, Fouquet.

Celui-ci était le fils d'un riche armateur breton, devenu surintendant des finances en 1652. Il avait amassé une fortune colossale avec Mazarin en prélevant des bénéfices énormes sur la vente des fermes et des gabelles, sur les emprunts et les ordonnances de payements. Il avait placé dans toutes les charges ses amis et créatures ; il avait fait construire près de Melun le fameux château de Vaux, où il donnait des fêtes extraordinaires ; il protégeait les artistes et les poètes, comme La Fontaine. Louis XIV, après la mort de Mazarin, chargea Colbert de le faire pénétrer dans le chaos des finances ; cela fut facile ; et Fouquet, après la fête qu'il donna au roi en 1661, fut arrêté et conduit à Vincennes, jugé par une Commission ; accusé de crime d'État pour avoir fortifié Belle-Isle, qu'il avait achetée, il fut condamné à la confiscation et au bannissement. Louis XIV aggrava cette peine par la détention perpétuelle. Fouquet mourut au château de Pignerol en 1680.

Le procès de Fouquet assura la fortune de Colbert ; à ses titres il ajouta ceux de surintendant des bâtiments, arts et manufactures, contrôleur général, secrétaire d'État à la maison du roi, secrétaire d'État à la marine, ministre d'État, conseiller du roi en son Conseil ; il dirigea toutes les branches de l'administration, sauf la diplomatie et la guerre. Partout il agit avec méthode, établissant la situation, le but et les moyens. Il avait l'abord glacial. Guy Patin l'appelle *vir marmoreus*, l'homme de marbre ; Madame de Sévigné l'appelle *le Nord* ; elle tremble à l'idée d'avoir une audience avec lui. Malgré sa sévérité, Louis XIV l'employa dans des circonstances délicates : Colbert alla chercher Mademoiselle de la Vallière au couvent ; il fut l'homme de confiance de Madame de Montespan. Il eut neuf enfants ; l'aîné, le marquis de Seignelay, devint ministre ; ses filles furent recherchées par les plus grandes familles. A la fin de sa vie, il eut à lutter contre Louvois, à cause des guerres et des bâtiments; il mourut en 1683 dans une demi-disgrâce.

Colbert a appliqué son système à la vie économique, surtout à l'industrie et au commerce. Il avait exposé son programme à Mazarin dans un mémoire de 1653 : « Il faut, disait-il, rétablir ou créer toutes les industries, même de luxe, établir le système protecteur dans les douanes, organiser les producteurs et commerçants en corporations, restituer à la France le transport de ses produits, développer les colonies. »

La France était un pays essentiellement agricole ; il renouvela en faveur des agriculteurs les prescriptions de Sully, s'enquit auprès des intendants si les paysans s'habillaient mieux, s'ils se réjouissaient aux fêtes et aux mariages ; mais, en interdisant l'exportation des blés, il porta un coup mortel à l'agriculture. La France ne produisit du blé que pour sa consommation. Beaucoup de terres restèrent en friche.

L'industrie restait organisée dans les corporations, telles que nous les connaissons, avec les apprentis, les ouvriers, les patrons, la maîtrise et la jurande. Colbert aggrava le système des corporations ; tous les métiers y furent soumis ; les maîtrises furent vendues à prix d'argent. Mais surtout il établit une réglementation à outrance par de nombreuses ordonnances. Ainsi l'Ordonnance de 1669 fut un vrai code de la draperie en 317 articles. Elle fixait la qualité de la matière première, la longueur et la largeur de la pièce de drap, le nombre de fils qui devaient y entrer. Les fabricants devaient jurer par serment de s'y conformer ; toute pièce de drap devait être estampillée par la corporation et par un commis du roi ; en cas de délit, la marchandise était exposée sur un poteau à la porte du fabricant ; en cas de récidive, le fabricant ou le marchand était, avec la marchandise, exposé au pilori. Colbert voulait ainsi assurer la bonne fabrication.

D'autre part, il a brisé le cadre étroit de la corporation en créant des manufactures royales, dans lesquelles travaillaient parfois des milliers d'ouvriers. Ainsi il établit à Abbeville une manufacture de draps fins sous la direction du hollandais Van Robais; il fit acheter l'hôtel des Gobelins et y rétablit, sous le nom de Manufacture des meubles de la Couronne, la manufacture créée par Henri IV. Le peintre Lebrun en fut le directeur; elle a créé dans l'ameublement le style Louis XIV. Des ouvriers vénitiens furent installés à Saint-Gobain; une fabrication de dentelles fut établie à Alençon; c'est là qu'a été créé le point d'Alençon.

Colbert voulait que l'industrie française eût le monopole de la fabrication des objets manufacturés utilisés en France, et en même temps qu'elle pût écouler ses produits au dehors. De là les mesures qu'il prit pour le commerce intérieur et extérieur. A l'intérieur, il créa des voies de communication par terre et par eau; il dépensa de fortes sommes d'argent pour l'entretien des routes, qui étaient en fort mauvais état. L'ingénieur Riquet commença le canal du Languedoc; la moitié des 14 millions qu'il coûta fut fournie par le roi.

Mais la plus grande difficulté provenait des péages, des octrois, des douanes intérieures d'une province, d'une ville, d'un village à l'autre. Colbert aurait voulu supprimer toutes ces douanes et les reporter aux frontières avec un tarif uniforme. Mais il fut obligé de tenir compte des intérêts particuliers et des résistances locales. 12 grandes provinces seulement acceptèrent ces réformes; on les appela les provinces des cinq grosses fermes, parce que les objets, soumis à cinq taxes principales, y circulaient en franchise et ne payaient de droits qu'à la sortie du territoire de l'union de ces 12 provinces. Les autres provinces étaient réputées étrangères ou à l'instar des étrangers.

Aux frontières du royaume, Colbert voulut empêcher l'exportation des objets de première nécessité; par crainte de la famine et par suite de la nécessité de nourrir les armées, on prohiba absolument toute sortie de blé ; plus tard on établit un droit de 22 livres par muid ou par 18 hectolitres.

Mais surtout il voulut empêcher l'entrée en France des denrées similaires produites par l'étranger, et établit un système protecteur et même prohibitif; il édicta deux tarifs, le tarif de 1664, et surtout le tarif de 1667 qui établissait des droits énormes sur les draps et les dentelles et allait jusqu'à la prohibition des glaces et dentelles de Venise. Les étrangers, surtout les Hollandais, protestèrent ; ils prélevèrent des droits énormes sur les vins, eaux-de-vie et autres marchandises françaises. La guerre des tarifs fut une des causes de la guerre de 1672.

Pour développer le commerce extérieur, Colbert rétablit le Conseil du Commerce qui avait été institué par Henri IV ; 18 villes y envoyaient tous les ans deux marchands, et trois d'entre eux siégeaient en permanence auprès du roi. Il voulut développer le commerce maritime. « Les deux tiers, disait-il, sont aux Hollandais, l'autre tiers est aux Anglais; la France doit en avoir au moins un tiers. » Il reprit l'œuvre de Henri IV et de Richelieu, et fonda en 1664 deux grandes compagnies privilégiées. La Compagnie des Indes Orientales fut fondée au capital de 15 millions de livres, dont 4 furent fournies par le roi ; elle reçut un privilège pour 50 ans, la propriété de toutes les îles où elle s'établirait entre le Cap de Bonne-Espérance à l'est et le détroit de Magellan à l'ouest, une prime de 50 livres par tonneau à l'exportation, de 75 livres à l'importation. Elle fonda Lorient; son siège principal devait être Madagascar. La Compagnie des Indes Occidentales eut son siège au Havre; on lui donna le Canada, l'Acadie, les Antilles, la Guyane, les côtes occidentales d'Afrique avec un monopole de

40 ans et des primes à l'importation et à l'exportation. Le dixième des actions fut pris par le roi ; la cour fut obligée de l'imiter.

Ces compagnies ne réussirent pas ; elles ne purent placer leurs actions et empruntèrent. La compagnie orientale, en lutte avec les Hollandais, rendit Madagascar au roi en 1686 et vendit la plupart de ses droits à des particuliers ou à d'autres compagnies. Elle languit jusqu'en 1718, époque où Law la racheta. La compagnie occidentale fit de même. Beaucoup d'autres compagnies formées du démembrement des deux premières n'eurent pas plus de succès : telles les compagnies du Nord, du Levant, du Sénégal, du Canada, des Antilles, etc. La colonisation ne se développa qu'après la chute des compagnies, sous le régime de la liberté. Dans les Antilles, surtout la Martinique prospéra et eut 20 000 habitants ; la plupart des petites Antilles devinrent françaises. 10 000 Français s'établirent au Canada ; Cavelier de La Salle fonda la Louisiane ; la ville de Saint-Louis grandit à l'embouchure du Sénégal. Fort-Dauphin, à Madagascar, fut évacué après le massacre des colons en 1695 ; mais les Français s'établirent à l'île Bourbon.

Pour protéger tous ces établissements, Colbert voulut avoir une marine ; il eut 270 vaisseaux de haut bord à voiles, sans compter les galères, dont la chiourme de galériens, servant de rameurs, était fournie surtout par les condamnés. Pour le recrutement des équipages, Colbert mit fin au système barbare de la presse ou recrutement forcé, et organisa le système des classes. Il fit faire le recensement de tous les marins, matelots et habitants des côtes, qui furent groupés en trois classes, dont l'une devait servir sur les vaisseaux du roi pendant un an ; pendant l'année de service, le roi accordait une solde, l'exemption du logement des gens de guerre, des tailles, des poursuites judiciaires ; pour venir en aide aux familles des matelots embarqués, Colbert fonda la caisse des gens de mer. A la marine de l'État il faut ajouter les corsaires. Des ordonnances sur les prises et des lettres de marque distribuaient aux capitaines les deux tiers des prises et l'autre tiers au reste de l'équipage. L'État alla même jusqu'à fournir aux corsaires des petits vaisseaux de guerre. Jean Bart (*fig.* 100) et Duguay-Trouin se signalèrent l'un à Dunkerque, l'autre à Saint-Malo; tous deux furent anoblis.

Fig. 100. — Portrait de Jean Bart.

Telle fut l'œuvre économique de Colbert; c'était une œuvre de paix; elle fut détruite par les guerres continuelles qui signalèrent le règne de Louis XIV.

Louvois.

Louis XIV a possédé l'armée la plus formidable de l'époque; elle est son œuvre personnelle; il aimait les revues et se faisait valoir dans les détails de l'organisation militaire. Il a eu des collaborateurs remarquables; le principal a été Louvois, qui aimait prendre le roi par son faible, l'amour de la gloire, et qui jusqu'en 1683 partagea son influence avec d'autres ministres; mais, de 1683 à 1691, Louvois fut tout-puissant et poussa le roi aux grandes fautes à l'intérieur et à l'extérieur.

Louvois était le fils de Michel le Tellier, un homme de robe qui était entré dans l'administration militaire. A 14 ans, il obtint la survivance de son père comme secrétaire d'État à la guerre et fut placé par lui près de Louis XIV, qui crut l'avoir formé. Ce n'était pas un militaire, il n'a jamais eu un grade ; ce fut un ministre de la guerre civil, qui montra une grande force de volonté et de travail.

Ses principaux efforts se sont portés sur le recrutement, l'intendance, le contrôle et l'armement.

1° Le *recrutement* de l'armée se faisait par le racolage de mercenaires (*fig.* 102); le capitaine de chaque compagnie achetait très cher son brevet; le colonel achetait son régi-

Fig. 102. — Les racoleurs.

ment et touchait, en plus de ses appointements, après une montre ou revue, une prime de levée de 10 écus par fantassin, et de 50 par cavalier. Tous les jours, il recevait le prêt, mais il le gardait au lieu de le donner à ses soldats; ceux-ci vivaient de maraude. Pour les revues, il utilisait les passevolants, gens quelconques qu'on affublait en soldats pour la circonstance et qui disparaissaient après la revue. Louvois ne put rien changer à ce mode de recrutement, dû à l'état social; il créa seulement trois régiments de milices fournies par les paroisses au moment du tirage au sort; cette idée sera reprise au XVIII° siècle. Il fit punir les passe-volants; on leur coupa le nez et les oreilles; on les punit de mort. Les capitaines et colonels continuèrent à acheter leurs charges, mais ils durent passer par les compagnies de cadets créées dans les régiments des pays frontières et suivre l'*ordre du tableau*, qui réglait l'avancement. Certaines charges furent non achetées, mais données par le roi, comme celles de lieutenant-colonel, de brigadier, maréchal de camp, lieutenant général; le colonel général de la cavalerie, le colonel général de l'infanterie, le grand-maître de l'artillerie furent supprimés. Toute nomination appartint au roi.

Fig. 103. — Général (au XVII° siècle).

2° Louvois est le créateur de l'*intendance* : il organisa des magasins généraux le long des frontières; les places fortes furent approvisionnées; les opérations militaires devinrent possibles en toute saison.

3° Jusque-là, le *contrôle* appartenait au ministre de la guerre, aux commissaires des guerres, aux intendants; tous durent leur obéir, et des inspecteurs créés pour les différentes armes firent de fréquentes inspections et revues. Ce fut Martinet pour l'infanterie, le chevalier de Fourilles pour la cavalerie, Dumetz pour l'artillerie, Vauban pour le génie. Enfin Chamlay, maréchal des camps et armées du roi, dut régler les ordres de marches, préparer les cantonnements; ce fut un vrai chef d'état-major attaché à Condé et à Turenne, qui lui durent leurs plus grands succès.

4° Au début, l'infanterie comprenait les mousquetaires et les piquiers; à quelques-uns des mousquetaires on donna des fusils à pierre; puis il y eut des régiments entiers de fusiliers. Vauban inventa la baïonnette à douille; toute l'infanterie en fut armée en 1703. Désormais l'infanterie joua le rôle prépondérant. Louvois fit une armée spéciale de l'artillerie, qui auparavant était confiée à des entrepreneurs; il fit créer le génie par Vauban, l'inventeur des fortifications rasantes, des bastions à feux croisés, des chemins couverts, des ouvrages avancés. Enfin Louvois fit construire l'hôtel des Invalides par Libéral Bruant et Hardouin Mansart.

Les affaires religieuses. — Le gallicanisme.

Le Concordat de 1516 continuait à régler les rapports de l'Eglise et de l'Etat, mais le clergé de France et le Parlement continuaient à réclamer les libertés de l'Église gallicane. Louis XIV voulut être maître de son clergé et indépendant vis-à-vis du pape. La querelle éclata à propos de la *Régale*, droit que le roi de France avait de jouir des revenus d'un bénéfice tant qu'il était vacant. En 1676, il rendit un édit qui soumettait à la Régale toutes les églises de France sans exception. Les deux évêques d'Aleth et de Pamiers refusèrent de payer ce droit; leur temporel fut confisqué. Ils en appelèrent au pape. Innocent XI lança une bulle qui fut interdite par le Parlement, dans laquelle il excommuniait ceux qui se soumettaient à la Régale.

Louis XIV réunit en 1682 une assemblée extraordinaire

du clergé, qui fut présidée par Bossuet. Celui-ci essaya de ménager le pape et le roi, et fit un discours sur l'unité de l'Eglise ; mais les décisions furent dictées par Colbert. Le clergé fit la déclaration des 4 articles :

1º Saint Pierre et ses successeurs n'ont reçu de Dieu aucune puissance sur les choses temporelles ; ils n'ont pas le droit de déposer le roi, ni de délier le clergé de l'obéissance aux lois.

2º L'Eglise gallicane approuve les décrets touchant la suprématie spirituelle des Conciles œcuméniques sur le pape.

3º On doit conserver à l'égard du pape les canons inspirés de Dieu, mais aussi les règles et coutumes admises dans le royaume de France et dans l'Eglise gallicane.

4º En matière de foi, le jugement du pape n'est irréformable que si le consentement de l'Eglise universelle s'y ajoute.

Le Parlement de Paris enregistra cette déclaration et en ordonna l'enseignement dans les facultés de théologie et dans les séminaires. Dans son mécontentement, le pape refusa l'institution canonique à tous les évêques nommés par le roi. Mais, en 1690, Louis XIV, en guerre contre toutes les puissances de l'Europe, s'entendit avec le pape et lui promit que l'on n'enseignerait plus cette déclaration dans les séminaires. Les évêques nommés par le roi furent investis. Cependant le Parlement continua à juger les procès ecclésiastiques d'après la déclaration de 1682.

Les jansénistes.

La question janséniste touche à la question de la grâce, qui est aussi vieille que le christianisme : un chrétien peut-il se sauver par lui-même, ou a-t-il besoin pour cela d'un secours spécial de Dieu, est-il prédestiné ? Au xvɪe siècle, un professeur de l'université de Louvain, Baïus, avait repris la discussion sur la prédestination. Les jésuites l'avaient fait condamner et lui avaient opposé leur doctrine. En 1640, un professeur de Louvain, *Corneille Jansenius*, reprit les idées de Baïus et publia l'*Augustinus*. Un disciple de Jansénius, Duvergier de Hauranne, qui devint abbé de Saint-Cyran, réunit un groupe de disciples dans le monastère abandonné de Port-Royal des Champs près de Paris, où ils vivaient, en communauté, d'une vie d'études et de prières, en professant les doctrines de Jansénius. On les appela les *jansénistes*. Parmi eux vivaient plusieurs membres de la famille Arnauld, dont faisait partie le grand Arnauld, docteur en Sorbonne; un prêtre, M. de Sacy; l'avocat Lemaître de Séricourt; le moraliste Nicole; Lancelot, l'auteur du *Jardin des Racines grecques*. Ils y avaient fondé les *Petites Écoles*, où l'on enseignait le grec ; Pascal, Racine, La Bruyère en ont été les élèves. La sœur d'Arnauld, la mère Angélique, abbesse de l'abbaye de femmes de Port-Royal de Paris amena une partie de ses religieuses à Port-Royal des Champs avec leurs élèves.

La petite communauté fut bientôt persécutée. En effet les jésuites avaient fait condamner cinq propositions de l'*Augustinus*. Une lutte très vive s'engagea entre jansénistes et jésuites sur la question de droit et de fait. Ces propositions étaient-elles condamnables en elles-mêmes ? Se trouvaient-elles dans l'*Augustinus*? En 1646, Pascal lança ses âpres *Provinciales*, où il stigmatisait la casuistique et la morale relâchée des jésuites. L'opinion publique fut pour les jansénistes. En 1664, le pape fit composer un formulaire que durent accepter tous les évêques ; Louis XIV voulut l'imposer aux jansénistes : de là de longues persécutions. En 1709, sous l'influence de Madame de Maintenon, le roi fit envahir l'abbaye de Port-Royal par la maréchaussée ; les religieuses furent dispersées, on déterra les morts, on les brûla, on rasa tous les bâtiments.

Une dame, Madame Guyon, professait une doctrine qui prêchait l'extase dans l'amour de Dieu ou le *Quiétisme*, et publia une quarantaine de volumes. On l'enferma à la Bastille. L'archevêque Fénelon prit sa défense et publia l'*Explication des maximes des Saints de Madame Guyon;* il fut attaqué par Bossuet, exilé dans son diocèse de Cambrai et contraint à une rétractation publique.

Les calvinistes.

L'Edit de Nantes était maintenu, et Louis XIV au début de son règne jura de le conserver. Beaucoup de nobles calvinistes s'étaient convertis, mais le protestantisme s'était répandu parmi les paysans et les bourgeois; en 1660, les protestants formaient le dixième de la population.

Dans toutes ses assemblées, le clergé proteste contre l'Édit de Nantes, l'édit « le plus maudit par lequel est permise la liberté de conscience », et demande que le roi s'en tienne à sa stricte observation. Louis XIV est soumis aux prêtres; il prit d'abord la résolution de n'accorder aucune faveur aux protestants; mais les persécutions commencèrent bientôt. En 1662, il supprima le synode national, défendit à un protestant converti de retourner à son erreur, expulsa les protestants des fonctions, autorisa les garçons de 14 ans, les filles de 12 ans à se convertir au catholicisme malgré leurs parents. Il ordonna des controverses auxquelles prirent part Bossuet et le pasteur Claude; mais il défendit bientôt aux protestants de ne rien écrire ou publier contre le catholicisme; des courtisans, Turenne, Dangeau, Pellisson, s'étaient convertis; mais le peuple était resté fidèle à sa foi.

Les évêques lancèrent un avertissement pastoral pour exhorter les protestants à se réconcilier avec l'Eglise, les menaçant, s'ils persistaient, de « malheurs épouvantables ».

Louis XIV, poussé par son confesseur jésuite, défendit aux pasteurs de s'appeler membres de la parole de Dieu, mais de la *Religion prétendue Réformée*; il interdit les mariages mixtes, défendit aux calvinistes d'entrer dans les corporations, ordonna la démolition des temples construits depuis 1598, autorisa l'abjuration des enfants à partir de l'âge de 7 ans.

Louvois voulut y mêler l'élément militaire et logea chez les protestants des dragons, pour y vivre licencieusement. Les dragons pendaient les gens au-dessus du foyer, privaient de sommeil les malades, insultaient les femmes. De la torture à la communion, il n'y avait souvent que 24 heures de distance. Les intendants proclamèrent qu'il n'y avait plus de protestants. Louis XIV le crut, et, le 17 octobre 1685, il donna l'Edit de Fontainebleau, qui révoquait l'Edit de Nantes. « L'Edit de Nantes étant inutile, nous ne pouvons rien faire de mieux que de le révoquer entièrement. » Les temples devaient être démolis, les pasteurs quitter le royaume, tous les enfants être élevés dans la religion catholique. Les protestants étaient mis hors la loi.

Tous les catholiques applaudirent. Bossuet, dans l'oraison funèbre de Michel le Tellier, complimenta Louis XIV. Le pape écrivit : « L'Eglise ne cessera jamais de louer votre nom. » Seuls, Saint-Simon, Vauban, Fénelon osèrent protester contre les violences du roi.

Malgré les édits qui interdisaient aux protestants de sortir du royaume, une émigration eut lieu, qu'on peut évaluer pour le moins à 300 000 personnes. Denis Papin, l'inventeur de la machine à vapeur, le général Schomberg qui alla combattre dans les armées étrangères, sont les plus illustres victimes. Un quartier de Berlin, le Moab, fut peuplé par des huguenots français. La Hollande reçut de nombreux fugitifs. L'industrie française fut portée à l'étranger par de nombreux ouvriers émigrants.

Tous cependant n'émigrèrent pas. Dans les Cévennes, les paysans protestants continuèrent à se réunir pour prier dans les assemblées du désert; à la fin du règne éclata le soulèvement des Camisards aux chemises rouges, qui brûlaient les églises et tuaient les curés. Un paysan, Jean Cavalier, fut l'âme de la révolte, que le meilleur des généraux de Louis XIV, Villars, réussit à écraser.

A lire :

1° Seignobos, *Histoire de la Civilisation.*
2° Rambaud. *Civilisation française.*
3° P. Clément, *Histoire de Colbert et de son Administration.*
4° C. Rousset, *Histoire de Louvois.*
5° A. Babeau, *La Vie militaire sous l'Ancien Régime.*
6° Sainte-Beuve, *Port-Royal.*
7° Aug. Sabatier, *Etudes sur la Révolution.*

CHAPITRE XX.

POLITIQUE EXTÉRIEURE DE LOUIS XIV.

Louis XIV et la succession d'Espagne; acquisitions de territoires. — Les coalitions contre la France.

SOMMAIRE

Le règne de Louis XIV fut un règne de guerres et de négociations diplomatiques. Avec l'armée organisée par Louvois, et les grands diplomates Hugues de Lionne, Arnaud de Pomponne, Colbert de Croissy, la politique française eut en Europe un rôle prépondérant. La principale préoccupation du roi fut la succession d'Espagne. Il réussit à enlever quelques territoires à l'Espagne ; la question fut réglée en faveur de son petit-fils Philippe V, qui devint roi d'Espagne, mais sans aucun profit pour le royaume de France. Ses principaux adversaires furent, non l'Espagne affaiblie, mais les Provinces-Unies et surtout l'Angleterre, qui voulut maintenir l'équilibre européen et qui commença, par les traités d'Utrecht, à s'assurer la suprématie maritime.

RÉCITS

Caractères généraux.

Louis XIV eut une diplomatie très étendue. Il accrédita auprès des cours étrangères des ambassadeurs, grands seigneurs qui devaient jouer un rôle d'apparat, comme les ducs de Longueville et de Créqui, les maréchaux de Grammont et de Villars ; mais la besogne utile était faite par de simples envoyés ou résidents choisis parmi les administrateurs et les hommes de loi ; ils étaient en relations quotidiennes avec le roi. Nous possédons les *Instructions aux ambassadeurs* rédigées par Louis XIV ou ses ministres des affaires étrangères, Hugues de Lionne, Arnaud de Pomponne, Colbert de Croissy. Les agents du roi devaient jouer dans les cours étrangères le rôle d'espions, au besoin *perlustrer* les dépêches, acheter les ministres des souverains. Hugues de Lionne a fait toute sa carrière dans la diplomatie ; il était le neveu de Servien, le négociateur des traités de Westphalie et fut l'homme de confiance de Mazarin. Il négocia la Ligue du Rhin, le traité des Pyrénées. C'était un homme aimable et spirituel ; on l'appelait le voluptueux ; il fut le plus écouté des ministres de Louis XIV.

Son successeur, le grave et austère Arnaud de Pomponne, se prépara par des missions en Hollande et en Suède, devint secrétaire d'État et dirigea toute les négociations de la guerre de Hollande. Il ne voulut pas plier devant Louvois et fut disgracié.

Colbert de Croissy, frère de Colbert, remplaça Arnaud de Pomponne; il était d'humeur violente et brutale, mais infatigable au travail. Il fut le principal négociateur de la paix de Nimègue et inspira à Louis XIV l'idée de conquêtes par voie judiciaire, mais ne put empêcher la Ligue d'Augsbourg.

Louis XIV connaissait la situation de l'Europe; Mazarin l'avait dressé. Dès qu'il eut pris en mains le gouvernement, il affirma sa volonté de ne souffrir aucune suprématie de la part d'aucune puissance européenne. Il refusa de reconnaître la préséance à l'ambassadeur espagnol en Angleterre sur l'ambassadeur français; il défendit à ses officiers de marine de saluer le pavillon anglais. Le pape, ayant laissé ses gardes corses envahir le palais de l'ambassade française à Rome, Louis XIV fit saisir Avignon et força le pape à s'humilier et à élever une pyramide commémorative; il ne voulut pas admettre les prétentions de l'empereur, qui se considérait comme le suzerain de tous les rois. Louis XIV voulait en Europe une hiérarchie, mais réglée par lui et ayant lui pour chef.

Louis XIV et la succession d'Espagne.

La politique extérieure de Louis XIV a eu pour objet la succession partielle ou totale des territoires de l'Espagne.

L'Espagne était une puissance en apparence formidable;

nous connaissons ses possessions en Europe et dans le Nouveau Monde. Les Habsbourg d'Espagne étaient unis à ceux d'Autriche, mais l'Espagne était bien déchue depuis le XVIe siècle. Elle comprenait des pays différant par la race, la langue ; quelques-uns étaient très riches, comme les Pays-Bas ; mais tous étaient ruinés par l'inquisition ; les impôts suffisaient à peine pour eux. Le Nouveau Monde avait été organisé pour l'exploitation ; mais les galions, chargés de richesses, arrivaient de moins en moins réguliers ; la plupart étaient arrêtés par la contrebande des Anglais et Hollandais. L'Espagne n'était pas complètement unifiée ; le Portugal devenait indépendant ; les Aragonais, les Catalans, les Basques restaient soumis par la force à la Castille. L'état social était curieux ; le clergé et surtout les moines dominaient ; ils avaient partout accaparé presque toute la terre par des donations ; car les Espagnols étaient très pieux. L'inquisition et les autodafés étaient les principaux moyens de gouvernement ; le clergé était ignorant. Les grands d'Espagne, très fiers, très prodigues, dissipaient leur patrimoine en fêtes ; leurs seules ressources étaient les pensions et les fonctions ; ils voulaient tous être généraux. La petite noblesse avait émigré dans le Nouveau Monde et formait la classe des *conquistadores* ; le peuple était pauvre, de nombreux pays étaient déserts. Le commerce et l'industrie, abandonnés depuis l'expulsion des Maures et des Juifs, étaient entre les mains des étrangers ; partout sévissait le brigandage.

Le gouvernement.

Le gouvernement restait celui de Philippe II ; les conseils trop nombreux discutaient, ne faisaient rien ; il aurait fallu un grand roi. Or, à la mort de Philippe IV, arriva au trône un roi de quatre ans, rachitique, scrofuleux, qui fut malade toute sa vie. D'abord la régence fut confiée à sa mère, Marie-Anne d'Autriche; elle avait 30 ans, aimait le plaisir; elle avait autour d'elle des Allemands, entre autres un confesseur jésuite, Nithard, qui prirent tous les titres et le pouvoir. Les grands furieux ameutèrent la foule; Nithard s'enfuit à Rome. Mais la régente prit comme favori un petit gentilhomme, Valenzuéla, qui s'empara du pouvoir et vendit toutes les charges (1672); il fut obligé de partir quand il fut repu, en 1677. Le roi majeur voulut gouverner; mais, à 17 ans, Charles II était déjà vieux, tirait sa montre au conseil; il fut la proie des favoris et des intrigants, d'abord de son frère bâtard, don Juan d'Autriche, puis d'autres grands qui pillèrent le trésor. Le roi était marié à une princesse française, Marie-Louise d'Orléans; elle mourut d'ennui en 1689, peut-être empoisonnée. Le roi épousa Marie-Anne de Neubourg, belle-sœur de l'Empereur; alors une camarilla allemande s'empara de l'esprit du roi.

L'Espagne était ruinée, le gouvernement était sans argent, il n'y avait plus d'emprunt possible. Les domestiques de la cour mendiaient; on n'eut pas d'argent pour payer les messes à la mort du roi. Aussi il n'y avait plus d'armée pour défendre les immenses territoires de l'Espagne; il y avait 20 000 hommes au maximum, en partie étrangers, soldats en guenilles, sans solde et vivant de maraude. Les garnisons sont si faibles, disait-on, « que les femmes les battraient avec leurs quenouilles ». Il n'y avait plus de marine : sept ou huit vaisseaux sur l'Océan, trente sur la Méditerranée, tous vermoulus, constituaient la flotte espagnole. L'Espagne était une proie.

A la mort de son beau-père Philippe IV, Louis XIV fit valoir des droits prétendus de sa femme, Marie-Thérèse, sur les Pays-Bas espagnols; ce fut la guerre de Dévolution (1667-1668). La Franche-Comté fut occupée, un grand nombre de places fortes de la Flandre conquises. Mais

Louis XIV dut s'arrêter devant la Triple Alliance, formée à l'instigation des Provinces-Unies, et consentir à la paix d'Aix-la-Chapelle ; il garda seulement les places conquises au nord, entre autres Lille.

En 1672, Louis XIV voulut anéantir la République des Provinces-Unies, qui s'était opposée à l'annexion des Pays-Bas espagnols. La Hollande fut presque tout entière occupée ; mais Guillaume d'Orange forma contre la France la grande alliance de la Haye, où entrèrent, avec les Hollandais, l'Espagne, l'Empereur et l'Électeur de Brandebourg. La France dut défendre ses frontières, au nord où Condé résista à Guillaume d'Orange, sur le Rhin où Turenne s'illustra par sa belle campagne d'Alsace ; mais, à partir de 1675, Louis XIV reprit l'offensive ; il occupa la Franche-Comté et s'empara de nombreuses places fortes en Flandre ; en même temps la marine française avec Duquesne s'illustrait par de brillantes victoires dans la Méditerranée contre les marines hollandaise et espagnole. La paix fut signée à Nimègue en 1678. Louis XIV gardait la Franche-Comté et de nombreuses places en Flandre.

Les coalitions contre la France.

Louis XIV provoqua l'Europe par ses conquêtes en pleine paix (occupation de Strasbourg, annexion par les Chambres de réunion, annexion de Luxembourg) et par la révocation de l'Édit de Nantes, l'occupation d'Avignon, l'affaire des franchises, le bombardement de Gênes, l'occupation du Palatinat. Le résultat fut la formation de la Ligue d'Augsbourg, où entrèrent la plupart des États européens. La guerre éclata en 1688 et dura jusqu'en 1697 ; ce fut une guerre maritime et continentale. Les tentatives de Louis XIV sur l'Irlande échouèrent ; un débarquement en Angleterre ne réussit pas, et la flotte française sous Tourville fut anéantie à la Hogue en 1692. Sur le Rhin, la frontière française fut mise à l'abri, grâce à l'affreux incendie du Palatinat. Aux Pays-Bas, le duc de Luxembourg remporta les victoires de Fleurus, Steinkerque, Nerwinden. En Piémont, Catinat remporta les victoires de Staffarde et de la Marsaille. Ces victoires de Louis XIV amenèrent la paix. Par le traité de Turin (1696), le duc de Savoie rentra en possession de tous ses États, et maria sa fille au duc de Bourgogne. Les autres puissances traitèrent à Ryswick (1697). Louis XIV restitua toutes ses conquêtes, sauf Strasbourg, reconnut Guillaume III comme roi d'Angleterre et supprima, en faveur des Hollandais, le tarif de 1667 : Louis XIV avait cédé en vue de la succession espagnole, qui allait s'ouvrir.

La succession du roi d'Espagne, Charles II, était convoitée par trois compétiteurs : le roi de France, l'archiduc d'Autriche, l'électeur de Bavière. Louis XIV s'entendit avec Guillaume III pour régler à l'amiable la question avant la mort de Charles II. De là le traité de la Haye (1698), qui partageait la succession entre les trois compétiteurs ; puis, après la mort du prétendant Bavarois, le traité de Londres, qui réglait le partage entre le roi de France et l'archiduc d'Autriche. Mais Charles II, avant de mourir, avait réservé toute la succession au duc d'Anjou, petit-fils de Louis XIV. Le roi de France non seulement accepta le testament, mais brava les puissances européennes en agissant comme s'il eût été roi d'Espagne ; les fautes de Louis XIV permirent à Guillaume III de former contre la France la grande alliance de 1701.

Jusqu'en 1704, les armées françaises remportèrent de brillants succès ; le duc de Vendôme en Italie, le duc de Villars sur le Danube, furent sur le point de s'unir par les défilés des Alpes pour marcher sur Vienne. Mais, après 1704, le duc de Savoie et le Portugal entrent dans la coalition ; les Anglais s'emparent de Minorque et de Gibraltar ;

l'archiduc Charles débarque en Espagne, Philippe V est chassé de Madrid. Les armées françaises sont engagées partout; elles sont confiées à des favoris incapables, qui ont à lutter contre d'habiles généraux, le prince Eugène et Malborough. Elles subissent les défaites de Blernheim (1704), de Turin, de Ramillies (1706), d'Oudenarde (1708), de Malplaquet (1709). Le royaume était envahi. Louis XIV entama des négociations humiliantes ; mais il refusa d'abandonner les conquêtes faites depuis 1660, et de détrôner son petit-fils, Philippe V. Cependant l'avènement des Tories au pouvoir en Angleterre, la mort de Joseph Ier, qui fut remplacé par son frère Charles VI, prétendant à la couronne d'Espagne, et la victoire française de Villars à Denain (1712) amenèrent la conclusion de la paix. Elle fut rétablie par les traités d'Utrecht (1713) et de Rastadt (1714).

Acquisitions de territoires.

Ces traités furent imposés par l'Angleterre, qui avait dirigé la coalition; ils achevèrent la ruine des plans de suprématie européenne de Louis XIV. La France conservait à peu près les frontières acquises au XVIIe siècle, au nord l'Artois, la Flandre française, à l'est l'Alsace y compris Strasbourg. La Lorraine, un moment occupée, devait être restituée au traité de Ryswick ; la France conservait la Franche-Comté, cédée au traité de Nimègue. Le duc de Savoie nous cédait la vallée de Barcelonnette en échange des vallées d'Exiles, de Fenestrelles et de Château-Dauphin. Au sud, la France conservait le Roussillon. La frontière reculait au nord et à l'est de Paris ; la France possédait ses frontières naturelles du côté des Pyrénées.

L'Angleterre assurait sa puissance maritime et coloniale; elle se faisait céder, par l'Espagne, Minorque, Gibraltar, le privilège d'importer des esclaves noirs dans les colonies espagnoles, et le droit d'envoyer un navire chaque année commercer à Puerto-Cabello, dans le Vénézuela ; ce fut le droit de l'*Asiento*, du nom du navire. La France abandonnait à l'Angleterre l'Acadie, Terre-Neuve et la baie d'Hudson, consentait à l'expulsion du prétendant Stuart et à la destruction du port de Dunkerque. L'allié de l'Angleterre, le duc de Savoie, reçut le Montferrat et la Sicile ; il changera en 1720 la Sicile pour la Sardaigne, et prendra le nom de roi de Sardaigne. L'Autriche acquit les annexes de l'Espagne, la Belgique, le Milanais, le royaume de Naples, incorporés à la monarchie autrichienne, et rendit au duc de Bavière, allié de Louis XIV, ce qu'elle lui avait pris. Philippe V gardait l'Espagne et les colonies espagnoles. La maison de France conservait la plus grosse part, mais la succession ne profitait pas à la France ; car les deux couronnes ne pouvaient être réunies. Les nouvelles maisons royales de Hanovre en Angleterre, de Hohenzollern en Prusse, des Bourbons en Espagne, de Savoie en Italie étaient reconnues. L'équilibre européen semblait assuré.

A lire :

1º MIGNET, *La Succession d'Espagne, Introduction.*
2º BAUDRILLART, *Philippe V et la Cour de France.*
3º JULES ROY, *Turenne.*
4º DE VOGUÉ, *Villars.*

CHAPITRE XXI.

LA SOCIÉTÉ FRANÇAISE AU XVII° SIÈCLE.

Clergé, noblesse, villes, paysans. — La justice, la procédure criminelle. — État matériel de la France sous Louis XIV; impôts et expédients financiers.

SOMMAIRE

La société repose sur le privilège ; elle reste divisée en classes distinctes : haut et bas clergé, noblesse privée de tous droits politiques, Tiers État divisé lui-même en de nombreuses catégories, paysans, bourgeois, maîtres, ouvriers. Une classe nouvelle grandit, la noblesse de robe ; elle se recrute surtout parmi les hommes de loi, propriétaires de leurs charges et vivant de la chicane. La procédure ou manière de rendre la justice devient, dans les affaires criminelles, secrète, formaliste et défavorable à l'accusé.

Dans les dernières années du règne de Louis XIV, de nombreux documents, comme les *Mémoires des Intendants*, témoignent de la profonde misère du royaume ; elle est due aux vices du régime : les guerres, les constructions, la cour, et surtout la lourdeur des impôts, qui pèsent sur les plus pauvres, ainsi que la mauvaise administration financière livrée aux caprices des agents du roi.

RÉCITS

Le clergé.

Le clergé forme le premier ordre de l'Etat ; aussi les dignitaires ecclésiastiques occupent le premier rang dans les cérémonies après les princes du sang ; il conserve encore la situation d'un corps politique ; il a, tous les cinq ans, ses assemblées régulières, où il rédige un procès-verbal et vote un don gratuit, qui est d'ailleurs fixé par le roi. Il entretient en permanence auprès du roi deux agents généraux pour lui présenter ses doléances. Depuis le concordat de 1516, les évêques sont nommés par le roi, d'accord avec son confesseur ; il ne les laisse pas communiquer librement avec la cour de Rome ; la plupart sont choisis dans la bourgeoisie ou le peuple. « L'épiscopat, dit Saint-Simon, fut rempli de cuistres de séminaires, sans science, sans naissance, dont l'obscurité et la grossièreté faisaient tout le mérite. » Mais Saint-Simon se laisse égarer par sa haine de la roture ; en général, le roi fit les meilleurs choix. Le clergé en effet avait été réformé au début du xviie siècle par la création de séminaires et de conférences ecclésiastiques auxquelles participèrent saint Vincent de Paul et le cardinal de Bérulle ; on peut citer parmi les évêques du xviie siècle Bossuet à Meaux, Fénelon à Cambrai, de Noailles à Paris, et Coislin à Orléans.

Les abbayes en commende étaient données à des courtisans, aux abbés de cour ; certains avaient des revenus énormes, grâce au cumul des bénéfices, interdit cependant par le Concile de Trente. Ainsi l'évêque de Strasbourg était en même temps abbé des abbayes de Saint-Germain-des-Prés, de Saint-Arnould-de-Metz, de Saint-Michel-en-Thiérache ; il avait plus de 700 000 livres de revenus, et déclarait mourir exactement de faim. Dans ce haut clergé, certains grands dignitaires avaient une situation privilégiée, comme le grand Aumônier de France, et surtout le confesseur du roi ; ce dernier avait le privilège de préparer la feuille des bénéfices cinq fois par an ; aussi son antichambre était encombrée. Il fut toujours choisi parmi les jésuites ; le Père Lachaise occupa le poste pendant 37 ans. Le Père Le Tellier, dont Saint-Simon a dit qu'il aurait fait

18.

peur au coin d'un bois, le remplaça et joua un grand rôle dans les affaires religieuses.

En face de ce haut clergé, évêques, abbés, bénéficiaires de toute espèce, le clergé des campagnes était dans une situation misérable. La plupart du temps, le curé bénéficiaire d'une cure, le curé primitif, comme on l'appelait, se contentait de dépenser les revenus de la cure, ne résidait pas dans sa paroisse et s'y faisait remplacer par un desservant qu'il payait le moins cher possible au moyen de la portion congrue. Ces curés à portion congrue étaient chargés de l'entretien des édifices et de tous les frais du culte; souvent ils étaient obligés, pour vivre, de mendier chez leurs paroissiens.

La noblesse.

La noblesse ne garde que ses privilèges honorifiques et financiers, mais elle n'a plus aucun pouvoir politique; les nobles ont été mis hors des conseils et fonctions d'Etat; on ne leur réserve que les grands offices de la couronne, qui fait des nobles des chefs de domestiques avec des pensions énormes, et les gouvernements, où ils sont réduits à rien par les intendants. Les fonctions militaires sont encore réservées à la noblesse, mais en tenant compte de l'ordre du tableau; elle obéit dans l'armée aux fonctionnaires civils. A la cour, les nobles se sont faits domestiques. Dans les provinces, la noblesse est réduite à l'obéissance par les commissions du Parlement que le roi y envoie. Ainsi les Grands Jours d'Auvergne, en 1665, prononcèrent jusqu'à trente condamnations par jour. Louis XIV fit frapper une médaille pour perpétuer ce souvenir avec ces deux inscriptions : *salus provinciarum*, « salut des provinces », et *Repressa potentiorum audacia*, « l'audace des grands réprimée ». On ne peut signaler qu'une seule révolte, celle du chevalier de Rohan, compagnon d'enfance du roi, qui, après s'être lancé dans les prodigalités et les aventures les plus scandaleuses, essaya de livrer Quillebeuf aux Hollandais; il fut supplicié avec ses complices.

Louis XIV d'ailleurs disposait de la noblesse; il créa 45 ducs et pairs; il abaissa la noblesse au profit des gens de robe; la robe usurpe tout, dit Saint-Simon. Une ordonnance de 1704 étendit à tous les parlements et cours supérieures les privilèges de la noblesse héréditaire; la robe, au point de vue social, devint l'égale de l'épée. On vit de véritables dynasties de ministres sortis de la roture; de Colbert sortirent son frère Croissy, son fils Seignelay, ses neveux Torcy et Desmarets; avec Michel le Tellier, Louvois et Barbezieux, la même famille eut pendant trois générations le secrétariat de la guerre. Ce sont les bourgeois porphyrogénètes, que Saint-Simon appelle les pygmées devenus géants, qui quittent la robe, portent l'épée, se donnent du monseigneur et acquièrent des richesses énormes. Les financiers, actionnaires de la ferme, dictent leurs volontés. Louis XIV, pour avoir de l'argent, se montre à Marly avec le financier Samuel Bernard. Les plus hautes familles de l'antique noblesse de France recherchent en mariage les filles de ces roturiers parvenus; c'est ce que Saint-Simon appelle « *fumer ses terres* ».

Villes, paysans.

Comme nous venons de le voir, la société bourgeoise gagnait en importance. Dans les villes, grâce à l'industrie et au commerce, les bourgeois s'enrichissaient. Mais les rares privilèges politiques qui restaient encore aux bonnes villes du roi étaient devenus le monopole de quelques corporations privilégiées, de quelques familles bourgeoises ; là encore il y avait de nombreuses catégories d'exploitants et d'exploités.

Quant aux paysans, on n'en parle pas à cette époque. Voici en effet ce qu'on lit dans *l'État de la France* en 1661 : « Le peuple de la campagne ne nous fournit que fort peu de matière de discours; nous pouvons seulement dire que c'est sur lui qu'on lève les tailles, et qu'il cultive les biens de la terre pour la nourriture des villes ». La Bruyère dit des paysans : « Ils se retirent la nuit dans des tanières où ils vivent de pain noir, d'eau et de racines ; ils méritent de ne pas manquer de ce pain qu'ils ont semé. » A la suite des guerres et des constructions de Louis XIV, les impôts provoquèrent des soulèvements chez les paysans; en 1675, il y eut une vraie Jacquerie en Bretagne. Madame de Sévigné nous a conservé le souvenir du gouverneur qui « fit brancher un tas de bonnets bleus qui avaient besoin d'être pendus pour leur apprendre à vivre »; il en fut de même en Guyenne et dans toute la France après la misère affreuse qu'amenèrent les guerres de la fin du règne et le terrible hiver de 1709.

La justice.

En dehors des tribunaux royaux, il restait encore, provenant du moyen âge, des tribunaux ecclésiastiques, seigneuriaux et municipaux.

Chaque évêque avait son tribunal ou officialité, présidé par l'official représentant de l'évêque. Il jugeait non seulement les affaires religieuses, mais encore de nombreuses affaires mixtes, comme les testaments, les procès intéressant les tuteurs et les orphelins, dont l'Eglise se considérait comme la protectrice. Les rois d'ailleurs, depuis le XVIe sièclé, s'étaient réservé le droit d'appel pour la plupart des cas jugés par les officialités.

Les seigneurs exerçaient encore les droits de basse justice au civil et au criminel, et jouaient à peu près le rôle de nos juges de paix. Quelques-uns avaient même le droit de haute justice, pouvaient condamner à mort et avaient une potence dressée sur leur domaine, mais après la confirmation par les juges royaux. Le seigneur ne devait pas juger lui-même; il déléguait sa puissance à des juges gradués en droit et payés par lui; il retirait des revenus de ce droit de justice; car les amendes étaient pour lui. La plupart des bonnes villes du roi avaient aussi leurs tribunaux municipaux, qui jugeaient au civil et au criminel.

La complication des tribunaux était extrême. La justice ordinaire du roi était rendue : 1° par les prévôts, baillis et sénéchaux; 2° par les présidiaux; 3° par les parlements et les conseils souverains. Les tribunaux des *prévôtés, bailliages et sénéchaussés*, au nombre de plus de 700, étaient des tribunaux de première instance pour le civil et pour le criminel. Les *présidiaux*, au nombre d'une centaine, jugeaient en dernier ressort les procès dont l'objet ne dépassait pas 150 livres, et en première instance tous les autres, par exemple les crimes de flagrant délit, ou ceux qui étaient commis par des personnes de condition infime. Le *Châtelet* de Paris servait à la fois de tribunal de prévôté et de présidial; il avait des chambres civiles et des chambres criminelles. Il avait pour président le prévôt de Paris, assisté du lieutenant civil, du lieutenant de police, du lieutenant criminel, de deux lieutenants particuliers et de 54 conseillers. Il avait sous sa direction la chambre de la librairie et de l'imprimerie, et le bureau des experts en écriture; il avait plus de 1500 agents.

Il y avait 12 *parlements* : à Paris, Toulouse, Grenoble, Bordeaux, Dijon, Rouen, Aix, Rennes, Metz, Pau, Douai et Besançon. 3 *conseils souverains* remplissaient les fonctions de parlement dans le Roussillon, l'Alsace, l'Artois. Ces parlements et ces conseils souverains jugeaient certains cas en première instance; mais ils servaient surtout de cours d'appel. Nous avons vu l'organisation du Parlement de Paris (page 189).

Les autres Cours souveraines étaient : le Grand Conseil, qui avait été créé pour enlever au Parlement la connaissance des affaires ecclésiastiques; la Cour des Comptes et la Cour des Aides, qui jugeaient en dernier ressort toutes les affaires contentieuses intéressant les impôts directs et indirects; il faudrait y ajouter le tribunal militaire de la Connétablie, le tribunal de l'Amirauté de France, le tribunal des Eaux et Forêts, qui jugeaient en dernier ressort les délits militaires, maritimes et forestiers. Tous ces tribunaux étaient souvent en conflit de juridiction avec les intendants de police, justice et finance, et avec les *commissions extraordinaires*, que le pouvoir royal établissait dans certains cas. Toutes ces juridictions étaient enchevêtrées les unes dans les autres et très compliquées. Les magistrats qui composaient tous ces tribunaux étaient peu payés, achetaient leur charge très cher, vivaient surtout du produit des épices ou cadeaux des plaideurs. Mais avec les avocats, les greffiers, les tabellions, les procureurs et clercs qui vivaient de la justice, ils formaient une caste fermée au sein du tiers état, la noblesse de robe.

La procédure criminelle.

Au moyen âge, il n'y avait pas de lois écrites, on jugeait d'après la coutume, qui différait suivant les pays. Dans le Nord surtout, la coutume variait d'une province et même d'un village à l'autre; dans le Midi on suivait généralement les principes du droit romain. Les rois avaient pris l'habitude de faire rédiger des coutumes et de donner à leur rédaction force de loi; ils avaient commencé à les compléter par des recueils de lois et ordonnances qu'ils appelaient *codes*. Sous Louis XIII, Michel de Marillac avait rédigé un recueil d'ordonnances qu'on appela le *Code Michaut*. Colbert reprit cette œuvre incomplète; il réunit des conférences, dont les membres furent choisis en dehors du Parlement, et auxquelles assistèrent le chancelier Séguier, les ministres Colbert, Le Tellier, de Lionne, des conseillers d'Etat et des praticiens illustres. De la discussion entre Lamoignon, premier président du Parlement, et le conseiller d'Etat Pussort, sortit l'*Ordonnance civile du 30 avril 1667*, qu'on appela *Code civil*. Ce n'était pas un code civil, mais un code de procédure civile, qui se bornait à prescrire la tenue exacte des registres de l'état civil et leur dépôt au greffe des tribunaux, et interdisait certaines pratiques longues et trop coûteuses.

En 1669 fut publié l'*Édit général des Eaux et Forêts*; c'était un véritable code forestier, très sévère pour les braconniers, qu'on punissait comme des assassins. En 1670 parut l'ordonnance d'instruction criminelle; elle ne supprimait aucun des abus de la procédure. L'ordonnance de commerce de 1673 étendit à de nombreuses villes l'institution déjà connue des juges consulaires, qui jouaient le rôle de nos tribunaux de commerce. En 1685 fut promulgué le code colonial ou code noir, qui sanctionnait l'esclavage le plus dur.

Dans chaque tribunal royal, le roi a son procureur, qui doit poursuivre tous les crimes; car tout procès criminel intéresse le roi; les amendes sont pour lui. Les tribunaux criminels royaux ont fini par supplanter les tribunaux particuliers, et sont devenus très importants avec leur monde de greffiers, huissiers, tabellions ou notaires, avocats, procureurs ou avoués. Cela a donné lieu à de profonds changements dans la procédure ou manière de rendre justice en matière criminelle.

Au moyen âge, les tribunaux, d'ailleurs très rares, observaient certaines règles; le juge n'avait pas le droit d'accuser quelqu'un, s'il n'y avait pas un accusateur. L'accusé pouvait présenter librement sa défense et n'était pas considéré comme coupable avant d'avoir été condamné. Tout se faisait oralement et publiquement.

Mais les hommes de loi des tribunaux royaux ont préféré employer l'ancienne procédure romaine que l'Eglise avait renouvelée avec ses tribunaux de l'inquisition. Les juges admettent qu'ils ne peuvent laisser un crime impuni; ils agissent d'office pour remplir leur devoir. Pour condamner, l'usage demande que l'accusé avoue, s'il n'y a pas deux témoins. Le juge voit dans tout accusé un coupable, et essaye d'amener son aveu par tous les moyens possibles; il emploie le procédé qu'on appelle la *question préalable*. Il le fait torturer jusqu'à l'aveu définitif; il y a trois sortes de tortures employées pour la question : 1° par l'eau : on verse de l'eau par un entonnoir dans la gorge du patient; — 2° par les brodequins : on lui enserre les genoux entre des étaux et des coins de fer; — 3° par l'estrapade : l'accusé suspendu avec des poids énormes aux pieds à un treuil dont on le laisse tomber brusquement. S'il avoue au milieu du supplice, il doit renouveler son aveu en prison, sous peine de voir l'opération recommencer. Le juge d'ailleurs peut réunir toutes les pièces écrites vraies ou fausses contre l'accusé; celui-ci est tenu au secret aussi longtemps que le veut le juge; il n'a aucun moyen de se défendre. C'est une procédure secrète, écrite, très lente, terrible non seulement pour les criminels, mais encore pour les innocents. Pour les condamnés, on emploie des supplices atroces : on fouette, on pend, on écorche, on écartèle, on brûle vif, on expose au pilori, on invente le supplice atroce de la roue : le patient est étendu sur les quatre bras d'une croix;

le bourreau, avec une barre de fer, lui brise les os des bras et des jambes; après l'avoir ainsi rompu, il l'expose et le laisse mourir sur une roue de charrette. Les exécutions se faisaient en plein jour sur la place de Grève à Paris et étaient une des distractions favorites de la foule.

État matériel de la France sous Louis XIV.

La misère du peuple fut extrême, surtout dans les dernières années du règne; nous en avons des preuves nombreuses. Il faudrait lire les mémoires des intendants des pays d'Etat et des généralités, dressés pour l'instruction du duc de Bourgogne; ils ont été publiés dans la collection des documents inédits de l'histoire de France. Ainsi, dans l'Orléanais et le Maine, la disette a fait diminuer le nombre des familles; les terres ont perdu toute valeur; les paysans sont dans une misère extrême (*fig.* 104 et 105), couchent sur la paille, manquent de meubles et de vêtements, sont exploités par les gens du roi, les seigneurs, les ecclésiastiques et les hommes de loi. Un autre document bien touchant de cette misère est la *Dîme Royale*, que Vauban composa, en 1707, grâce aux renseignements qu'il avait recueillis pendant près de 40 ans dans les voyages qu'il exécutait pour la fortification des frontières. « J'ai remarqué, dit-il, que près de la dixième partie du peuple est réduite à la mendicité, et mendie effectivement; que des neuf autres parties, il y en a cinq qui ne sont pas en état de faire l'aumône à celle-là, parce qu'eux-mêmes sont réduits, à très peu de chose près, à cette malheureuse condition; que des quatre autres parties qui restent, trois sont fort malaisées et embarrassées de dettes et de procès, et que dans la dixième, où je mets tous les gens d'épée, de robe, ecclésiastiques et laïques, toute la noblesse haute,

Fig. 104. — Repas de paysans (par les frères Lesueur).

la noblesse distinguée et les gens en charge militaire et civile, les bons marchands, les bourgeois rentés et les plus accommodés, on ne peut pas compter sur cent mille familles, et je ne croirais pas mentir quand je dirais qu'il n'y en a pas dix mille, petites ou grandes, qu'on puisse dire être fort à leur aise; et qui en ôterait les gens d'affaires, leurs alliés et adhérents couverts et découverts, et ceux que le roi soutient par ses bienfaits, quelques marchands, etc..., je m'assure que le reste serait en petit nombre. » Il faudrait

Fig. 105. — Distribution de pain.

bien encore lire la correspondance de Fénelon avec les ducs de Beauvillier et de Chevreuse, le livre qui parut en Hollande vers 1690 sous ce titre : *Les soupirs de la France esclave qui aspire à ses libertés*, ou encore les *Mémoires du duc de Saint-Simon*. Tous les contemporains sont d'accord pour reconnaître l'extrême misère du royaume.

Impôts et expédients financiers.

La misère provenait des guerres, des constructions, des dépenses de la cour et surtout du système d'impôts. Il y avait deux sortes d'impôts : impôts directs et impôts indirects.

Les *impôts directs* étaient : la taille, le taillon, qui ne pesaient que sur les roturiers. La *taille* était réelle, ou personnelle, ou mixte ; la taille réelle se percevait sur les fonds de terre, la taille personnelle pesait sur les personnes à raison de leurs revenus; la taille mixte frappait à la fois les terres et les revenus. Louis XIV y ajouta la *capitation* en 1695 : c'était un impôt à payer par tête, calculé sur le revenu de chacun. Tous les sujets devaient y être soumis; mais le clergé s'en fit exempter en payant une somme égale à sa contribution de six années; les nobles se firent taxer d'office par les intendants; beaucoup de provinces et de villes obtinrent de payer un abonnement, c'est-à-dire une somme annuelle et fixe. Tout le poids de la capitation retomba sur les roturiers. Louis XIV y ajouta encore le *vingtième*, sous prétexte de remplacer par cet impôt la taille et la capitation; seulement il garda la taille et la capitation; il n'y eut qu'un impôt de plus; il fut non pas du vingtième, mais du dixième sur tous les revenus sans exception.

Tous ces impôts directs étaient répartis et perçus de deux manières différentes. Les rares pays d'Etats qui conservaient encore leurs états provinciaux répartissaient eux-mêmes l'impôt, dont le montant, sous le nom de *don gratuit*, était fixé par l'intendant. Mais la plupart des provinces de France n'avaient plus d'Etats ; on les appelait pays d'élections ; la répartition de l'impôt était faite par les élus, subalternes de l'intendant, officiers du roi. Dans chaque paroisse, l'administration choisissait, parmi les habitants les plus riches, des *collecteurs*, chargés de lever la taille à leurs risques et périls. On installait chez le récalcitrant des garnisaires ou soldats qui logeaient dans sa maison et vivaient à ses dépens jusqu'à ce qu'il eût payé.

Les principaux *impôts indirects* étaient les aides et la gabelle. Les *aides* portaient sur le vin, les huiles, le tabac, les cartes, le papier timbré, les douanes. La *gabelle* était l'impôt sur le sel ; chacun devait consommer une quantité fixe de sel : le *sel du devoir*. Il y avait les pays de grande gabelle, où le sel se payait 60 livres le quintal ; les pays de petite gabelle, qui le payaient 28 livres ; les pays rédimés, c'est-à-dire les pays qui s'étaient rachetés, 9 livres ; enfin les pays francs, de 2 à 7 livres. Aussi une nuée d'agents interdisaient le transfert du sel d'un pays à l'autre. Les fraudeurs ou faux sauniers étaient condamnés aux galères.

Le gouvernement ne levait lui-même ni les aides, ni les gabelles ; il les affermait à des entrepreneurs qu'on appelait *traitants* ou financiers. Les traitants, réunis en compagnies ou Fermes, levaient l'impôt à leur profit au moyen d'un personnel nombreux d'agents subalternes, gabelous et autres, et faisaient des bénéfices énormes.

A lire :

1º SEIGNOBOS, *Histoire de la Civilisation.*
2º RAMBAUD, *Histoire de la Civilisation française.*
3º LACOUR-GAYET, *Lectures historiques.*

4º VAUBAN, *La Dîme royale*.
5º. SAINT-SIMON, *Mémoires*.
6º VICTOR COUSIN, *La Société française au XVIIe siècle*.

CHAPITRE XXII.

L'EUROPE ORIENTALE AU XVIIe SIÈCLE.

L'Autriche, la Hongrie et la Turquie. — *La Suède, la Pologne et la Russie.*

SOMMAIRE

Dans l'Europe orientale, après une lutte de plusieurs siècles, la monarchie hétérogène des Habsbourg d'Autriche commença, à la fin du XVIIe siècle, à devenir maîtresse de la Hongrie, mais en respectant ses droits particuliers, et à faire reculer les Turcs dans la Péninsule des Balkans.

Au nord, la Suède, alliée à la France, assura sa prépondérance sur le pourtour de la mer Baltique. Le royaume de Pologne, avec sa constitution anarchique, commençait à entrer dans une profonde décadence. En face de la Suède et de la Pologne, un État nouveau se formait, la Russie. L'empire, au caractère asiatique, des tsars, commençait à s'ouvrir à la civilisation européenne.

RÉCITS

L'Autriche.

L'État autrichien était le plus disparate qu'on pût imaginer. Les Habsbourg possédaient quelques domaines disséminés en Souabe, comme le Sundgau et le Brisgau ; mais le noyau de leur puissance était les États héréditaires, comprenant les deux archiduchés de haute et basse Autriche dans la vallée du Danube, et les comtés ou duchés alpestres : Vorarlberg (Bregenz), Tyrol (Inspruck), Styrie (Gratz), Carinthie (Klagenfurth), Carniole (Laybach), Istrie (Trieste). La plupart étaient d'anciennes marches créées au moyen âge en pays slaves ; la plus grande partie de la population était devenue allemande ; mais il restait encore dans les provinces de l'est de nombreux slaves ; les Slovènes étaient en majorité catholiques, mais conservaient leur langue. Chacune de ces provinces avait ses Landtags, assemblées analogues à nos États provinciaux, qui discutaient les intérêts de la province. Mais l'absolutisme des Habsbourg avait fait pour les Landtags ce que Louis XIV avait fait en France pour les États provinciaux ; il les avait supprimés ou réduits à rien. Tout se décidait à Vienne, siège d'un gouvernement absolu et centralisé, et d'une cour soumise au cérémonial le plus minutieux.

Les Habsbourg possédaient encore les pays de la couronne de Bohême, qui comprenaient le plateau de Bohême, le duché de Silésie et de Lusace et le margraviat de Moravie. La population y était en grande partie slave ; mais les Tchèques étaient soumis à une autocratie allemande, propriétaire du sol ; l'allemand était la langue officielle et la langue tchèque réduite au rang de patois. La compression qui suivit la révolte des Tchèques et leur participation à la guerre de Trente ans eut pour résultat d'annihiler toutes les libertés et institutions de la Bohême. Le protestantisme y disparut, sauf en Silésie, où la Réforme conserva de nombreux adhérents, haïssant les Habsbourg d'Autriche et prêts à se donner à un souverain protestant.

Les représentants de la famille des Habsbourg au XVIIe siècle furent : Ferdinand II (1618-1637), qui engagea la guerre de Trente ans, Ferdinand III (1637-1658), qui fit la paix de Westphalie; et Léopold Ier (1658-1705), qui eut à lutter contre les Hongrois et les Turcs. Les Habsbourg, en effet, après avoir perdu toute autorité en Allemagne à la suite de guerres malheureuses, essayèrent de trouver des compensations à l'est et au sud aux dépens de la Hongrie et de la Turquie.

Les Habsbourg avaient hérité au XVIe siècle de la couronne de Saint-Étienne ou royaume de Hongrie; mais la Hongrie était presque tout entière occupée par les Turcs; il fallait la conquérir.

Le royaume de Hongrie avait été fondé au XIe siècle par les Magyars, d'origine mongole, qui, après avoir ravagé l'Europe, s'étaient établis dans la grande plaine du Danube limitée par les Alpes à l'ouest, les Karpates et le plateau de Transylvanie à l'est et les montagnes de la péninsule des Balkans au sud; c'est le steppe hongrois, pays de culture et d'élevage. Les guerriers Magyars s'emparèrent du sol et le firent cultiver par les populations slaves soumises, qu'ils exploitèrent. Quelques chevaliers allemands vinrent fonder des colonies disséminées dans la plaine hongroise. Le pays était divisé en comitats analogues aux comtés de l'Angleterre. Les Magnats ou grands de Hongrie et les Nonces ou délégués des nobles (*fig.* 106) se réunissaient en plein air pour constituer les assemblées de comitats, qui avaient pour mission de régler l'impôt et le contingent fournis au roi. Les délégués des assemblées de comitats se réunissaient à Bude, la capitale, pour y constituer la Diète hongroise; elle comprenait deux Tables, analogues aux deux Chambres anglaises : la Table des Magnats héréditaires et la Table des Nonces, deux par comitat. La Hongrie était un pays exclusivement agricole; la bourgeoisie n'existait pas et n'avait pas de représentant à la diète. Les nobles y discutaient en tumulte et en venaient souvent aux mains.

Les Hongrois avaient conquis le plateau qui constituait entre les Karpates et les monts Métalliques la principauté de Transylvanie. Elle était occupée par une population roumaine orthodoxe qui était exploitée par quelques sei-

Fig. 106. — Noble Hongrois.

gneurs Magyars ou Allemands, propriétaires du sol. Les Roumains supportaient mal le joug hongrois.

A la couronne de Saint-Étienne se rattachaient encore les régions de la basse Drave et de la basse Save, qui avaient constitué les anciens royaumes slaves de Slavonie et de Croatie, avec une frontière longtemps indécise; les Turcs et les Hongrois étaient aussi détestés les uns que les autres par les Slavons et les Croates.

19.

Tous ces pays constituant la couronne de Saint-Étienne étaient passés par héritage à la famille des Habsbourg d'Autriche, mais leur autorité y était méconnue ; quand, à de rares intervalles, des succès leur permettaient d'occuper la Hongrie, les Habsbourg avaient à compter avec l'humeur indépendante et belliqueuse des nobles hongrois ; ceux-ci n'oublient pas que la couronne est élective et n'admettent les Habsbourg qu'autant qu'ils respectent leurs libertés politiques et religieuses. Quand, à la fin du xviie siècle, les victoires contre les Turcs eurent rendu à l'Autriche la plus grande partie du royaume de Saint-Étienne, Léopold voulut incorporer la Hongrie à ses États et y établir son despotisme. Un soulèvement formidable éclata contre les Habsbourg, sous la conduite du prince de Transylvanie, Rakoczy, allié aux Turcs et à Louis XIV, au moment où commençait la guerre de la succession d'Espagne. Vienne fut menacée ; Léopold étant mort, et Joseph Ier, son successeur, étant plus conciliant, un accord intervint. Rakoczy quitta la Hongrie, mais les Hongrois conservaient leurs libertés et reconnaissaient les Habsbourg. Le royaume formait un État séparé avec ses institutions particulières.

La Turquie.

Les Turcs, depuis le xve siècle, étaient maîtres de toute la Péninsule des Balkans et des bords de la mer Noire ; Stamboul ou Constantinople était devenue (1453) la capitale d'un vaste empire musulman, à la fois asiatique, africain et européen. Les Turcs, peuple peu nombreux, étaient établis en Europe dans un pays en majorité resté chrétien. Les Turcs en effet, comme les Arabes, ne forçaient pas les habitants d'un pays conquis à embrasser leur religion. Ceux qui se faisaient musulmans devenaient les égaux des Turcs, les autres étaient soumis à l'impôt des raïas. Avant l'arrivée des Turcs, la Péninsule des Balkans était occupée par plusieurs petites nations slaves ou slavisées, dont plusieurs étaient organisées en États. C'étaient les Grecs répandus sur les côtes de l'Archipel, les Bulgares de chaque côté de la chaîne des Balkans, les Roumains au nord et au sud des Karpates, les Serbes et les Croates dans la région de la Save. Les Turcs détruisirent les États, mais laissèrent subsister les nationalités avec leurs mœurs, leurs coutumes, leurs religions; la population était en grande majorité orthodoxe et reconnaissait le patriarche grec que le sultan avait laissé à Constantinople; les évêques et prêtres orthodoxes continuaient à administrer les fidèles au point de vue administratif, d'accord avec le gouvernement turc.

Fig. 107. — Janissaires.

La puissance des Turcs provenait surtout de leur organisation militaire; le sultan avait une armée permanente. L'infanterie des janissaires (*fig.* 107) était recrutée parmi les jeunes esclaves chrétiens, voués au célibat, dressés dès l'enfance, autour de la marmite commune qui leur servait d'emblème, au maniement des armes et au dévouement envers le sultan, leur père nourricier. La cavalerie comprenait les spahis ; c'étaient des soldats qui étaient répartis par provinces dans tout l'Empire et vivaient, sous le commandement d'un pacha, du produit des terres que leur donnait le sultan. Ils étaient astreints au service militaire à première réquisition. Enfin, en cas de guerre contre l'Infidèle, tous les musulmans doivent prendre les armes et faire la levée en masse.

Tout le gouvernement était concentré à Constantinople. Le sultan rentré dans son palais, laissait tout le soin des affaires d'État à un favori, le grand-vizir. Le palais impérial était le théâtre d'intrigues souvent sanglantes. Ce qui manquait surtout à la Turquie, c'étaient de bonnes finances ; les impôts ne rentraient pas ; elle n'avait pas de comptabilité ; les pièces étaient entassées dans des sacs.

Au xvie siècle, les Turcs avaient ravagé la Hongrie et les États autrichiens. François Ier, dans sa lutte contre Charles-Quint, s'était allié avec le sultan Soliman. Au xviie siècle, les Turcs semblaient devoir continuer leur mouvement d'extension contre l'Europe chrétienne. En 1663 une immense armée envahit la Hongrie et pénétra jusqu'en Silésie ; le pape implora partout des secours pour aider l'empereur Léopold à repousser les hordes musulmanes. Louis XIV, voulant se montrer le défenseur de la chrétienté, envoya 6000 hommes. Le grand-vizir Koprili fut battu à Saint-Gothard (1664) par l'armée chrétienne.

En 1683, Vienne fut assiégée par une armée turque ; la ville fut sauvée, et les Turcs poursuivis par le roi de Pologne, Sobieski, catholique ardent. En 1684, une Sainte-Ligue, formée par le pape, réunissait l'Autriche, la Pologne, Venise, Malte ; une armée chrétienne s'empara de Bude et conquit le pays jusqu'à Belgrade ; les Vénitiens s'emparèrent de la Morée ; les chrétiens orthodoxes s'insurgèrent. Malgré son alliance avec Louis XIV, qui reprenait trop tard la politique traditionnelle des rois de France, le sultan Mustapha

Fig. 108. — L'Europe Orientale du XIIe

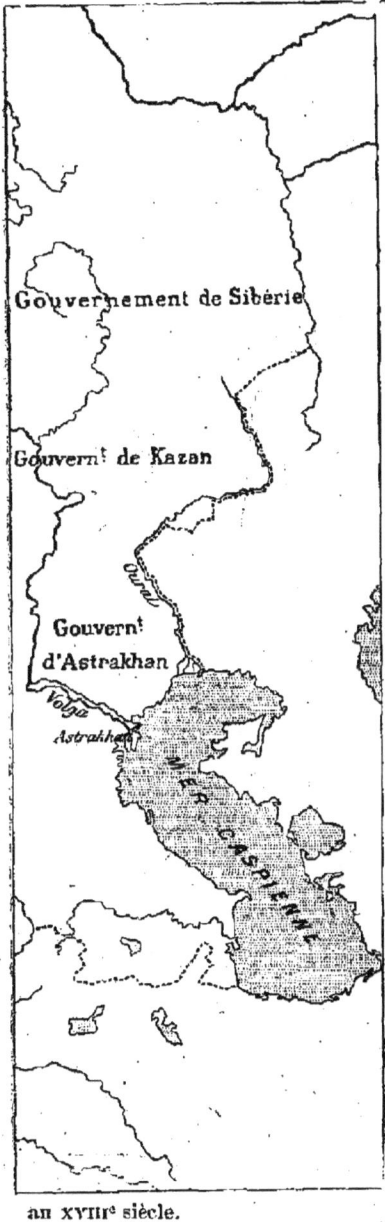

au XVIIIe siècle.

ne put venir à bout des troupes autrichiennes, commandées par l'habile prince Eugène, et fut écrasé dans les marais de la Theiss à Zentha (1697). La Turquie fut obligée de signer le traité de Carlovitz (1699), par lequel elle évacuait la Hongrie et la Transylvanie, sauf le banat ou province de Temesvar. Venise obtenait la Morée et quelques îles de la Dalmatie.

Après les guerres de la succession d'Espagne, les armées autrichiennes recommencèrent la lutte sous la conduite du prince Eugène. Belgrade fut prise, et par le traité de Passarowitz (1718) les Turcs évacuèrent toute la rive gauche du Danube, le nord de la Serbie et la Valachie. C'était le premier recul de l'Islam. Le démembrement de l'Empire turc sera continué aux XVIIIe et XIXe siècles par l'Autriche et surtout la Russie.

La Suède.

Dans le nord de l'Europe, des compétitions très vives

avaient lieu entre des États en formation, dans lesquels se confondaient toutes les races allemandes, suédoises, finnoises, slaves, et toutes les religions, luthérienne, catholique, orthodoxe. Chaque État, Danemark et Norvège réunis, Suède, Russie, Pologne, Brandebourg, n'avaient qu'un but : posséder en partie ou en totalité la souveraineté de la Baltique.

La Suède était le principal de ces États. Elle comprenait la Suède actuelle, moins la Scanie qui était au Danemark ; elle avait encore la Finlande, conquise sur les populations finnoises. La Suède, pays de forêts et de lacs, n'avait pas 3 millions d'habitants. C'était un royaume avec des institutions libres. A la diète suédoise se réunissaient les représentants des nobles, des bourgeois et des paysans. Au xvie siècle, une branche de la famille royale des Wasa s'était déclarée pour le luthéranisme, et, après de longues luttes contre les Wasa catholiques de Pologne, les Suédois avaient fait du luthéranisme la religion officielle.

Le fondateur de la puissance suédoise fut Gustave-Adolphe, que nous connaissons. A sa mort (1632), il ne laissait qu'une fille, Christine, âgée de 7 ans. La régence fut confiée au chancelier Oxenstiern, qui signa les traités de Westphalie. Christine était une tête folle ; à 27 ans, elle abdiqua, quitta le pays sauvage de Suède, vint à Paris, où elle scandalisa la cour de France, et alla mourir à Rome.

Après de longues luttes poursuivies contre le Danemark, la Pologne et la Russie, par Charles X, la Suède, par l'intermédiaire de son alliée la France, signa avec le Danemark le traité de Copenhague (1660) : elle recevait tout le sud de la Péninsule scandinave ; — avec le roi de Pologne, le traité d'Oliva : elle recevait la Livonie et l'Esthonie, le roi de Pologne renonçant à ses prétentions sur le trône de Suède ; — le *traité de Kardis* (1661) avec le tsar de Russie, qui lui donnait l'Ingrie et la Carélie. La Suède était la puissance prépondérante du Nord.

Pendant le règne de Charles XI (1674-1696), les possessions de la Suède en Allemagne furent sauvées de l'occupation de l'Électeur de Brandebourg par une intervention française. L'armée suédoise resta à la solde de la France. C'est ce qui permit en 1680 au roi Charles XI de faire un coup d'État en détruisant le pouvoir des nobles, en supprimant la diète et en établissant son pouvoir absolu. Son successeur, Charles XII, lancera la Suède dans des aventures où elle sombrera.

La Pologne.

La Pologne ne correspondait pas à une nation; c'était non une nation, mais un royaume formé de plusieurs morceaux. Il comprenait : 1° la Pologne proprement dite ou région de Varsovie, à laquelle ont été rattachées, par la conquête, la Russie rouge, la Galicie ou région du Lemberg et la Prusse occidentale ou Basse-Vistule, enlevée aux chevaliers Teutoniques; — 2° le grand duché de Lithuanie, région du Haut-Niémen (Grodno et Vilna), auquel avaient été réunis, par la conquête, la Russie blanche ou région de la Bérézina, et la petite Russie ou les plateaux de Volhynie et Podolie. Ces territoires confinaient au sud à l'empire turc, à l'est à l'empire des tsars, au nord aux provinces baltiques germanisées. Ces deux parties avaient été réunies au traité de Lublin pour constituer le royaume de Pologne.

Ce royaume, immense plaine ouverte, manquait d'unité nationale, religieuse, sociale et politique. Les Polonais étaient des Slaves catholiques, les Lithuaniens des Finnois catholiques; mais il y avait de nombreux Allemands, Russes et Juifs. La religion d'État était le catholicisme; les dissidents, orthodoxes des pays russes, protestants, musulmans, israélites, étaient hors la loi, et soumis à des impôts spéciaux.

La masse de la population était formée de paysans, vrais serfs soumis aux nobles, abrutis par l'ignorance et l'ivrognerie, indifférents à tout. Les bourgeois, qui habitaient les villes très rares, étaient peu nombreux, et étaient pour la

Fig. 109. — Noble Polonais.

plupart des étrangers ou des juifs. Les nobles seuls (*fig.* 109) comptaient; en principe, ils étaient tous égaux ; en fait, la plupart étaient miséreux et n'avaient pour toute fortune qu'une motte de terre, un cheval et une épée; plusieurs ne mettaient qu'un éperon à leur talon nu, et avaient un fourreau sans arme ; ils vivaient comme domestiques des grands seigneurs ou magnats. Quelques-uns étaient les fermiers des magnats et avaient quelque aisance. Les magnats, au nombre d'une centaine seulement, possédaient toute la terre ; ils étaient les maîtres; ils passaient leur temps dans les fêtes et les tournois, mais étaient souvent couverts de vermine.

Le gouvernement était très faible; il y avait un roi élu, sans autre ressource que ses domaines propres. Il y a un Sénat, qui comprend 14 dignitaires : 7 pour la Pologne, 7 pour la Lithuanie; il n'a aucun pouvoir. Toute l'autorité appartient à la Diète; elle comprend les magnats et les nonces ou délégués des assemblées provinciales qui viennent siéger avec un mandat impératif; la session de la Diète a lieu en plein air. Tous les nobles étant égaux, chacun a le droit de *veto*; c'est le *liberum veto*; le *veto* d'un seul suffit pour « déchirer » l'assemblée.

Pour avoir la majorité, les plus nombreux tuent les opposants. Si ceux-ci peuvent s'échapper, ils prennent les armes et forment une confédération soit provinciale, soit générale, avec un maréchal ou chef militaire pour obtenir satisfaction par la force. Si la confédération l'emporte dans le pays, le Sénat réunit une *diète confédérée*, où l'on prend les résolutions, sans tenir compte du *liberum veto*, à la majorité des voix. L'insurrection est le seul moyen de faire marcher la machine politique.

La Pologne n'a pas de forces militaires organisées; tous les nobles sont soldats, mais tous veulent être officiers et généraux; ils sont commandés par un Hetman, indépendant du roi. La Pologne sera, à la fin du xviiie siècle, la proie de ses puissantes voisines, Russie, Prusse et Autriche.

La Russie.

Dès le viie siècle de notre ère, toute la plaine de l'Oural à l'Elbe et la péninsule des Balkans étaient peuplées de Slaves divisés en plusieurs groupes : les Russes, les Polonais, les Tchèques, au nord ; les Serbes, les Croates, au sud. Les Slaves de l'est restèrent jusqu'au xe siècle divisés en de nombreuses tribus d'agriculteurs et de chasseurs. Ils furent convertis à l'orthodoxie par des moines grecs et organisés en nation par les guerriers scandinaves qui fondèrent la Vieille Russie dans la région des lacs du nord et du haut Dnieper, avec Novgorod, la grande ville des marchands sur le lac Ilmen, et Kiev aux 400 coupoles, la ville sainte.

Cette Russie ne forma pas longtemps un État compact ; à chaque changement de règne, il se morcelait en de nombreuses principautés. Du xiiie au xve siècle, tout l'est de de l'Europe fut conquis par les Mongols d'Asie, qui avaient fondé un empire tartare immense en Asie et en Europe avec le Khan de la Horde d'Or : les princes russes devinrent les vassaux du khan ; ils recevaient ses ordres à genoux.

Cela n'empêcha pas les Russes de coloniser la région du Volga et d'y créer une nouvelle Russie, la Grande Russie. Les princes de Moscou furent même chargés par le khan de recueillir les tributs des autres princes russes et leur imposèrent de gré ou de force, souvent avec des armées tartares, leur suprématie. On a appelé les princes de Moscou les rassembleurs de la terre russe.

Au xvie siècle, l'Empire Tartare étant entré en décomposition, les princes de Moscou s'affranchirent ; Ivan IV le Terrible prit le titre de tsar en 1547. La capitale de son empire était Moscou, un grand village dominé par de nombreuses églises à coupoles et par le Kremlin, à la fois forteresse et palais. La dynastie des princes scandinaves s'éteignit. En 1613, les Russes choisirent pour tsar un noble moscovite, Michel Romanoff, le fondateur de la dynastie qui règne en Russie.

Le tsar est maître absolu des corps et des âmes de ses sujets; ses sujets l'appellent *père* et le tutoient; ils s'appellent ses esclaves, se frappent le front à terre quand ils s'adressent à lui; il n'y a pas d'autres lois que les ukases ou ordres du tsar; il punit ses sujets de la peine du knout, lanières de cuir terminées par des bouts de métal; il coupe lui-même des têtes.

Il n'y a que deux classes dans la société, les nobles et les paysans. C'est une noblesse de cour : le mot *dvoriano* veut dire *courtisan*. Elle comprend : 1º les parents du tsar, les Kniazes, très nombreux; — 2º les descendants des fonctionnaires de cour, les boyards, dont les rangs sont fixés par l'ordre des préséances; les nobles préféraient se faire tuer plutôt que de céder leur place. Mais au xviiᵉ siècle le tsar brûla le livre des préséances; désormais ne furent nobles que ceux qui exerçaient des fonctions. Les nobles recevaient du tsar des terres et des paysans; car tout appartenait au tsar.

Les paysans formaient la classe inférieure des moujiks (petits hommes); ils n'étaient pas propriétaires du sol, mais cultivaient pour le compte du tsar et des nobles. Avant le xviᵉ siècle, ils pouvaient passer d'un domaine sur un autre tous les ans à la Saint-Georges (26 novembre); ils étaient libres; mais, en 1597, le tsar défendit le changement pour interdire l'émigration dans les terres noires (*tchernoziom*) du sud. Désormais les paysans furent complètement soumis aux seigneurs, aux corvées, aux redevances; un grand nombre vécut comme domestiques à la maison du maître; il pouvait les vendre, les battre, les emprisonner comme de vrais esclaves.

Dans les steppes du sud, les Kosaks du Don, du Dnieper

Fig. 110. — Église Russe.

et de l'Ukraine restaient organisés en républiques guerrières, sous les ordres d'Hetmans ou chefs, vassaux du tsar, auquel ils fournissaient de la cavalerie.

Les Russes étaient orthodoxes, soumis au clergé : au clergé noir, moines vivant dans des couvents, astreints au célibat, parmi lesquels se recrutaient les évêques ; au clergé blanc, popes mariés et ignorants, simples marguilliers. A la tête du clergé était le patriarche de Moscou, établi au XVIe siècle et indépendant du patriarche de Constantinople, mais soumis au tsar.

L'Église russe conservait ses livres liturgiques écrits en vieille langue slavone, mais dans lesquels s'étaient glissés de nombreuses altérations. En 1654, le tsar Alexis, père de Pierre le Grand, ordonna au patriarche Nicou de faire des corrections, qui furent acceptées par tous les évêques. Pour beaucoup de Russes attachés aux vieilles pratiques, cette réforme fut un scandale. Elle donna naissance à une secte de dissidents qu'on appela les Raskolniks ou vieux croyants. Ils ne voulurent pas faire le signe de la croix avec deux doigts au lieu de trois ; couper sa barbe ou fumer leur apparaissait comme un péché mortel ; ils furent persécutés ; il y en a encore aujourd'hui en Russie.

Telle était la Russie au XVIIe siècle, État asiatique encore barbare ; les hommes portaient les vêtements flottants, les femmes restaient enfermées dans le térem et ne sortaient que voilées. Tous détestaient les étrangers hérétiques.

Cependant, au XVIe siècle, les Anglais, à la recherche du passage du Nord-Est, avaient découvert la mer Blanche, seule mer ouverte aux Russes, car la Baltique leur était fermée par les Suédois, la mer Noire par les Turcs ; le tsar permit la fondation du port d'Arkhangel, où les Anglais et les Hollandais purent venir commercer. Ivan IV le Terrible avait même fait venir à Moscou des architectes et ingénieurs européens et avait fondé une imprimerie. Mais les Russes restaient barbares ; des ambassadeurs russes, envoyés au xvi° siècle en Europe, couchaient par terre, ne savaient pas se servir d'une fourchette, s'enivraient et frappaient les domestiques à coups de bâton.

La civilisation des peuples voisins plus avancés finit par pénétrer en Russie. Ivan IV le Terrible, suivant une habitude des tsars, transporta d'un seul coup à Moscou 3 000 Allemands des provinces baltiques; cette colonie fut augmentée par des aventuriers, ingénieurs, manœuvres, médecins, officiers, allemands, anglais, hollandais. Ils vécurent d'abord mélangés aux Russes; mais, en 1652, le tsar leur défendit de porter le costume russe, et les parqua dans un quartier spécial, la *Slobode*; à la fin du xviie siècle, ils étaient près de 18000, haïs des Russes, tolérés par le tsar, qui n'avait aucun motif de les aimer.

En 1682 arrive au trône le tsar Pierre, qui devait faire de la Russie un grand État européen.

A lire :

1° Sorel, *La Question d'Orient au XVIIe siècle.*
2° Rambaud, *Histoire de la Russie.*

CHAPITRE XXIII.

MOUVEMENT INTELLECTUEL EN EUROPE AU XVIIe SIÈCLE.

Sciences, philosophie, lettres, arts.

SOMMAIRE

Au xviie siècle, les sciences, les lettres et les arts prennent un grand développement qui continue le mouvement de la Renaissance et auquel participent tous les peuples civilisés de l'Europe.

Les hautes mathématiques sont créées avec les découvertes de Descartes et de Leibniz ; l'astronomie, avec celles de Képler ; Newton résout les plus ardus problèmes de la constitution du monde. La méthode expérimentale crée les sciences physiques et naturelles.

De grands philosophes, savants universels, abordent, dans le silence du cabinet, les plus hautes questions de métaphysique, de psychologie, de logique et de morale. Dans les lettres, le genre classique se constitue en France et arrive à la perfection de la forme. L'Espagne, les Pays-Bas, la Hollande, la cour de France sont de grands foyers artistiques et continuent la tradition italienne.

RÉCITS

Les sciences.

Au XVIIe siècle, sauf de rares exceptions, les Universités ne jouent aucun rôle scientifique ; elles sont plutôt un obstacle à la science avec les autorités de l'antiquité dont elles se réclament et l'enseignement de la scolastique. La science devient laïque ; il y a peu de savants dans le clergé. Les ouvrages sont encore écrits en latin ; mais déjà des savants emploient la langue nationale, en France, en Angleterre, en Allemagne, en Italie et en Hollande. Un fait capital se produit. En 1620, le chancelier d'Angleterre, Bacon, dans son *Novum Organum*, donne à la science une base nouvelle : *l'expérimentation*. Il a une haine féroce pour Aristote et il met la théologie en dehors de la science. Sans doute on continuera après lui à procéder *a priori* dans la construction du système du monde ; mais des instruments nouveaux sont inventés : le microscope en 1550, le télescope en 1609, puis le baromètre, le thermomètre, la machine pneumatique, la machine électrique. Des sociétés scientifiques sont fondées sur le modèle des académies des princes italiens : la Société royale de Londres en 1665, l'Académie des sciences fondée par Louis XIV, l'Académie de Berlin par le roi Frédéric Ier. Un Observatoire s'élève à Greenwich ; un autre, à Paris, est confié à l'astronome italien Cassini. Des publications scientifiques apparaissent : le *Journal des Savants* en France, de nombreuses revues en Hollande.

On assiste à la naissance de toutes les sciences, à l'apparition de savants universels, à la fois mathématiciens, astronomes, physiciens, philosophes, écrivains. L'humanité s'honore des noms de Descartes, Pascal, Leibniz, Newton.

Les Mathématiques, c'est-à-dire l'Arithmétique, la Géométrie et l'Algèbre élémentaire, avaient déjà été constituées au moyen âge par les Arabes. En France, Pierre et Samuel Fermat fondent la Théorie des Nombres. Albert Girard, de Saint-Mihiel, protestant réfugié en Hollande, invente le calcul des fractions décimales. L'Écossais Napier trouve les logarithmes, dont l'usage a renouvelé le calcul astronomique. François Viète, membre du Parlement, helléniste distingué, fonde l'algèbre moderne avec la Théorie des équations et fait servir l'algèbre à la trigonométrie. Enfin, en 1675, l'Allemand Lebniz trouve le Calcul différentiel et renouvelle toute la science mathématique. Jacques et Jean Bernoulli, de Bâle, y ajoutent le calcul des probabilités et propagent la science nouvelle.

La Géométrie reposait sur les travaux des anciens, Archimède, Pappus et surtout Euclide, dont les érudits avaient retrouvé quelques écrits. Au XVIe siècle, le Hollandais Mercator s'était servi de la géométrie pour tracer ses cartes marines. Au XVIIe siècle, le Français Roberval, l'Italien Torricelli, l'universel Pascal, avec son *Traité des Sections coniques*, furent d'habiles géomètres ; mais l'ouvrage capital fut la *Géométrie* de Descartes, qui créait la Géométrie Analytique avec application de l'algèbre à la géométrie.

L'Astronomie fut constituée. On en restait au système de

Ptolémée : que la Terre est immobile et qu'autour d'elle tournent le Soleil, les planètes et les étoiles. Au début du xvie siècle, un chanoine polonais, Copernic, avait découvert que la terre n'est qu'une planète qui tourne autour du soleil ; il mourut en 1543, au moment où paraissait son livre : *Des révolutions des corps célestes*, dédié au pape.

Kepler, employé comme astronome à l'Observatoire de Prague, où il avait succédé au Danois Tycho-Brahé, émet les fameuses lois de Kepler : 1º chaque planète décrit une ellipse dont le Soleil occupe un des foyers ; — 2º les secteurs formés en joignant au Soleil les positions successives d'une même planète sont égaux, s'ils sont décrits en des temps égaux.

Galilée (*Galileo* ou *Galilei*), professeur de mathématiques à l'université de Padoue, puis établi à Florence, construit une lunette qui agrandit trente fois et découvre de nouvelles planètes avec leurs satellites. En 1616, il démontre expérimentalement, par l'expérience du pendule, la vérité de la théorie de Copernic ; mais les professeurs des universités refusèrent d'admettre ces idées, qui paraissaient contraires au sens commun, et qui étaient contraires aux textes des Ecritures et des anciens. En 1616, l'Inquisition déclara absurde et hérétique l'opinion de Copernic et défendit de l'enseigner. Galilée fut cité devant le tribunal de l'Index par le cardinal Bellarmin et reçut l'ordre de renoncer à sa théorie. Il écrivit alors un livre sous forme de dialogue entre trois interlocuteurs : l'un exposait la doctrine de Ptolémée, l'autre celle de Copernic, le troisième résumait le débat sans se prononcer ; la préférence pour le second était manifeste. Galilée fut cité devant l'Inquisition à Rome, condamné à dire trois fois par semaine pendant trois ans les sept Psaumes de la Pénitence. En cas de récidive, c'était la mort. Galilée se rétracta. « *Et pourtant elle tourne* », disait-il. Il fut surveillé étroitement jusqu'à sa mort.

Le Hollandais Huyghens (1629-1695), dont nous avons déjà

parlé, à la fois mathématicien, astronome et physicien, a non seulement trouvé les lois physiques du pendule, le principe de la conservation de la force vive, mais il a expliqué, dans son *Traité de la lumière* (1690), les phénomènes optiques par les ondulations; il a perfectionné, en appliquant les lois de la double réfraction, les appareils d'observation astronomique. Ses travaux sur la force centrifuge sont contemporains des découvertes de Newton.

L'Anglais Newton (1642-1727) découvrit en 1688 l'explication des lois de Kepler : « La force d'attraction ou force motrice qui fait tourner chaque planète autour du Soleil est proportionnelle à la masse de la planète et en raison inverse du carré de la distance. » C'est le principe de la gravitation universelle. Cette loi explique le mouvement elliptique des planètes.

La création de la Physique comme science date du XVIIe siècle, à la suite de trois principales inventions. La machine pneumatique est due à Otto de Guéricke, bourgmestre de Magdebourg. Le Français Mariotte en tira la loi qui porte son nom et qui est ainsi conçue : « Le volume d'un gaz à la même température varie en raison inverse de la pression qu'il subit. »

Le huguenot Denis Papin était médecin à Paris avant son exil. Il était à Cassel quand il découvrit le principe de la machine à vapeur (1707) et le mode de fermeture autoclave de sa marmite; la première machine à simple effet fut créée presque aussitôt par l'Anglais Newcommen, en attendant la machine à double effet et à condenseur de Watt (1769).

L'électricité est trouvée, grâce à Otto de Guéricke, qui inventa la première machine électrique, simple boule de soufre qu'on frottait avec les mains en la faisant tourner devant un conducteur. Ces découvertes préparent celles du XVIIIe siècle. L'astronome anglais Halley ébauche la théorie du magnétisme terrestre.

La Chimie se dégageait difficilement des rêveries de l'alchimie. Elle se bornait à des expériences curieuses et à la préparation des médicaments. Elle sera créée au XVIIIe siècle avec l'analyse et la nomenclature chimique.

En Histoire naturelle, des savants avaient, dès le XVIe siècle, créé l'anatomie en disséquant des corps humains. Vésale, médecin du roi d'Espagne, avait publié en 1543 un livre sur *La construction du corps humain*. Il fut condamné à mort par l'Inquisition; sa peine fut commuée en un pèlerinage en Terre-Sainte; il périt dans un naufrage. La découverte la plus importante fut celle du médecin anglais Harvey, qui, en 1619, découvrit la circulation du sang. Les savants se divisèrent en circulateurs et anti-circulateurs. A la fin du XVIIe siècle, Swammerdam inventa l'art d'injecter une solution colorée qui rend visibles les moindres conduits : la physiologie était fondée. Mais ni la médecine, ni la chirurgie ne profitèrent d'abord de ces découvertes; elle s'en tinrent longtemps encore aux préceptes d'Hippocrate et de Galien. Molière a tourné les médecins de son temps en ridicule.

La Botanique se créait comme science par les essais de classification des plantes. Le Français Tournefort, directeur du Jardin du Roi, annonçait les grands naturalistes du XVIIIe siècle.

Les philosophes.

Toutes les idées philosophiques du moyen âge reposaient sur Aristote; les professeurs des universités s'étaient efforcés de concilier les textes, très mal connus, du philosophe grec avec les textes des Écritures. La Renaissance n'avait pas produit de philosophie originale, tant était grande encore l'admiration pour les anciens. La Philosophie moderne date du XVIIe siècle ; nous avons déjà vu l'Anglais *Bacon* opposer au principe de l'autorité le principe de l'expérimentation. C'était une révolution.

Après Bacon, le Français Descartes (1596-1650) donnait les derniers coups à l'Aristotélisme. Né en Touraine, d'une famille de magistrats, Descartes vécut une grande partie de sa vie en Hollande, enfermé dans une chambre, étranger au monde extérieur, pour mieux réfléchir sur le monde physique et sur sa propre personne morale. La condamnation de Galilée l'empêcha de publier un *Traité du Monde* ; il publia, en 1637, en français son *Discours sur la Méthode*. Voici ce qui en fait l'originalité. Descartes fait table rase de tout ce qu'on lui a enseigné, de tout ce qu'on lui a appris ; il prend pour base de ses futures connaissances la conscience qu'il a de sa personnalité pensante. « *Je pense, dit-il, donc je suis.* » C'est le principe d'observation appliqué aux phénomènes physiques ou moraux ; on ne doit croire que ce qui paraît certain. Le cartésianisme devait renouveler la science. Descartes mourut à Stockholm. Il eut pour principal adversaire le provençal Gassendi, philosophe et savant, qui soutint contre lui le matérialisme d'Epicure. L'Allemand Leibniz (1646-1716), né à Leipzig, fut un savant universel ; il s'assimila la philosophie et la théologie scolastiques, lut Bacon, Kepler, Galilée et Descartes ; il vint à Paris en 1672, essaya en vain de pousser Louis XIV à la conquête de l'Egypte, connut les travaux de Pascal et de Huyghens et fit la découverte du Calcul différentiel. Il finit sa vie à la cour des ducs de Brunswick, dont il écrivit l'histoire ; il rédigea ses grands travaux philosophiques sur la matière, l'âme et Dieu. Ses ouvrages principaux sont : *Le système nouveau de la Nature*, *Nouveaux Essais sur l'entendement humain* en réponse à l'Essai du philosophe anglais Locke, les *Essais de Théodicée*, la *Monadologie*, et de nombreuses lettres aux savants de son temps. C'est un disciple de Descartes ; mais il cherche à concilier les doctrines de ses devanciers : c'est un éclectique. Il fait appel à la raison et aussi à l'expérience pour résoudre tous les problèmes physiques, métaphysiques, psychologiques et moraux.

Baruch Spinoza (1632-1677), d'origine israélite, vécut en Hollande : il polissait des verres d'optique pour gagner sa vie et être indépendant. C'est un disciple de Descartes ; mais il a des idées particulières qui touchent au panthéisme. « Dieu, dit-il, est l'unité, il est la totalité, tout ce qui est parfait vient de lui. » Ses deux principaux ouvrages sont : l'*Ethique* et le *Traité de théologie et de politique*.

L'Anglais Locke fut d'abord un disciple de Descartes ; il vécut en Angleterre, en France et en Hollande. Ses principaux ouvrages sont : l'*Essai sur l'entendement humain*, ses *Traités du gouvernement civil*, sa *Lettre sur la Tolérance*, ses *Pensées sur l'Education*. Il est le fondateur de l'école empirique, qui réagit contre l'idéalisme cartésien. Contrairement aux philosophes de son époque, il se mêle aux événements contemporains et fait la théorie des principaux événements politiques de son temps, comme les révolutions anglaises, dont il a été le témoin. Il aura une grande influence sur les philosophes français du XVIIIe siècle : Montesquieu, Voltaire et Rousseau.

Tous les penseurs du XVIIe siècle, auxquels il faudrait ajouter encore Malebranche, le savant oratorien français, auteur du traité la *Recherche de la Vérité*, procèdent plus ou moins de Descartes ; on peut dire que le cartésianisme a renouvelé la philosophie.

Les lettres.

La réglementation dans les lettres, voilà le fait qui domine l'histoire littéraire du XVIIe siècle. Les écrivains en prose et en vers écrivent, non pour la foule, mais pour la haute société, nobles, clercs et bourgeois, la bonne compagnie, la cour, les salons, les dames distinguées, les Précieuses. On n'emploie que les mots nobles. Racine s'excuse d'employer le mot *chien*. Les critiques posent des règles qu'ils mettent sous le couvert des auteurs anciens et ne jurent que par Aristote, qu'ils connaissent très mal.

> Enfin Malherbe vint et le premier en France
> Fit sentir dans les vers une juste cadence.

Chapelain régente la littérature ; l'*Académie française* est fondée pour établir les règles du goût, et le grand Corneille s'évertue à demander pardon d'avoir méconnu les règles d'Aristote ; les écrits de Boileau ont surtout un intérêt historique, ils nous montrent à quel degré de superstition de l'autorité on est arrivé au XVIIe siècle. De là une littérature impersonnelle, qui affecte de faire de l'art pour l'art et qui atteint surtout la perfection de la forme ; c'est le genre classique.

A l'exemple de Voltaire, on a appelé le XVIIe siècle le *siècle de Louis XIV*. Mais beaucoup d'écrivains et des plus grands avaient produit leurs chefs-d'œuvre avant même la naissance du grand roi. Tels Descartes, Corneille, Pascal.

De grands écrivains en prose apparaissent : Descartes, dont nous avons parlé; Pascal, l'auteur des *Provinciales*, qui a passé les dernières années de sa vie à composer un grand ouvrage philosophique et religieux, d'où sont sorties *Les Pensées*; La Bruyère, dans ses *Caractères*, retrace les mœurs de la société de la fin du XVIIe siècle. L'éloquence de la chaire est représentée par Bossuet avec ses oraisons funèbres, Bourdaloue, Massillon, Fléchier, qui tous ont prononcé devant la cour des sermons d'Avent ou de Carême.

Le roman se transforma : les romans de chevalerie furent délaissés; les écrivains, pour se conformer au goût du jour, abandonnèrent les récits chevaleresques, les contes à la façon du *Roman du Renard* et du *Roman de la*

Rose. Au début du XVIIe siècle, on se passionna pour le roman pastoral de d'Urfé, dont les héros sont des bergers. Avec Mademoiselle de Scudéry on voyagea dans les pays du Tendre. Sous Louis XIV apparaît le roman de mœurs. Scarron, dans son *Roman Comique*, raconte la vie des comédiens. Madame de Lafayette, dans la *Princesse de Clèves*, met en scène des personnages de la noblesse. Furetière, dans son *Roman Bourgeois*, représente les mœurs de la classe moyenne; Lesage, dans *Gil Blas*, les mœurs des aventuriers. Les Mémoires, comme ceux du cardinal de Retz ou les Lettres de Madame de Sévigné sont pour nous des documents historiques de premier ordre.

Le genre le plus en faveur était le théâtre. Des troupes de comédiens, dont les premières s'étaient formées en Italie, parcouraient les provinces pour donner des représentations. Il y avait à Paris des théâtres permanents : la troupe royale jouait à l'hôtel de Bourgogne; les comédiens du roi jouaient au Marais; la troupe de Monsieur, dont Molière faisait partie, au Palais-Royal. De la fusion des troupes du Palais-Royal et de l'hôtel de Bourgogne se forma la Comédie-Française. Les théâtres sont mal organisés, la scène est petite, et reste encombrée par des gentilshommes assis sur des escabeaux; une partie du public reste debout au parterre : il n'y a ni décors ni machines.

On joue des Tragédies et des Comédies dont les sujets sont pour la plupart empruntés aux tragiques et comiques grecs ou latins; mais on ne cherche pas à respecter la couleur locale : on habille les personnages en gentilshommes et on leur fait parler un langage noble, le langage de la cour. La principale préoccupation des auteurs, surtout dans la deuxième moitié du XVIIe siècle, est de se conformer à la règle des trois unités :

> Qu'en un lieu, qu'en un jour, un seul fait accompli
> Tienne jusqu'à la fin le théâtre rempli.

Ils ont peur de représenter une mort sur la scène; tout se passe dans la coulisse et est raconté dans de longs récits.

Pierre Corneille (*fig.* 110) produit *Le Cid* (1636), *Horace, Cinna, Polyeucte, Pompée, Rodogune*. Racine donne *Andromaque, Britannicus, Bajazet, Mithridate, Iphigénie, Phèdre, Esther, Athalie;* il s'inspire surtout des tragiques grecs, Sophocle et Euripide.

Fig. 111. — P. Corneille (d'après Lebrun).

Molière est le grand comique, à la fois auteur et acteur. Il est inimitable dans les comédies de mœurs, comme *Les Femmes Savantes*, dans ses comédies de caractères, comme *L'Avare, Le Tartufe, Le Misanthrope*, dans ses grosses farces, comme *Les Fourberies de Scapin* ou *Le Malade imaginaire*.

Un écrivain se place à part dans la littérature du XVIIe siècle, c'est La Fontaine. Il emprunte à Esope et à Phèdre le sujet de ses Fables; mais, dans ses contes ou ses fables, il s'inspire surtout du fonds et de la langue des vieux conteurs français du moyen âge. De tous les écrivains du XVIIe siècle, c'est le plus original et le plus sympathique.

Au XVIIe siècle, les pays étrangers produisent quelques œuvres remarquables: l'Angleterre avec ses poètes: Milton, l'auteur du *Paradis perdu*, Addison, Dryden, Pope;

l'Espagne, avec Lope de Vega et Calderon ; l'Italie, avec Tassoni ; mais, dès la fin du xviie siècle, la littérature européenne perd son originalité. Dans tous les pays on imite la littérature française ; les principaux écrivains, les grands personnages parlent et écrivent en français. La littérature française devient cosmopolite.

Les arts.

Au xviie siècle, l'influence de la renaissance italienne domine dans toute l'Europe ; tous les artistes vont à Rome et y étudient les grands maîtres. En Italie cependant il n'y a pas d'œuvre originale. En architecture, on fait du style baroque ; on pousse à l'excès la régularité des lignes et les motifs à l'antique. En peinture, on peut citer l'école éclectique de Bologne, représentée par les Carrache, et l'école réaliste représentée par Michel-Ange de Caravage, qui pousse à l'excès les procédés de son homonyme du xvie siècle.

Les principaux centres artistiques sont : l'Espagne, les Pays-Bas, la Hollande et la France.

L'Espagne a fourni de grands artistes dans la première moitié du xviie siècle. Vélasquez a été le peintre officiel de Philippe IV, et a fait de nombreux portraits (*fig.* 112) ; c'est à la fois un réaliste et un coloriste. Murillo est essentiellement un peintre religieux ; son *Assomption de la Vierge* est au Louvre (*fig.* 113) ; les deux peintres Ribera et Zurbaran représentent les sombres et émouvantes figures des moines espagnols.

Les Pays-Bas espagnols ont, dans la première moitié du xviie siècle, deux grandes écoles de peinture. Rubens (1577-1640) a fait plus de 2 000 tableaux et a réussi dans tout, dans les scènes religieuses ou mythologiques, les portraits, les tableaux de genre. Les grandes toiles où il a

Fig. 112. — Philippe IV (par Velasquez).

Fig. 113. — Assomption de la Vierge (par Murillo).

représenté les épisodes de la vie de Marie de Médicis sont au Louvre ; il a été essentiellement un coloriste. Son élève Van Dyck a vécu en Angleterre et a fait le portrait du roi Charles Ier (v. p. 223). L'école de Ruben s peint surtout pour les hautes classes de la société. L'école de David Téniers (*fig.* 114), de Brouwer, est originale et représente la vie flamande avec ses kermesses, ses beuveries (*fig.* 115), ses cabarets. A la fin du xviie siècle, les Pays-Bas sont ruinés ; ils ne produisent plus d'artistes remarquables.

Nous connaissons la Hollande (page 213).

Au xviie siècle, la France continue à être un foyer artistique. La cour donne le ton et imprime aux œuvres d'art un caractère officiel. Louis XIV crée l'Académie des Beaux-Arts avec un chef, le peintre Lebrun. L'influence italienne domine ; en 1646 a eu lieu la fondation de l'Académie française de Rome, où vivent les artistes. Mais l'imitation italienne n'exclut pas l'originalité.

Les architectes français imitent les italiens, mais sont plus sévères et plus sobres. On peut prendre comme type de construction de l'époque le palais du Louvre et le château de Versailles. Nous connaissons l'œuvre commencée sous François Ier par Pierre Lescot. Sous Louis XIII, l'architecte Lemercier continua le travail. Il construisit dans le même style la Sorbonne et le Palais-Royal. Après lui Levau continua la construction du Louvre et fit le Collège des Quatre-Nations et l'église Saint-Sulpice. Salomon de Brosse, architecte de Marie de Médicis, construisit pour elle le château du Luxembourg. Sous Louis XIV, Colbert mit au concours le plan du nouveau Louvre. Claude Perrault, inspiré par son frère Charles, éleva sur un soubassement la colonnade du Louvre (*fig.* 116), de 176 mètres de développement, formée de 52 colonnes, soit libres, soit encastrées et rapprochées deux par deux. L'enthousiasme fut grand à la cour, et l'on voulut avoir partout des colonnades. L'Hôtel des Invalides (*fig.* 117), fut construit par

Fig. 113. — Le Rémouleur (par D. Téniers).

Fig. 115. — Le Fumeur (par Brouwer).

Libéral Bruant; mais l'architecte préféré de Louis XIV fut Hardouin Mansart. Il fut le principal constructeur du château de Versailles.

Fig. 116. — La Colonnade du Louvre (par Cl. Perrault).

Le principal sculpteur de la première moitié du xviie siècle fut François Auguier, qui, avec son frère Michel, a

Fig. 117. — L'Hôtel des Invalides.

formé Girardon. Pierre Puget, de Marseille, s'est mis à Rome à l'école de Michel-Ange et a travaillé en France en dehors de la cour. On lui doit le *Milon de Crotone* dévoré

Fig. 118. — Milon de Crotone (par Puget).

par un lion (*fig.* 118). Trois sculpteurs ont travaillé spécialement pour la cour : Girardon, de Troyes, que La Fontaine appelle *notre Phidias*; Coysevox, de Lyon, qui a peuplé Versailles et Marly de statues, avec ses neveux Coustou.

Le peintre de la cour de la première moitié du xviie siècle est, avec Rubens, Simon Vouet, qui a formé dans son atelier la plupart des peintres français du xviie siècle. Philippe de Champagne a vécu sous Louis XIII; il a fait le portrait de ses amis les solitaires de Port-Royal et du cardinal de Richelieu. Nicolas Poussin, de Normandie, a passé la plus grande partie de sa vie à Rome et s'inspire

Fig. 119. — Les Bergers d'Arcadie (par N. Poussin).

surtout des paysages antiques. Son tableau le plus célèbre, *Les Bergers d'Arcadie* (*fig.* 119), est d'une grande simplicité. Claude Gellée, dit le Lorrain, a lui aussi vécu en Italie ; c'est un paysagiste qui va parfois jusqu'au naturalisme. Seul Eustache Le Sueur n'a jamais été à Rome et n'a eu d'autre maître que Simon Vouet ; il a retracé dans 22 toiles *La vie de saint Bruno* (*fig.* 118).

Le principal peintre de Louis XIV fut Le Brun (1619-1690) ; il fut directeur de l'Académie des Beaux-Arts et le premier peintre du roi. Il a été d'une fécondité extraordinaire ; il est pénétré de la vie antique, telle qu'on la comprenait au XVIIe siècle. Il a peint pour le grand roi les *batailles d'Alexandre* et décoré les salles de Versailles. Son rival fut Mignard, le grand portraitiste de l'époque : il est l'auteur de la décoration de la coupole du Val-de-Grâce ; il ne fut nommé premier peintre du roi qu'après la mort de Le Brun. En dehors de la tradition classique, se placent les remarquables peintures de genre des frères Le Nain (*fig.* 104).

La plupart des instruments de musique étaient déjà inventés au début du XVIIe siècle : la plupart des princes avaient des orchestres de musiciens dirigés par des maîtres de chapelle. La musique laïque s'était déjà dégagée du plain-chant et le XVIe siècle avait produit de grands musiciens, comme Palestrina. Mais la musique n'avait encore produit que des danses, des messes et des cantiques, et des airs chantés.

Deux nouvelles formes musicales furent créées au début du XVIIe siècle en Italie : l'*opéra* ou tragédie en musique, où les personnages chantent ce qu'ils ont à se dire, l'*oratorio* ou récitatif en musique. De l'Italie l'opéra et l'oratorio furent transportés dans toutes les cours de l'Europe par les orchestres italiens. De l'opéra sortit l'*opera Buffa* ou opéra comique. Les paroles constituant le livret étaient composées par un librettiste et servaient de canevas aux compositeurs.

En 1669, Louis XIV accordait à deux entrepreneurs la

Fig. 120. — La Mort de saint Bruno (par Le Sueur).

permission d'établir à Paris une académie pour y représenter et chanter en public les opéras ou pièces en musique et en vers français, pareilles à celles d'Italie. Le principal musicien fut l'Italien Lulli, qui passa toute sa vie en France, comblé d'honneurs et anobli par Louis XIV. Il eut pour librettistes Molière et Quinault.

A lire :

1° LANSON, *Littérature française.*
2° LAVISSE et RAMBAUD, *Histoire* tome VI.
3° BAYET, *Précis de l'Histoire de l'Art.*
4° RAMBAUD, *Histoire de la Civilisation française.*

TABLE DES MATIÈRES

1re Partie. — *L'Europe du Xe au XVe Siècle.*

Chap. I. — Formation territoriale des Etats.   1
France, Angleterre, Allemagne, Espagne, Italie.

Chap. II. — Organisation des Etats.   17
France : la royauté, justice, impôts, armée. Angleterre : la royauté, le parlement. Allemagne : l'empereur, les princes, les villes.

Chap. III. — La Société du Xe au XVe Siècle.   25
Formation des classes sociales, nobles, bourgeois, paysans, du xe au xve siècle, particulièrement en France.

Chap. IV. — L'Église du XIe au XVe siècle.   36
Les couvents et le clergé. La papauté et l'Empire. La théorie des pouvoirs pontifical et impérial. Grégoire VII. Innocent III. Boniface VIII. Les papes d'Avignon. Les conciles du xve siècle. L'opposition à l'Église : opposition religieuse, les hérésies ; opposition politique, les concordats.

Chap. V. — La Civilisation.   51
Les Universités. L'art roman et l'art gothique. La Renaissance au xive et au xve siècle. Les inventions.

2ᵉ Partie. — *L'Europe au XVIᵉ Siècle.*

Chap. VI. — La France de 1498 à 1559.   73

Transformation du gouvernement et de la société; la cour; le clergé; les villes, les métiers, les paysans. — La vénalité des offices.

Chap. VII. — La Politique européenne de 1498 à 1559.   86

L'empire de Charles-Quint. Lutte entre les maisons de France et d'Autriche.

Chap. VIII. — Les Découvertes maritimes et les Etablissements coloniaux.   96

Les voies de commerce; les épices et les métaux précieux.

Chap. IX. — La Renaissance.   106

Les artistes, les humanistes, les écrivains en Italie, en France, en Allemagne, aux Pays-Bas, en Espagne, en Angleterre.

Chap. X. — La crise religieuse au XVIᵉ siècle.   131

La Réforme luthérienne jusqu'à la paix d'Augsbourg. Les réformes calviniste, presbytérienne, anglicane. — La réforme catholique; la société de Jésus; l'œuvre du concile de Trente.

Chap. XI. — Politique générale de Philippe II.   147

Lutte contre la Réforme. Révolte des Pays-Bas, formation des Provinces-Unies.

Chap. XII. — L'Angleterre sous Elisabeth.   159

Établissement de la monarchie protestante; lutte contre l'Espagne; la marine.

Chap. XIII. — Les luttes intérieures en France de 1559 à 1610. 165

Les partis; la Ligue; Henri IV; l'édit de Nantes. Rétablissement de l'autorité royale.

3ᵉ Partie. — *L'Europe de 1610 à 1660.*

Chap. XIV. — Etablissement de la Monarchie absolue en France. 179

Richelieu; Mazarin; la Fronde.

Chap. XV. — La Politique européenne de 1610 à 1660. 195

Restauration catholique en Autriche. Politique de l'Empereur dans l'Empire. La guerre de Trente ans; les belligérants; caractères généraux de la guerre; les armées; la paix de Westphalie; la paix des Pyrénées.

Chap. XVI. — Les Provinces-Unies au XVIIᵉ siècle. 208

États généraux; stathouder; compagnies de commerce. Vie intellectuelle.

Chap. XVII. — L'Angleterre de 1603 à 1660. 219

Les Stuarts; tentative de monarchie absolue; révolution de 1648; Cromwell.

4ᵉ Partie. — *L'Europe de 1660 à 1715.*

Chap. XVIII. — L'Angleterre de 1660 à 1714.

La Restauration des Stuarts; les conflits religieux

et politiques. La réaction absolutiste. Révolution de 1688. La succession protestante. Le Royaume-Uni.

Chap. XIX. — Louis XIV. La Monarchie absolue. 239

La doctrine du pouvoir royal; la cour, l'étiquette; le gouvernement. Œuvre de Colbert. Louvois. Les affaires religieuses : gallicanisme; jansénistes; calvinistes.

Chap. XX. — Politique extérieure de Louis XIV. 264

Louis XIV et la succession d'Espagne; acquisitions de territoires. Les coalitions contre la France.

Chap. XXI. — La société française au XVIIe siècle. 273

Clergé, noblesse, villes, paysans. La justice, la procédure criminelle. État matériel de la France sous Louis XIV; impôts et expédients financiers.

Chap. XXII. — L'Europe orientale au XVIIe siècle. 287

L'Autriche, la Hongrie et la Turquie. La Suède, la Pologne et la Russie.

Chap. XXIII. — Mouvement intellectuel en Europe au XVIIe siècle. 304

Sciences, philosophie, lettres, arts.

FIN.

ON TROUVE A LA MÊME LIBRAIRIE :

NOUVEAUX PROGRAMMES DE L'ENSEIGNEMENT SECONDAIRE
Décret et arrêté du 31 mai 1902.

COURS D'HISTOIRE

Par Félix MÉNEVEAU

Professeur d'histoire au Lycée de Nancy.

PREMIER CYCLE

Histoire Sommaire (Div. A et B).

Volumes in-16 de 250 pages avec gravures et cartes.

CLASSE DE SIXIÈME.

L'Antiquité.
Orient — Grèce — Rome.

CLASSE DE CINQUIÈME.

Le Moyen Age
et le Commencement des Temps modernes (395-1498).

CLASSE DE QUATRIÈME.

Les Temps Modernes
(1498-1789).

CLASSE DE TROISIÈME.
L'Époque Contemporaine
(1789-1889).

DEUXIÈME CYCLE

Histoire et Civilisation Modernes (Sect. A, B, C, D).
Volumes in-16 de 400 pages avec gravures et cartes.

CLASSE DE SECONDE.
Histoire Moderne avec le Résumé des Origines au Xe siècle (1498-1715).

CLASSE DE PREMIÈRE.
Le XVIIIe Siècle, la Révolution et l'Empire (1715-1815).

CL. DE PHILOSOPHIE ET DE MATHÉMATIQUES.
Le XIXe Siècle
(1815-1900).

Histoire et Civilisation Anciennes (Sect. A, B).
Volumes in-16 de 300 pages avec gravures et cartes,

CLASSE DE SECONDE.
L'Orient et la Grèce.

CLASSE DE PREMIÈRE.
Rome, les Barbares, l'Empire Byzantin.

Paris. — Imprimerie DELALAIN, 18, rue Séguier.

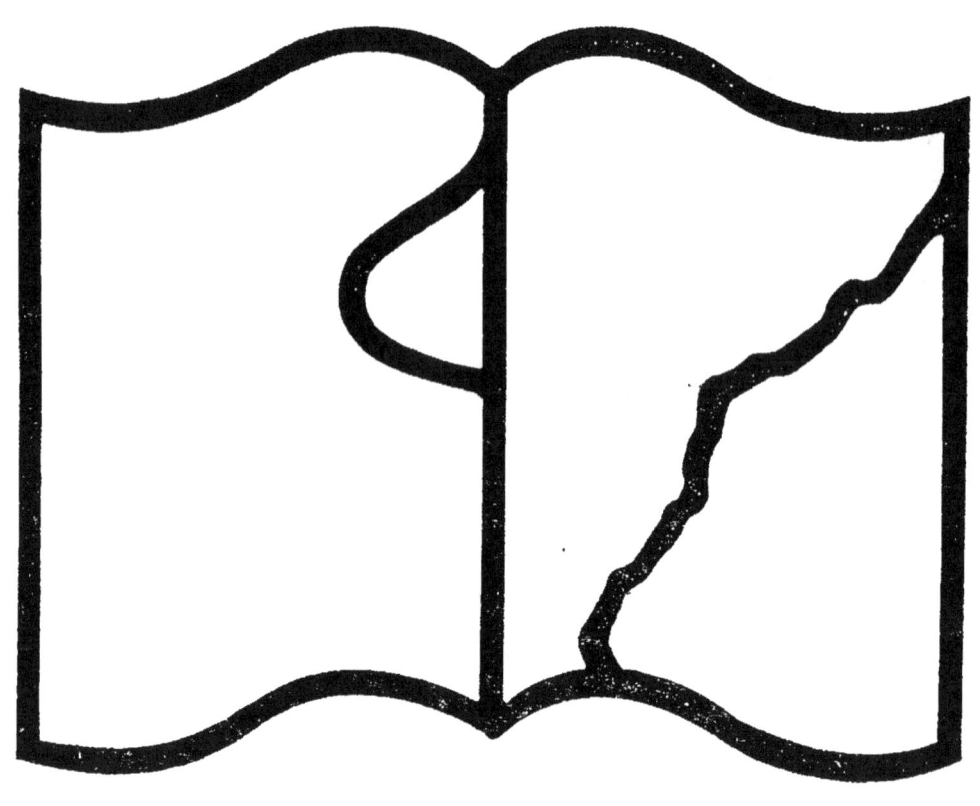

Texte détérioré — reliure défectueuse

NF Z 43-120-11

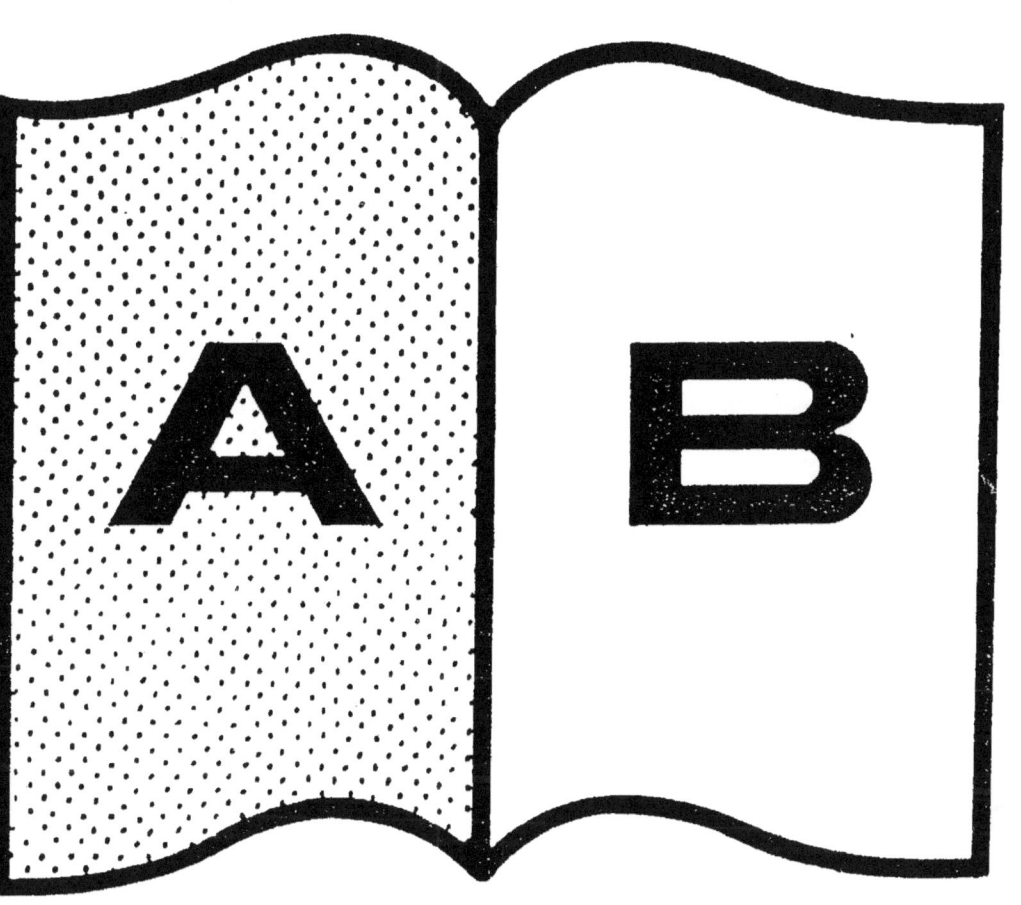

Contraste insuffisant

NF Z 43-120-14

www.ingramcontent.com/pod-product-compliance
Lightning Source LLC
Chambersburg PA
CBHW072018150426
43194CB00008B/1157